21 世纪高等学校教材 <<<<

普通高等教育"十三五"汽车类专业(方向)规划教材

汽车发动机原理

安永东　主　编

朱荣福　副主编

QICHE

FADONGJI

YUANLI

化学工业出版社

·北京·

本书以"热力学基础——发动机循环——混合气形成及燃烧——发动机特性——发动机排放控制"为主线讲述了汽车发动机工作原理，主要内容包括汽车发动机的实际循环与性能指标、发动机的换气过程、发动机燃料与燃烧、汽油机和柴油机混合气形成与燃烧、发动机特性、发动机排放与噪声控制技术及电动汽车。

本书可作为交通运输工程、车辆工程、汽车服务工程、汽车维修、交通工程等相关专业高等教育的教材和参考书，也可作为从事汽车发动机相关技术人员的参考用书。

图书在版编目（CIP）数据

汽车发动机原理/安永东主编．—北京：化学工业出版社，
2015.12
21 世纪高等学校教材　普通高等教育"十三五"汽车
类专业（方向）规划教材
ISBN 978-7-122-25430-6

Ⅰ.①汽…　Ⅱ.①安…　Ⅲ.①汽车-发动机-理论-高等
学校-教材　Ⅳ.①U464

中国版本图书馆 CIP 数据核字（2015）第 250128 号

责任编辑：韩庆利　　　　　　　　装帧设计：史利平
责任校对：王素芹

出版发行：化学工业出版社（北京市东城区青年湖南街 13 号　邮政编码 100011）
印　　刷：北京永鑫印刷有限责任公司
装　　订：三河市宇新装订厂
787mm×1092mm　1/16　印张 15½　字数 398 千字　　2016 年 3 月北京第 1 版第 1 次印刷

购书咨询：010-64518888（传真：010-64519686）　　售后服务：010-64518899
网　　址：http://www.cip.com.cn
凡购买本书，如有缺损质量问题，本社销售中心负责调换。

定　　价：35.00 元

前言

FOREWORD

汽车发动机原理是汽车类专业一门重要技术基础课，是学好后续相关专业课程的基础，也是从事汽车发动机研发、生产及应用等专业技术人员所必备的技术基础。

编者依据汽车类专业高等教育的发展方向及学科建设成果，以及多年从事汽车发动机原理课程的教学经验，对本书的结构体系和编写内容作了精心的筹划和安排，构建了"热力学基础——发动机循环——混合气形成及燃烧——发动机特性——发动机排放控制"的编写主线，使本书呈现出从理论支撑到技术应用的内容框架，使读者在掌握相关基础理论后，再学习汽车发动机相关技术。 同时在相应内容上又融入了汽车发动机的最新技术，如在汽油机混合气形成与燃烧中，加入了汽油机缸内直喷稀薄燃烧技术，在柴油机混合气形成与燃烧中，加入了柴油均质混合气压燃技术及复合燃烧新技术。

本书内容层次分明，条理清晰，易于学习，注重理论联系实际，突出针对性、先进性和实践性，有助于读者学习和掌握汽车发动机原理课程的相关知识。

本书由黑龙江工程学院安永东担任主编，朱荣福担任副主编，孙远涛、王辉参编。 安永东编写了第四、五、六章，朱荣福编写了第一、二、七章，孙远涛编写了第八章，王辉编写了第三章。

本书由哈尔滨剑桥学院闻鸿莉担任主审，对本书的编写结构和内容上提出了宝贵的修改意见和建议，同时也得到了哈尔滨工程大学安少军，东北林业大学韩大明，哈尔滨东方学院孙曙光、王春风诸多建议，在此一并表示感谢。

本书配套电子课件，可赠送给用书的院校和老师，如果需要，可登登 www.cipedu.com.cn 下载。

由于编者水平有限，疏漏之处在所难免，竭诚希望广大读者提出宝贵意见。

编者

目 录
CONTENTS

第3章　发动机燃料与燃烧　　55

第4章　汽油机混合气形成与燃烧　　72

第 5 章　柴油机混合气形成与燃烧　　　114

第 6 章　发动机特性　　　147

第7章　发动机排放与噪声控制技术　　166

第8章　电动汽车　　195

第1章

发动机的实际循环与性能指标

发动机的工作循环是周期性地将燃料燃烧所产生的热能转变为机械能的过程，它由活塞往复运动形成的进气、压缩、膨胀和排气等多个有序联系、重复进行的过程组成。在发动机的这些过程中，工质的温度、压力、成分和流动状态等时刻发生着非常复杂的变化，因而需要根据内燃机工作过程的特点，将实际循环简化，即建立发动机的理论循环，分析研究影响发动机循环效率的主要因素。与理论循环相比，发动机的实际循环存在着许多不可逆损失，分析这些损失，有助于掌握两者之间的差异及成因，为提高发动机工作过程的热效率指明方向。

发动机的工作指标很多，主要有动力性能指标（功率、转矩、转速）、经济性能指标（燃料与润滑油消耗率）、运转性能指标（冷启动性能、噪声和排气品质）和耐久可靠性指标（大修或更换零件之间的最长运行时间与无故障长期工作能力）。发动机的动力性能指标、经济性能指标与发动机循环热效率的相互关系是本章讨论的重点。

1.1 发动机的理论循环

热能转换为机械能需借助专用设备和做功物质，所需设备称为热机。热机的形式有多种，如蒸汽机、汽车发动机以及燃气轮机等。

1.1.1 热工转换基础

1. 工质及状态参数

将所有研究的对象与周围环境分隔开来，这种人为分割出来的对象，称为热力系统，简称系统。边界以外与系统相互作用的物体，称为外界或环境。热力系统如图1-1所示。

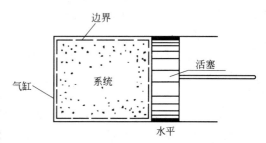

图1-1 热力系统

按系统与外界有无物质交换，可分为闭口系统和开口系统两类。其中，闭口系统是指系统内外无物质交换，也称为控制质量系统。开口系统是指系统内外有物质交换，也称为控制体积系统。

工质是指能实现热能和机械能相互转化的媒介物质，一般是气态物质。状态参数是指用来描述工质所处状态的宏观物理量。例如：温度、压力等。

工程热力学只从总体上去研究工质所处的状态及其变化规律，所以只采用宏观量来描写工质所处的状态。当状态参数一旦完全确定，工质的状态也就确定了，因而状态参数是热力系统的单值函数。在研究热力过程时，常用的状态参数有六个：压力 p、温度 T、比体积 v、热力学能 U、焓 H、熵 S；其中压力 p、温度 T 及比体积 v，使用最多，称为基本状态参数。

工质的宏观性质不随时间变化的状态称为平衡状态，只有在平衡状态下的工质状态参数才是确定的。

（1）压力

单位面积上所受的垂直作用力称为压力（压强），气体的压力是组成气体的大量分子在紊乱的热力运动中对容器壁频繁碰撞的结果。压力 p 的表达式为：

$$p = \frac{F}{A}$$ (1-1)

式中，p 为压力；F 为垂直作用力；A 为作用面积。

由于测量压力的测压元件（压力计）处于某种环境压力作用下，因此不能直接测得绝对压力，而只能测出绝对压力和当时当地的大气压的差值，称为表压力或真空度。用 p 表示工质的绝对压力，p_b 表示大气压力（环境压力），p_e 表示表压力，p_v 表示真空度，绝对压力、表压力、真空度的换算关系如图 1-2 所示，即：

当绝对压力大于大气压力时： $p = p_b + p_e$

当绝对压力小于大气压力时： $p = p_b - p_v$

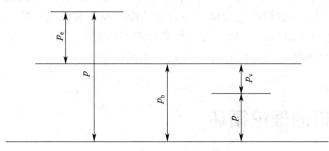

图 1-2 几种压力之间的关系

国际单位制中，压力单位为 $Pa(N/m^2)$，中文名称为帕。工程上常用较大单位 MPa 或 bar。$1MPa = 10^{-6}Pa$；$1bar = 10^{-5}Pa$。

（2）温度

从宏观上，温度是物体冷热程度的标志。从微观上，温度标志物质分子热运动的激烈程度。当两个物体接触时，通过接触表面，能量从高温一侧传递给低温一侧，能量传递的方向总是从高温侧传向低温侧。

测量温度的仪器叫做温度计，温度计的感应元件应随物体冷热程度的不同有显著的变化。温度的数值表示叫做温标。国际上规定热力学温标作为测量温度的最基本温标，它根据热力学第二定律的基本原理制定的，与测量的温度无关，可以成为度量温度的标准。

热力学温度单位是开尔文，符号 K（开），把水的三相点的温度，即水的固相、气相、液相平衡共存状态的温度作为单一基准点，并规定为 273.16K，热力学温度 K 是水的三相点温度的 1/273.16。

摄氏度 t 与热力学温度 T 的关系为：

$$t(℃) = T(K) - 273.16 \tag{1-2}$$

可知：摄氏度与热力学温度无实质差异，而仅仅零点的取值不同。

（3）比体积（比容）

单位质量的物质所占有的体积称为比体积（比容），单位：m^3/kg。比体积 v 的表达式为：

$$v = \frac{V}{m} \text{ 或 } V = m \cdot v \tag{1-3}$$

式中，v 为比体积；V 为体积，m^3；m 为质量，kg。

由式(1-3)可知，比体积 v 和密度 ρ 互成倒数，因此不是相互独立的参数。

注：工程热力学中通常用 v 作为独立参数。

（4）热力学能

热力学能是工质内部储存能，热力学能包括内动能及内位能。热力学能用符号 U 表示，我国法定的热力学能计量单位是焦耳（J），1kg 物质的热力学能称为比热力学能，用符号 u 表示，单位 J/kg。

（5）焓

工质在流经一个开口系统时，进入（或带出）系统的能量除工质本身具有的热力学能，工质还有在开口系统中流动而传递的推动功，把这些工质流经一个开口系统时的能量总和叫做焓，用大写字母 H 表示：

$$H = U + pV \tag{1-4}$$

在分析开口系统时，因有工质流动，热力学能 U 和推动功 pV 必同时出现，在此特定情况下，焓可以理解为由于工质流动而携带的，并取决于热力状态参数的能量，即热力学能与推动功之和。在分析闭口系统时，焓的作用相对次要，一般使用热力学能参数。然而，在分析闭口系统经历定压变化时，焓却有特殊的意义，由热力学第一定律闭口系统能量方程：

$$Q_p = \Delta U + W = \Delta U + p\Delta V = \Delta(U + pV) = \Delta H \tag{1-5}$$

焓的变化等于闭口系统在定压过程中与外界交换的热量。

1kg 工质的焓称为比焓，用小写字母 h 表示：$h = u + pv$，焓的单位为焦耳（J），比焓的单位是 J/kg。

（6）熵

熵可以从热力学理论的数学分析中导出，应用热力学第二定律可以证明，在闭口、可逆条件下，存在如下关系：

$$ds = \left(\frac{\delta q}{T}\right)_{rev} \tag{1-6}$$

式中，δq_{rev} 为 1kg 工质在微元可逆过程中与热源交换的热量；T 为传热时工质的热力学温度；ds 为此微元过程中 1kg 工质的熵变，也称比熵变。

熵的单位是 J/K，1kg 工质的熵称为比熵，用小写字母 s 表示，比熵的单位是 $J/(kg \cdot K)$。

2. 示功图和温熵图

系统内工质状态的连续变化过程称为热力过程。在实际的热力过程中，要想完成热功转换，工质的状态参数必然发生变化，因此，实际热力过程中的工质并不处于平衡状态。准平衡过程指状态变化过程中每个中间状态都是平衡状态的过程。准平衡过程实际上是一种理想的过程，但工程上的大多数过程，由于热力系统平衡的速度很快，仍可作为准平衡过程进行分析。系统经历了一个热力过程之后，如果可沿原过程逆向进行，并使系统和外界都回到初态而不留下任何影响，则称系统原先经历的过程叫可逆过程。可逆过程是一种无耗散的准平衡过程。

（1）示功图

在热力学中，功的定义为：功是热力系统通过边界而传递的能量。

沿用力学中对功的数学表达式：

$$\delta W = f \cdot \mathrm{d}x \text{ 或 } W_{1-2} = \int_1^2 F \mathrm{d}x$$

约定：系统对外界做功为正，而外界对系统做功为负。

功的法定计量单位为焦耳，用符号表示为 J，$1\mathrm{J} = 1\mathrm{N} \cdot \mathrm{m}$。

单位质量的物质所做的功称为比功，单位为 J/kg，且 $w = \dfrac{W}{m}$。

单位时间内完成的功为功率，单位 W（瓦），$1\mathrm{W} = 1\mathrm{J/s}$，工程中常用 kW 作为功率的单位。

如图 1-3 所示，m kg 工质吸热膨胀，假设该过程为可逆过程，则工质的状态变化是连续的，从状态 1 到状态 2 中的每一个中间过程状态均为平衡状态，且不发生能量耗散，那么气体吸收的热量，除了使气体内部分子运动加剧外，其余全部转变成机械功。由于过程是可逆的，所以工质加在活塞上的力 F 和外界施加在活塞上的力只差一个微小量，按照上面对功的定义，工质膨胀移动了 $\mathrm{d}x$ 距离时反抗外力所做的功为：

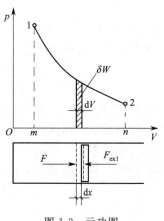

图 1-3 示功图

$$\delta W = F\mathrm{d}x = pA\mathrm{d}x = p\mathrm{d}V \tag{1-7}$$

则从状态 1 到状态 2，工质所做功总和为：

$$W_{1-2} = \int_1^2 p\mathrm{d}V \tag{1-8}$$

这个积分从数值上讲，等于面积 1—2—n—m—1 所围成的面积。即膨胀功 W_{1-2} 在 p-V 图上可用过程线下方的面积 1—2—n—m—1 来表示，因此 p-V 图也叫示功图。

（2）温熵图

热力系统和外界之间仅由于温度不同而通过边界传递的能量叫做热量。热量的单位是焦耳（J），工程上常用千焦（kJ）来表示热量多少。

约定：系统吸热，热量为正；反之热量为负。

热量用大写字母 Q 表示，用小写字母 q 表示 1kg 工质所吸收的热量。

系统在可逆过程中与外界交换的热量可由计算式 $\delta q = T\mathrm{d}s$

及 $q_{1-2} = \int_1^2 T\mathrm{d}s$ 表示，另外可逆过程热量 q_{1-2} 在 T-s 图上可用过程线下方的面积来表示，如图 1-4 所示。

3. 理想气体的基本热力过程

汽车发动机作为热机的一种，需要通过工质的膨胀对外做功，因此通常采用气态工质。理想气体是一种实际不存在的假想气体，其两点假设为：分子是些弹性的、不具体积的质点；分子间相互没有作用力。

式（1-9）表示理想气体在任一平衡状态时 p、v、T 之间关

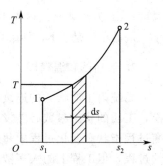

图 1-4 温熵图

系的方程式，叫做理想气体状态方程式，或称克拉贝龙方程。

$$pv = R_g T \tag{1-9}$$

式中，R_g 称为气体常数，它是一个只与气体种类有关，而与气体所处状态无关的物理量。p 的单位为 Pa；T 的单位为 K；v 的单位为 $\mathrm{m^3/kg}$；与此相应的 R_g 的单位为 $\mathrm{J/(kg \cdot K)}$。

单位质量的物体温度升高 1K（或 1℃）所需的热量，称为质量热容，简称比热容，即：

$$c = \frac{\delta q}{\mathrm{d}T} \qquad \mathrm{J/(kg \cdot K)} \tag{1-10}$$

在大多数热力设备中，工质往往是在接近压力不变或体积不变的条件下吸热或放热的，因此定压过程和定容过程的比热容最常用，它们分别称为比定压热容（也称质量定压热容）和比定容热容（也称质量定容热容），用 c_p 和 c_v 表示，二者的关系如式(1-11)所示：

$$c_p - c_v = R_g \tag{1-11}$$

比值 c_p/c_v 称为比热容比，或质量热容比，以 γ 表示，$\gamma = \dfrac{c_p}{c_v} = \dfrac{C_{p,m}}{C_{v,m}}$，则

$$c_v = \frac{1}{\gamma - 1} R_g \qquad c_p = \frac{\gamma}{\gamma - 1} R_g \tag{1-12}$$

工程上广泛应用的各种热工设备，尽管它们的工作原理各不相同，但都是为了完成某种特定的任务而进行的相应的热力过程。例如：通过工质的吸热、膨胀、放热、压缩等一系列热力状态变化过程实现热能与机械能的相互转换，用热力学观点来进行热力分析时，这些热工设备，可以无一例外的看作是一种具体的热力学模型。它们都包括系统、边界、外界三个基本组成部分；具备"系统状态变化"、"系统与外界的相互作用"以及"两者之间的内在联系"这三个基本要素。

在热工设备中不可避免地存在摩擦、温差传热等等不可逆因素，若工质各个状态参数都在变化，则不易确定其变化规律。仔细观察发现，某些常见过程却又往往近似具有某一简单的特征。例如：汽油机气缸中工质的燃烧加热过程，由于燃烧速度很快，压力急剧上升而体积不变，接近定容；活塞式压气机中，若气缸套的冷却效果非常理想，压缩过程中气体的温度几乎不升高，近似定温。工程热力学将热力设备中的各种过程近似地概括为几种典型过程，即定容、定压、定温和绝热过程。同时，为使问题简化，暂不考虑实际过程中不可逆的耗损而作为可逆过程。这四种典型的可逆过程称为基本热力过程，可用简单的热力学方法予以分析计算。随后，考虑到不可逆耗损，再借助一些经验系数进行修正。由此可对热力设备或系统的性能、效率作出合理的评价，同时，计算结果与实际情况在量上也相当接近。可以认为，工质基本热力过程的分析和计算是热力设备设计计算的基础和依据。

（1）定容过程

比容保持不变的过程称为定容过程。根据定容过程的特征，其过程方程为：$v =$ 定值。根据定容过程的过程方程式 $v =$ 定值，以及理想气体状态方程，$pv = R_g T$，即可得出定容过程中的参数关系：

$$\frac{p_1}{T_1} = \frac{p}{T} = \frac{p_2}{T_2} = \frac{R_g}{v} = 定值 \tag{1-13}$$

式(1-13)说明：在定容过程中气体的压力与温度成正比。例如，定容吸热时，气体的温度及压力均升高；定容放热时，两者均下降。

如图 1-5 所示，定容线在 p-v 图上是一条与横坐标 v 轴相垂直的直线，若以 1 表示初

态，则 1-2v 表示定容放热；1-2v' 表示定容吸热，它们是两个过程。

在 T-s 图上，定容线是一条指数曲线，其斜率随温度升高而增大，即曲线随温度升高而变陡，在右图中 1-2v 表示定容放热；1-2v' 表示定容吸热，它们是与 p-v 图上同名过程相对应的两个过程，过程线下面面积代表所交换的热量。

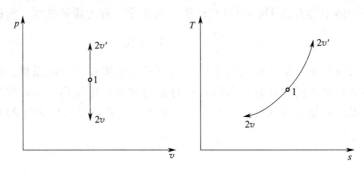

图 1-5 定容过程的 p-v 图和 T-s 图

（2）定压过程

压力保持不变的过程称为定压过程。根据定压过程的特征，其过程方程为：$p=$ 定值。定压过程的参数关系：

$$\frac{v_1}{T_1}=\frac{v}{T}=\frac{v_2}{T_2}=\frac{R_{\mathrm{g}}}{p}=定值 \tag{1-14}$$

式(1-14)说明在定压过程中气体的比容与温度成正比。因此，定压加热过程中气体温度升高必为膨胀过程；定压压缩过程中气体比容减小必为温度下降的放热过程。

如图 1-6 所示，在 T-s 图上，定压线也是一条指数曲线，但因 $c_p > c_v$，所以通过同一状态的定压线总比定容线平坦。为比较方便，在上图中同时画出了通过同一初态的定压线及定容线，其中，1-2p 表示定压吸热过程；1-2p' 表示定压放热过程，它们是与 p-v 图上同名过程相对应的两个过程，过程线下面面积代表所交换的热量。

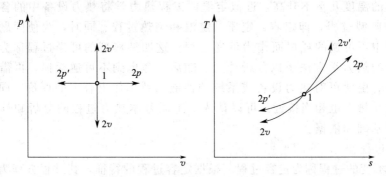

图 1-6 定压过程的 p-v 图和 T-s 图

（3）定温过程

温度保持不变的状态变化过程称为定温过程。定温过程方程：$T=$ 定值。定温过程的参数关系：

$$p_1 v_1=pv=p_2 v_2=R_{\mathrm{g}}T=定值 \tag{1-15}$$

即定温过程中压力与比容成反比。

如图 1-7 所示，在 p-v 图上定温过程是一条等边双曲线，过程线的斜率为负值，其中 1-2T 是等温膨胀过程，1-2T' 是等温压缩过程。定温过程在 T-s 图上是一条与纵坐标 T 轴相垂直的水平直线，其中 1-2T 及 1-2T' 是与 p-v 图上同名过程线相对应的两个过程，过程线 1-2T 下面的面积为正，表示吸热，1-2T' 下面的面积为负，表示放热。

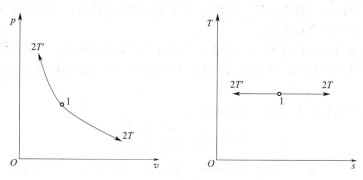

图 1-7　定温过程的 p-v 图和 T-s 图

（4）绝热过程

绝热过程是状态变化的任何一微元过程中系统与外界都不交换热量的过程，即过程中每一时刻均有：$\delta q = 0$

当然，全部过程与外界交换的热量也为零，即：$q = 0$。

已经证明，在闭口可逆条件下：$ds = \left(\dfrac{\delta q}{T} \right)_{\text{rev}}$。

显然，在闭口可逆绝热条件下有 $ds = 0$。根据闭口系统与开口系统之间的内在联系，可以得出这样的结论，即在开口系统稳定可逆绝热条件下有 $ds = 0$。总而言之，可逆绝热是保持比熵不变的充分条件。

值得指出，可逆绝热过程一定是定熵过程，但定熵过程不一定是可逆绝热过程。不可逆的绝热过程不是定熵过程，定熵过程与绝热过程是两个不同的概念。

对于理想气体，定熵指数 κ 等于比热容比 γ，即：$\kappa = \gamma$，因此的定熵过程方程式：

$$pv^{\kappa} = 定值 \tag{1-16}$$

如图 1-8 所示，定熵线比定温线陡，它们的斜率都是负的，1-2s 表示可逆绝热膨胀过程，1-2s' 是定熵压缩过程。T-s 图上定熵是一条与横坐标 s 轴相垂直的直线，1-2s 及 1-2s' 分别表示与 p-v 图上同名过程线相对应的两个过程，过程线下面的面积均为零，表示没有热量交换。

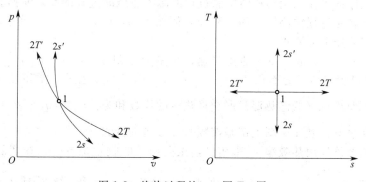

图 1-8　绝热过程的 p-v 图 T-s 图

1.1.2 热力循环与热效率

1. 定义

热力循环工质由某一初态出发，经历一系列热力状态变化后，又回到原来初态的封闭热力过程称为热力循环，简称循环。

循环按性质分为可逆循环和不可逆循环。按循环效果及进行方向分为正向循环和逆向循环。其中，正向循环是指热能转换为机械能的热力循环，而逆向循环是指机械能转换热能的热力循环。

通常用经济性指标来表示热力循环的效率。

$$经济性指标 = \frac{得到的收获}{花费的代价} \tag{1-17}$$

正向循环也叫动力循环，如图 1-9 所示。以 1kg 工质在封闭气缸内进行一个任意的可逆正向循环，图(a)、(b) 分别为该循环的 p-v 及 T-s 图。

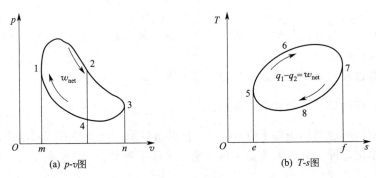

(a) p-v图　　　　(b) T-s图

图 1-9　正向循环

图(a) 中 1—2—3 为膨胀过程，过程功为面积 1—2—3—n—m—1，3—4—1 为压缩过程，该过程消耗的功为 3—4—1—m—n—3，工质完成一个循环后对外做的净功称为循环功，以 w_{net} 表示。w_{net}＝膨胀功－压缩消耗功，其值为图中循环曲线所包围的面积，1—2—3—4—1。根据以前约定：工质膨胀做功为正，压缩做功为负，因此净功 w_{net} 就是工质沿一个循环过程所做功的代数和，数学表达式为：$w_{net} = \oint \delta w$。

为使工质所做净功为正，可采取以下方法：使工质在膨胀过程开始前，或膨胀过程中，与高温热源接触，从中吸入热量；而在压缩过程开始前或过程中，工质与低温热源接触，放出热量。这样就保证了在相同体积时膨胀过程的温度较压缩过程的高，使膨胀过程压力比压缩过程高，做到膨胀过程线高于压缩过程线，例如图(a) 中，$v_2 = v_4$，而 $p_2 > p_4$。现在使用的热工设备多采用上述原理。

图(b) 中，5—6—7 是工质从热源吸热，热量为面积 5—6—7—f—e—5，用 q_1 表示；7—8—5 是放热过程，热量为面积 7—8—5—e—f—7，用 q_2 表示。循环过程中，工质与热源（高温热源）及冷源（低温热源）所交换热量的代数和为：$q_{net} = q_1 - q_2 = \oint \delta q$。

正向循环在 p-v 图及 T-s 图上都是按顺时针方向进行的。

正向循环的经济性用热效率 η_t 来衡量，正向循环的收益是 w_{net}，花费的代价为工质吸收的热量 q_1，故 $\eta_t = \dfrac{w_{net}}{q_1}$。$\eta_t$ 越大，表明吸入同样热量 q_1 时得到的循环功 w_{net} 越多，热机的经济性越好。

2. 热力学第二定律

热力学第一定律揭示了能量在转换与传递过程中数量守恒的客观规律。然而，该定律有两方面的问题没有涉及。其一，热力学第一定律强调的是能量在数量上的守恒，没有考虑到不同类型能量在做功能力上的差别，例如，同样数量的机械能与热能其价值并不相等，机械能具有直接可用性，可以无条件地转换为热能（属优质能）；而热能必须在一定的补充条件下才可能部分地转换为机械能（属低质能）。不同质的能量直接相加，严格说来并不合理。其二，热力学第一定律不能判断热力过程的方向性，例如，一块烧红的铁板，在空气中自然冷却，经过一段时间后，铁板与空气达到了热平衡，但是，反过来，铁板不可能自动从空气中获得散失在空气中的能量使自身重新热起来，虽然这并不违反热力学第一定律。事实表明任何热力过程都具有方向性：可以自发进行的热力过程，其反向过程则不能自发进行。

人们从无数实践中总结出了热力学第二定律，该定律揭示了能量在转换与传递过程中具有方向性及能质不守恒的客观规律。所有热力过程都必须同时遵守热力学第一定律和热力学第二定律。

（1）热力过程的方向性

热力过程归纳起来可分为两大类。一类是不需要任何附加条件就可以自然地进行的过程，称为自发过程。例如：热量自高温物体传递给低温物体；机械运动摩擦生热，即由机械能转换为热能；高压气体膨胀为低压气体；两种不同种类或不同状态的气体放在一起相互扩散混合；电流通过导线时发热；燃料的燃烧等等都属于自发过程。显然，这些过程都具有一定方向性，它们的反向过程不可能自发地进行，因此，自发过程都是不可逆过程。另一类是自发过程的反向过程，称为非自发过程，它们必须要有附加条件才能进行。例如，热力循环中，热能转换为机械能，如图 1-10 所示，工质从高温热源 T_1 吸取热量 Q_1，其中只有一部分转换为功，即 $W = Q_1 - Q_2$，而另一部分 Q_2 则排放给了低温热源 T_2。Q_2 自高温热源 T_1 传递到低温热源 T_2 是自发过程，它是热转换为功的补偿条件。在制冷或热泵循环中，如图 1-11 所示，热量 Q_2 由低温热源 T_2 传递至高温热源 T_1，必须消耗功 W。这部分功转换为热连同 Q_2 一起传递至高温，即 $Q_1 = Q_2 + W$。功转换为热是这一过程的补偿条件。

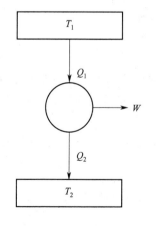

图 1-10 热转换为功

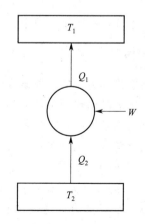

图 1-11 热自低温传至高温

（2）热力学第二定律的实质

热力过程具有方向性这一客观规律，归根结底是由于不同类型或不同状态下的能量具有质的差别，而过程的方向性正缘于较高位能质向较低位能质的转化。例如，热量由高温传至低温，机械能转化为热能，按热力学第一定律能量的数量保持不变，但是，以做功能力为标志的能质却降低了，称之为能质的退化或贬值。因此，热力学第二定律的实质便是论述热力过程的方向性及能质退化或贬值的客观规律。所谓过程的方向性，除指明自发过程进行的方向外，还包括对实现非自发过程所需要的条件，以及过程进行的最大限度等内容。

热力学第二定律告诫我们，自然界的物质和能量只能沿着一个方向转换，即从可利用到不可利用，从有效到无效，这说明了节能与节物的必要性。只有热力学第二定律才能充分解释事物变化的性质和方向，以及变化过程中所有事物的相互关系。热力学第二定律除广泛应用于分析热力过程和能源工程外，还被应用于分析社会、经济发展及生物进化等许多领域，可以预料该定律还将得到更广泛的应用。

（3）热力学第二定律的表述

热力学第二定律是热力学基本定律之一，在热力学的发展史上，热力学第二定律的建立与热机效率是有联系的，热力学的发现是工业革命和技术革命的必然结果。蒸汽机的发明和不断改进促进了第一次工业革命。然而当时效率低下，能源浪费极大，因而制造能源利用率高的机器成为当时的主要研究课题。在研究的过程中，人们发现了能量守恒定律，从而证明第一类永动机是无法实现的。

科学工作者根据不同种类的热力过程描述过程的方向性，得出热力学第二定律各种不同的表述。经典的表述是 1850～1851 年间从工程应用角度归纳总结出来的两种说法，即：

克劳修斯表述：不可能把热从低温物体传到高温物体而不产生其他影响。

开尔文-普朗克表述：不可能从单一热源取热使之完全转换为有用的功而不产生其他影响。

违背热力学第二定律的永动机称为第二类永动机。

熵增原理是热力学第二定律的又一种表述，熵增原理表述为：孤立系统的熵永不自动减少，熵在可逆过程中不变，在不可逆过程中增加。注：孤立系统是指与外界既没有物质交换也没有能量交换的热力系统。

熵增原理比开尔文、克劳修斯表述更为概括地指出了不可逆过程的进行方向；同时，更深刻地指出了热力学第二定律是大量分子无规则运动所具有的统计规律，因此只适用于大量分子构成的系统，不适用于单个分子或少量分子构成的系统。

3. 卡诺循环

热功转换是热力学的主要研究内容，按照热力学第二定律热不能连续地全部转换为功，那么，在一定的高温热源和低温热源范围内，其最大限度的转换效率是多少？1824 年法国年轻工程师卡诺解决了这个问题。

卡诺依据蒸汽机运行多年的实践经验，经过科学抽象提出由以下四个过程组成的理想循环，如图 1-12 所示。图中：

过程 a—b：工质从热源 T_1 可逆定温吸热。

过程 b—c：工质可逆绝热（定熵）膨胀。

过程 c—d：工质向冷源 T_2 可逆定温放热。

过程 d—a：工质可逆绝热（定熵）压缩回复到初始状态。单位质量工质在整个循环从吸热 q_1，向冷源放热 q_2，对外界做功 w_1，外界对系统做功 w_2。

由热力学第一定律和热力学第二定律，可求得卡诺循环的热效率表达式为：

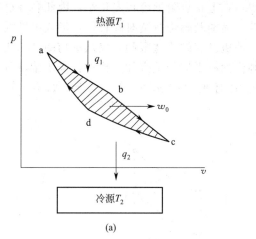
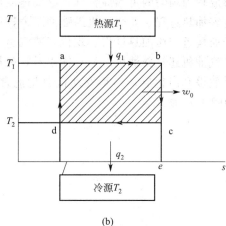

图 1-12 卡诺循环的 p-v 图及 T-s 图

$$\eta_{t,c} = 1 - \frac{T_2}{T_1} \tag{1-18}$$

从卡诺循环热效率公式(1-18)可得到下列结论。

① 卡诺循环热效率的大小只决定于热源温度 T_1 及冷源温度 T_2。要提高其热效率可通过提高 T_1 及降低 T_2 的办法来实现。

② 卡诺循环热效率总是小于1。只有当 $T_1 = \infty$ 或 $T_2 = 0$ 时，热效率才能等于1，但这都是不可能的。

③ 当 $T_1 = T_2$ 时，即只有一个热源时，$\eta_{t,c} = 0$。这就是说，只有一个热源是不能进行循环的，即单一热源的循环发动机是不可能实现的。

④ 在推导式(1-18)的过程中，未涉及工质的性质，因此，卡诺循环的热效率与工质的性质无关，式(1-18)适用于任何工质的卡诺循环。

1.1.3 发动机理论循环

1. 发动机实际工作过程的简化

四行程发动机的四个工作行程中，工质状态参数的变化及工质与外界的能量交换非常复杂。根据工作过程体现出来的特征，将实际循环经过合理的假设和简化，抽象成发动机理论过程，以便做进一步分析和计算。

假设：

① 将不断往复的循环简化成一个封闭的循环，由于进气过程和排气过程中工质的状态参数变化不大，故热力计算时可暂不考虑换气过程；

② 排气过程简化为定容放热过程；

③ 压缩和膨胀过程为绝热过程；

④ 工质为理想气体，整个循环工质组成成分不变，物性参数为定值。

2. 三种理论循环

根据燃烧过程的不同，将发动机放热理论循环分为三类：早期的汽油机、早期的柴油机及现代高速汽、柴油机。早期的发动机由于转速低，循环时间较长，因此，汽油机因在着火前已形成较为均匀的可燃混合气，燃烧速度快，在上止点附近容积变化小，因此燃烧过程相当于定容加热过程；而柴油机因喷油压力较低，喷油及燃烧持续时间较长，形成可燃混合气速度慢而接近定压加热过程。现代高速汽、柴油机已突破这些限制，仅从示功图已无法直接判定是汽油机还是柴油机。但总体来看，常规汽油机平均的定容加热比例仍高于柴油机。

经假设和简化后，三类发动机典型的理论循环表示在 p-V、T-s 图上，如图 1-13、图 1-14和图 1-15 所示。

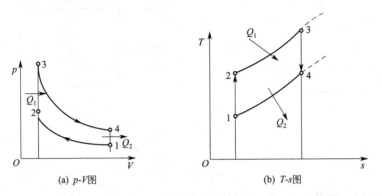

图 1-13　定容加热循环（奥托循环）的 p-V 图及 T-s 图
1—2 绝热压缩；2—3 定容加热；3—4 绝热膨胀；4—1 定容放热

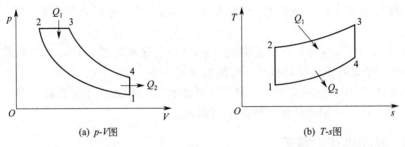

图 1-14　定压加热循环（狄塞尔循环）的 p-V 图及 T-s 图
1—2 绝热压缩；2—3 定容加热；3—4 绝热膨胀；4—1 定容放热

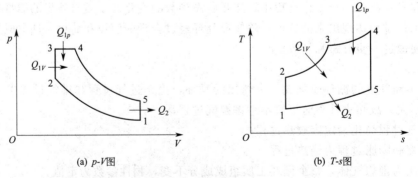

图 1-15　混合加热循环（萨巴德循环）的 p-V 图及 T-s 图
1—2 绝热压缩；2—3 定容加热；3—4 定压加热；4—5 绝热膨胀；5—1 定容放热

以混合加热循环为例，发动机的热效率的计算过程如下。

（1）表征混合加热循环的特征参数

压缩比： $$\varepsilon = \frac{v_1}{v_2}$$

定容增压比： $$\lambda = \frac{p_3}{p_2}$$

定压预胀比： $$\rho = \frac{v_4}{v_3}$$

（2）循环中各过程的热量及功量

1—2：绝热压缩过程

$$q = 0 \quad \frac{T_2}{T_1} = \left(\frac{v_1}{v_2}\right)^{\kappa-1} \Rightarrow T_2 = T_1 \varepsilon^{\kappa-1}$$

2—3：定容吸热过程

$$q_{1(2-3)} = c_v(T_3 - T_2)$$

$$\frac{T_3}{T_2} = \frac{p_3}{p_2} = \lambda \Rightarrow T_3 = \lambda T_2 = \lambda T_1 \varepsilon^{\kappa-1}$$

3—4：定压吸热过程

$$q_{1(3-4)} = c_p(T_4 - T_3) \qquad \frac{T_4}{T_3} = \frac{v_4}{v_3} = \rho \Rightarrow T_4 = \rho T_3 = \rho\lambda T_1 \varepsilon^{\kappa-1}$$

4—5：绝热膨胀过程

$$q = 0$$

5—1：定容放热过程

$$q_{2(5-1)} = c_v(T_5 - T_1)$$

循环净功： $$w_{\text{net}} = q_1 - q_2 = q_{1(2-3)} + q_{1(3-4)} - q_{2(5-1)}$$

所以
$$\eta_t = \frac{w_{\text{net}}}{q_1} = 1 - \frac{q_2}{q_1} = 1 - \frac{c_v(T_5 - T_1)}{c_v(T_3 - T_2) + c_p(T_4 - T_3)}$$
$$= 1 - \frac{T_5 - T_1}{(T_3 - T_2) + k(T_4 - T_3)}$$

若用特征参数表示，则进一步对上式进行简化：

因为1—2及4—5为定熵过程：

$$p_1 v_1^{\kappa} = p_2 v_2^{\kappa} \qquad p_4 v_4^{\kappa} = p_5 v_5^{\kappa}$$

又因为 $p_4 = p_3 \qquad v_1 = v_5 \qquad v_2 = v_3$

$$\left(\frac{p_5}{p_1}\right) \cdot \left(\frac{v_5}{v_1}\right)^{\kappa} = \left(\frac{p_4}{p_2}\right) \cdot \left(\frac{v_4}{v_2}\right)^{\kappa} \Rightarrow \frac{p_5}{p_1} = \frac{p_4}{p_2} \cdot \left(\frac{v_4}{v_2}\right)^{\kappa} \Rightarrow \frac{p_5}{p_1} = \frac{p_3}{p_2} \cdot \left(\frac{v_4}{v_3}\right)^{\kappa} = \lambda \cdot \rho^{\kappa}$$

所以5—1时： $$\frac{T_5}{T_1} = \frac{p_5}{p_1} = \lambda \cdot \rho^{\kappa} \Rightarrow T_5 = T_1 \cdot \lambda \cdot \rho^{\kappa}$$

将以上各温度代入混合加热循环热效率 η_t 表达式中有：

$$\eta_t = 1 - \frac{\lambda\rho^{\kappa} - 1}{(\lambda\varepsilon^{\kappa-1} - \varepsilon^{\kappa-1}) + k(\rho\lambda\varepsilon^{\kappa-1} - \lambda\varepsilon^{\kappa-1})} = 1 - \frac{\lambda\rho^{\kappa} - 1}{\varepsilon^{\kappa-1}[(\lambda-1) + \kappa\lambda(\rho-1)]} \quad (1-19)$$

当定压预胀比 $\rho = 1$ 时，即为定容加热循环，则定容加热循环热效率 η_t 表达式为

$$\eta_t = 1 - \frac{1}{\varepsilon^{\kappa-1}} \quad (1-20)$$

当定容增压比： $\lambda = 1$ 时，即为定压加热循环，则定压加热循环热效率 η_t 表达式为

$$\eta_t = 1 - \frac{\rho^{\kappa} - 1}{k\varepsilon^{\kappa-1}(\rho-1)} \quad (1-21)$$

3. 比较及影响因素

（1）三种理论循环的比较

对各种理想循环热效率作比较时，必须要有一个共同的标准，一般在初始状态相同的情况下，分别以压缩比、吸热量、最高压力和最高温度相同作为比较基础，且在 T-s 图上最为简便。

相同压缩比 ε，相同吸热量 q_1 时的比较：

在图 1-16(a) 中：1—2—3—4—1 为定容加热，1—2—2′—3′—4′—1 为混合加热，1—2—3″—4″—1 为定压加热。

因为 q_1 相同，即 $\triangle 23562 = \triangle 22'3'5'62 = \triangle 23''5''62$

比较 q_2：

定容过程：$q_{2v} = \triangle 14561$，混合过程：$q_{2m} = \triangle 14'5'61$，定压过程：$q_{2p} = \triangle 14''5''61$

所以
$$q_{2v} < q_{2m} < q_{2p}$$

又因为
$$\eta_t = 1 - \frac{q_2}{q_1} \qquad \text{所以} \qquad \eta_{tv} > \eta_{tm} > \eta_{tp}$$

在上述结论中，回避了不同机型应采用不同压缩比的问题，但实际上，由于采用不同的燃料，压缩比 ε 应取不同值，显然这一标准与实际情况不完全符合。

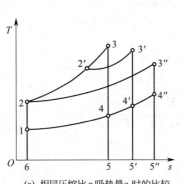
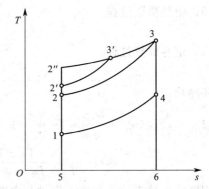

(a) 相同压缩比ε，吸热量q_1时的比较　　(b) 相同最高循环压力和最高循环温度时的比较

图 1-16　三种理论循环的比较

最高循环压力和最高循环温度相同时的比较：

这种比较实质上是热力强度和机械强度相同情况下的比较。在图 1-16(b) 中，1—2—3—4—1 是定容加热理想循环；1—2′—3′—3—4—1 为混合加热理想循环，1—2″—3—4—1 为定压加热理想循环。从图中可以看出：

$$\triangle 2''3652'' > \triangle 2'3'3652' > \triangle 23651$$

即：$q_{1p} > q_{1m} > q_{1v}$

而：$q_{2p} = q_{2m} = q_{2v}$

所以 $\eta_{tp} > \eta_{tm} > \eta_{tv}$

结论：在进气状态相同、循环的最高压力和最高温度相同的条件下，定压加热理想循环的热效率最高，混合加热理想循环次之，而定容加热理想循环最低。这是符合实际的。事实上，柴油机的热效率通常高于汽油机的热效率。

（2）影响因素

分析三种理论循环的热效率表达式，不难发现：

① 三种理论循环的热效率均与压缩比 ε 有关，提高压缩比可以提高循环的热效率。高压缩

比 ε 可以提高工质的最高燃烧温度, 扩大循环的温度阶梯, 从而使热效率 η_t 增加, 但热效率 η_t 增加率随着压缩比 ε 的提高而逐渐减小。

② 增大定容增压比 λ, 可以增加混合加热循环中定容部分的加热量, 使循环的最高温度和压力增加, 因而提高了燃料热量的利用率, 即循环的热效率 η_t。

③ 增大定压预胀比 ρ, 使定压部分加热量增加, 将导致混合加热循环热效率 η_t 的降低, 因为这部分热量是在活塞下行的膨胀行程中加入的, 做功能力较低。

④ 等熵指数 κ 的影响。从图 1-17 中可以发现, 随着 κ 值的增加, η_t 增大。随着工质温度的升高, κ 值下降, 因而 η_t 下降。虽然理论上

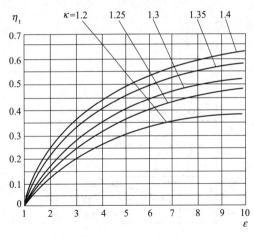

图 1-17　η_t 与 κ 的关系

可以通过改变工质的成分来增加 κ 值, 但实际会影响到发动机的工作过程, 因此并不可取。

理论上能够提高发动机理论循环热效率和平均压力的措施, 往往受到发动机实际工作条件、结构强度、机械效率、燃烧和排放方面的限制。

1.2　发动机的实际循环

1.2.1　实际循环与理论循环的主要差异

发动机的工作过程就是实际循环不断重复进行的过程。发动机实际循环是由进气、压缩、燃烧、膨胀和排气 5 个过程所组成的, 较之理论循环复杂得多。图 1-18 为四冲程自然吸气发动机示功图。

进气过程如图 1-18 (a) 中的 r-a 曲线。为了使发动机连续运转, 必须不断地吸入新鲜工质, 即进气过程。此时进气门开启, 排气门关闭, 活塞由上止点向下止点移动。首先是上一循环留在气缸中的残余废气膨胀, 压力由排气终点的压力 p_r 下降到小于大气压力, 然后新鲜工质才被吸入气缸。由于进气系统的阻力, 因此进气终了压力 p_a 一般小于大气压力 p_0, 而压力差 $p_0 - p_a$ 用来克服进气系统的阻力。因为气流受到发动机高温零件及残余废气的加热, 进气终点的温度 T_a 总是高于大气温度 T_0。

在压缩过程中, 进、排气门均关闭, 活塞由下止点向上止点移动, 缸内工质受到压缩, 温度、压力不断上升, 工质受压缩的程度用压缩比 ε 表示。压缩过程如图 1-18 (b) 中的 a-c 曲线所示, 其作用是增大做功过程的温差, 获得最大限度的膨胀比, 提高热功转换效率, 同时也为燃烧过程创造有利的条件。在柴油机中, 压缩后气体的高温还是保证燃料着火的必要条件。理论循环中, 压缩过程是一个绝热等熵过程, 但在实际发动机循环中, 工质成分不断发生变化, 等熵指数 κ 不是定值; 工质和气缸壁之间有传热, 也不是一个绝热过程。

燃烧过程如图 1-18 中的 c-z 曲线。在燃烧过程中, 进、排气门均关闭, 活塞处在上止点前。燃烧过程的作用是将燃料的化学能转变为热能, 使工质的压力、温度升高。燃烧放出的热量越多, 放热时越靠近上止点, 热效率越高。与理论循环不同, 实际发动机循环这一过程并不是定容或定压的加热过程。

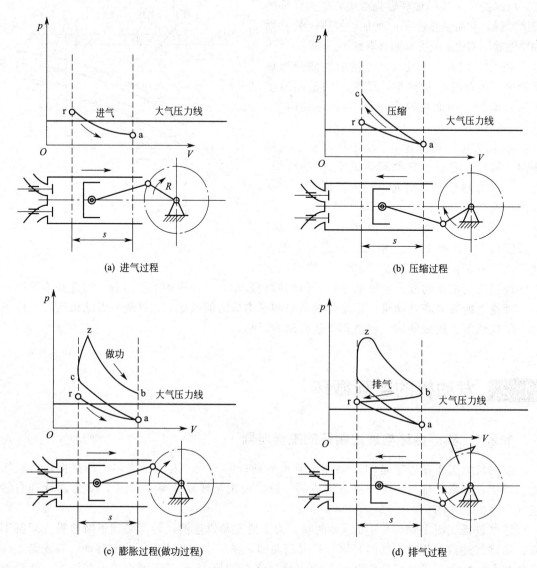

图 1-18　四冲程自然吸气发动机示功图

　　膨胀过程如图 1-18(c) 中的 z-b 曲线。此时，进、排气门均关闭，高温、高压的工质推动活塞，由上止点向下止点移动而膨胀做功，气体的压力、温度也随即迅速降低。同发动机实际循环中的压缩过程，膨胀过程既不是绝热过程，也不是等熵过程。

　　排气过程如图 1-18(d) 中的 b-r 曲线。当膨胀过程接近终了时，排气门打开，废气开始靠自身压力自由排气。当膨胀过程结束时，活塞由下止点返回上止点移动，将气缸内的废气排除。在排气过程中，由于排气系统有阻力，排气终了的压力 p_r 大于大气压力 p_0，而压力差 $p_r - p_0$ 用来克服排气系统的阻力。排气系统阻力越大，排气终了的压力 p_r 越大，残留在气缸中的废气就越多。

1.2.2　实际循环与热损失

　　为使实际循环获得改善，减少与理论循环指标的差距，有必要分析实际循环与理论循环的差异所在，以及引起实际循环各项热损失的原因，以求不断改善实际循环，促进发动机产品的改进与发展。

图 1-19 所示为发动机的理论循环与实际循环 p-V 图。其中用实线表示实际循环示功图，点实线表示与之相对应的理论循环示功图，虚线表示工质为实际工质的混合加热循环。

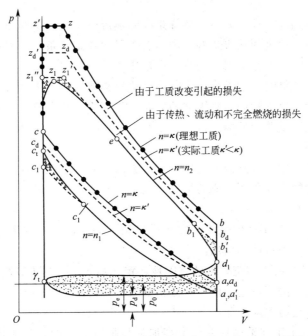

图 1-19 自然吸气压燃式发动机理论循环和实际循环 p-V 图的比较

（1）工质的影响

理论循环的工质是理想气体，它的物理及化学性质在整个循环中是不变的。在实际循环中，燃烧前的工质是新鲜充量和上一个循环残留废气的混合气；燃烧过程中以及燃烧后，工质的成分变为燃烧产物，不仅成分有变化，而且容积数量即物质的量也发生变化；当温度在1300K 以上时燃烧产物有发生高温分解的现象，会降低最高燃烧温度，使循环热效率下降。

理论循环工质的比热容是不随温度变化而变化的。实际循环工质是空气和燃烧产物的混合物，它们的比热容随温度升高而上升，若加热量 Q_1 相同，则实际循环达到的最高温度较理论循环为低，其结果导致循环热效率的降低，循环所做的功减少。反应在图 1-19 上为实际循环的燃烧膨胀线（图中虚线）低于理论循环的燃烧膨胀线。

（2）传热损失

理论循环假设，与工质相接触的燃烧室壁面是绝热的，两者间不存在热量的交换，因而没有传热损失。实际上，缸套内壁面、活塞顶面以及气缸盖底面等（统称壁面）与缸内工质直接接触的表面，始终与工质发生着热量交换。在压缩行程初期，由于壁面温度高于工质温度，工质受到加热，随着压缩过程的进行，工质温度在压缩后期将超过壁面温度，热量由工质流向壁面。特别是在燃烧和膨胀期，工质大量向壁面传热。传热损失造成循环的热效率和循环的指示功有所下降，同时增加了发动机受热零部件的热负荷。

（3）换气损失

理论循环中用从热源定容定压吸热和向冷源定容放热的过程来代替实际循环的燃烧和换气过程，因而它无须进行工质的更换。而实际循环中，燃烧废气的排出和新鲜充量的吸入，是维持实际循环得以周而复始地进行所必不可少的。在实际循环的换气过程中，排气门要提前开启，废气在下止点前便开始逸出，使 p-V 示功图的有用功面积减小。在接着进行的排气和吸气过程中，由于流动阻力会产生进、排气推动功的差别。排气门提前开启造成的损失与进、排气推动功之差，这两部分损失之和就是实际循环的换气损失。

（4）燃烧损失

根据理论循环对燃烧过程的处理，燃烧是外界热源向工质在定容和定压条件下的加热过程。燃烧（加热）速度根据加热方式的不同而有差异：在定容条件下加热，热源向工质的加热速度极快，可以在活塞上止点瞬时完成；在定压条件下加热，加热的速度是与活塞的运动速度相配合的，以保证缸内压力不变。实际的燃烧过程要经历着火准备、预混燃烧、扩散燃烧、后燃等阶段，燃烧速度受到多种因素的影响，与理论循环有较大的差异，这种差异所造成的燃烧损失体现在以下两个方面。

燃烧速度的有限性：

实际的燃料燃烧速度是有限的，燃烧需要足够的时间来完成，这就造成了发动机实际循环中一个由燃烧速度的有限性所造成的损失，也称为时间损失。归纳起来，它给整个循环带来了以下几方面的不利影响：

① 压缩负功增加　为了使燃烧能够在上止点附近完成，燃料的燃烧在上止点前就已经开始了，由此造成了压缩负功的增加。

② 最高压力下降　由于燃烧速度的有限性，定容加热部分达不到瞬时完成加热的要求，再加上活塞在上止点后的下行运动使工质体积膨胀，使得实际循环的最高压力有所下降，循环的平均压力和做功能力下降。

③ 膨胀功减少　由于理论循环假设定容加热是瞬时完成的，其余热量是在定压的条件下于某一点（z 点）前完全加入，而后进入绝热膨胀过程，而实际循环的燃烧持续期长（至 e 点），部分热量是在膨胀行程的 z 点后加入，这部分热量的做功能力低，循环获得的膨胀功减少。

不完全燃烧损失：

理论上在空气充分的条件下，燃料能够完全燃烧，释放出所有化学能，但实际上仍会有很少一部分燃油由于附着到燃烧室壁面、熄火等原因，没有燃烧或没有完全燃烧，以未燃碳氢化合物、CO 和碳烟颗粒等形式排出机外，此外还存在一定的高温分解等，所有这一切造成了燃料的不完全燃烧损失。

（5）缸内流动损失

缸内流动损失是指在压缩及燃烧、膨胀过程中，由于缸内气流运动所形成的损失。缸内流动损失一般不会太大。除非人为设计的强涡流燃烧室，才会有较大的缸内流动损失。

（6）工质泄漏损失

在发动机工作过程中，工质通过活塞环向外泄漏是不可避免的。正常情况下，不会超过发动机排量的 1%。

1.3　发动机的性能指标

发动机的性能指标是指在发动机处于正常运行状态下，描述和表征发动机性能和工作状态的一组参数或指标，用这组参数或指标可以定性或定量地比较、分析发动机的工作性能，是评价发动机性能高低的有效尺度。发动机的性能指标可分为指示指标和有效指标。

1.3.1 发动机指示指标

发动机的指示性能指标是指以工质对活塞做功为基础的指标。

1. 指示功

指示功是指气缸内完成一个工作循环所得到的有用功 W_i。指示功的大小可以由 p-V 图中闭合曲线所占有的体积求得，图 1-20 所示为四冲程非增压和增压发动机示功图。

如图 1-20(a) 所示为四冲程非增压发动机的指示功面积 F_i，它是由于相当于压缩、燃烧、膨胀行程中所得到的有用功面积 F_1 和相当于进气、排气行程中消耗的功的面积 F_2（即泵气损失）相减而成，即 $F_i = F_1 - F_2$。在四冲程增压发动机中 [图 1-20(b)]，由于进气压力高于排气压力，在换气过程中，工质是对外做功的，因此，换气功的面积 F_2 应与面积 F_1 叠加起来，即 $F_i = F_1 + F_2$。

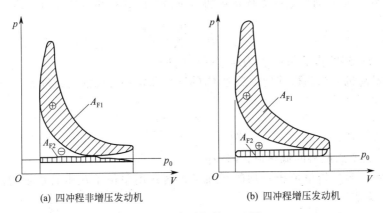

(a) 四冲程非增压发动机　　　　(b) 四冲程增压发动机

图 1-20　发动机的 p-V 图

F_i 可用燃烧分析仪通过采集缸内示功图计算求得，然后用下式算出 W_i（N·m 或 J）值。

$$W_i = F_i ab \times 10^{-6} \tag{1-22}$$

式中，F_i 为示功图面积，cm^2；a 为示功图纵坐标比例尺，Pa/cm；b 为示功图横坐标比例尺，cm^3/cm。

指示功 W_i 反映了发动机气缸在一个工作循环中所获得的有用功的数量，它除了和循环中热功转换的有效程度有关外，还和气缸容积的大小有关。为了能更清楚地对不同工作容积发动机工作循环的热力转换有效程度作比较，引出了平均指示压力（用 p_{mi} 表示）的概念。所谓平均指示压力（MPa），是指单位气缸容积一个循环所做的指示功，即

$$p_{mi} = \frac{W_i}{V_S} \tag{1-23}$$

式中，W_i 为发动机一个工作循环指示功，kJ；V_S 为发动机气缸工作容积，L。

平均指示压力是从实际循环的角度评价发动机气缸工作容积利用率高低的一个参数，p_{mi} 越高，同样大小的气缸容积可以发出更大的指示功，气缸工作容积的利用程度越佳。平均指示压力是衡量发动机实际循环动力性能的一个很重要的指标。

2. 指示功率

发动机单位时间内所作的指示功称为指示功率 P_i。若一台发动机的气缸数为 i，每缸的

工作容积为 $V_S(\text{m}^3)$，平均指示压力为 $p_{mi}(\text{N/m}^2)$，转速为 $n(\text{r/s})$，根据 p_{mi} 的定义，一个循环气体所作的指示功 （kJ） 为

$$W_i = p_{mi}V_S \tag{1-24}$$

具有 i 个气缸的发动机每秒所作的指示功率 $P_i(\text{kW})$ 为

$$P_i = 2p_{mi}V_S \frac{n}{\tau}i \tag{1-25}$$

式中，τ 为冲程数，对四冲程发动机：$\tau=4$；对二冲程发动机：$\tau=2$。

在实际应用时，一般采用 $p_{mi}(\text{MPa})$、$V_S(\text{L})$、$n(\text{r/min})$、$P_i(\text{kW})$，对四冲程发动机

$$P_i = \frac{p_{mi}V_S ni}{120} \tag{1-26}$$

3. 指示热效率和指示燃油消耗率

指示热效率 η_{it} 是发动机实际循环指示功与所消耗的燃料热量的比值，即

$$\eta_{it} = \frac{W_i}{Q_1} \tag{1-27}$$

式中，W_i 为得到的指示功；Q_1 为所消耗的热量。

对于一台发动机，当测得其指示功率 $P_i(\text{kW})$ 和每小时燃油消耗量 $B(\text{kg/h})$ 时，根据 η_{it} 的定义，可得

$$\eta_{it} = \frac{3.6 \times 10^3 P_i}{BH_u} \tag{1-28}$$

式中，H_u 为所用燃料的低热值，kJ/kg。

指示燃油消耗率是指单位指示功的耗油量，通常用单位千瓦小时指示功的耗油量克数 $[\text{g/(kW·h)}]$ 来表示。

$$b_i = \frac{B}{P_i} \times 10^3 \tag{1-29}$$

因此，表示实际循环的经济性指标 η_{it} 和 b_i 之间存在着以下关系，即

$$\eta_{it} = \frac{3.6 \times 10^6}{H_u b_i} \tag{1-30}$$

1.3.2 发动机有效指标

有效指标是指以发动机曲轴输出功为基础的指标，主要是考虑到发动机自身所消耗的机械能，用来综合评价发动机整机性能，它比指示指标更有实用价值。通常用符号下标 e 来表示有效性能指标。

1. 有效转矩

发动机工作时，由功率输出轴输出的转矩称为有效转矩，用符号 T_{tq} 表示。它与有效功率 P_e 的关系为：

$$P_e = \frac{T_{tq}n}{9550} \tag{1-31}$$

式中，n 为发动机转速，r/min；T_{tq} 为有效转矩，N·m。

2. 平均有效压力和有效功率

与平均指示压力相似，平均有效压力可看作是一个假想的、平均不变的压力作用在活塞

顶上，使活塞移动一个行程所做的功等于每循环所做的有效功。平均有效压力是衡量发动机动力性能的一个重要参数。

按照上述定义，可以用式(1-25)所表示的 P_i 和 p_{mi} 之间的关系，写出 P_e(kW) 和 p_{me} (MPa) 的关系式，即

$$P_e = 2 p_{me} V_S \frac{n}{\tau} i \tag{1-32}$$

$$p_{me} = \frac{30\tau P_e}{V_S n i} \tag{1-33}$$

因此，由式(1-31)，在一定条件下，平均有效压力 p_{me} 值反映了发动机输出转矩 T_{tq} 的大小，即

$$T_{tq} \propto P_{me} \tag{1-34}$$

即 p_{me} 反映了发动机单位气缸工作容积输出转矩的大小。

3. 有效热效率和有效燃油消耗率

衡量发动机经济性能的重要指标是有效热效率 η_{et} 和有效燃油消耗率 b_e。

有效热效率 η_{et} 是发动机实际循环有效功与所消耗的燃料热量的比值，即

$$\eta_{et} = \frac{W_e}{Q_1} \tag{1-35}$$

式中，W_e 为得到的有效功；Q_1 为所消耗的热量。

对于一台发动机，当测得其有效功率 P_e(kW) 和每小时燃油消耗量 B(kg/h) 时，根据 η_{et} 的定义，可得

$$\eta_{et} = \frac{3.6 \times 10^3 P_e}{B H_u} \tag{1-36}$$

式中，H_u 为所用燃料的低热值，kJ/kg。

有效燃油消耗率 b_e 是指单位有效功的耗油量，通常用单位千瓦小时有效功的耗油量克数 [g/(kW·h)] 来表示。

$$b_e = \frac{B}{P_e} \times 10^3 \tag{1-37}$$

因此，表示实际循环的经济性指标 η_{et} 和 b_e 之间存在着以下关系，即

$$\eta_{et} = \frac{3.6 \times 10^6}{H_u b_e} \tag{1-38}$$

4. 发动机强化指标

发动机强化指标主要包括升功率 P_L、比质量 m_e 和强化系数 $p_{me} C_m$。

(1) 升功率 P_L

升功率 P_L(kW/L) 的定义是在标定工况下，发动机每升气缸工作容积所发出的有效功率。

$$P_L = \frac{P_e}{i V_S} \tag{1-39}$$

式中，P_e 为发动机的标定功率，kW；i 为气缸数；V_S 为气缸工作容积，L。

由式(1-33) 可得：

$$P_L = \frac{p_{me} n}{30\tau} \tag{1-40}$$

可见，升功率 P_L 是从发动机有效功率出发，对其气缸工作容积的利用率做总的评价。它与 p_{me} 和 n 的乘积成正比。P_L 的数值越大，则发动机的强化程度越高，而发出一定有效功率的发动机尺寸越小。因此 P_L 也就成为评定一台发动机整机功率性能和强化程度的重要指标之一。

（2）比质量 m_e

比质量 m_e（kg/kW）是发动机的净质量 m 与它所发出的标定功率 P_e 之比，即

$$m_e = \frac{m}{P_e} \tag{1-41}$$

它表征发动机质量的利用程度和结构紧凑性。当发动机的质量一定时，有效功率 P_e 越大，比质量 m_e 值越小，则发动机的强化程度越高，发动机的质量利用程度越好。

（3）强化系数 $p_{me}C_m$

平均有效压力 p_{me} 与活塞平均速度 C_m 的乘积称为强化系数。它与活塞单位面积的功率成正比。其值越大，发动机的热负荷和机械负荷越高。由于发动机的发展趋势是强化程度不断提高，所以强化系数 $p_{me}C_m$ 值增大，是技术进步的标志之一。

1.4　发动机的机械损失

1.4.1　机械效率

指示性能指标只能评定工作循环进行的好坏，发动机发出的指示功率需扣除运动件的摩擦功率以及驱动风扇、机油泵、燃油泵、发电机等附件消耗的功率后才能变为曲轴的有效输出，所有这些消耗功率的总和称为机械损失功率 P_m，即

$$P_m = P_i - P_e \tag{1-42}$$

有效功率与指示功率之比为机械效率，即

$$\eta_m = \frac{P_e}{P_i} \tag{1-43}$$

由式（1-27）和式（1-35），且机械损失功为 $W_m = W_i - W_e$，则

$$\eta_{et} = \eta_{it}\eta_m \tag{1-44}$$

同平均指示压力、平均有效力的定义相似，也可应用单位气缸工作容积的比参数，即平均机械损失压力 p_{mm}。它的定义是发动机单位气缸工作容积一个循环所损失的功，它可以用来衡量机械损失的大小。

$$p_{mm} = \frac{W_m}{V_S} \tag{1-45}$$

1.4.2　机械损失的组成

1. 摩擦损失

（1）活塞、活塞环和气缸壁的摩擦损失。这部分损失占摩擦损失的主要部分，原因是滑动面积大、相对速度高、润滑不够充分。摩擦损失与活塞长度、活塞间隙以及活塞环数目和

环的张力等结构因素有关。此外，在构造相同的情况下，还随气缸压力、活塞速度以及润滑油黏度的升高而增大。

（2）轴承与气门机构的摩擦损失。包括所有主轴承、连杆轴承和凸轮轴轴承等的摩擦损失。这些轴承由于润滑充分，摩擦损失不大，但随着轴承直径的增大和转速的提高，轴颈圆周速度的增大，运动件惯性力增大，这部分损失将增大。此外，在构造相同的情况下，它随气缸压力、活塞速度以及润滑油黏度的升高而增加。

2. 驱动附件损失

这里所指的附件，是指为保证发动机工作不可少的部件或总成，如水泵（风冷发动机中的风扇）、机油泵、喷油泵、分电器、调速器等；而一些不是每种发动机运转所必要的总成，如发电机、汽车制动用的空气压缩机、转向助力泵等，除非加以说明，一般不包括在内。有时规定空气滤清器、散热器、水冷发动机的冷却风扇也不包括在机械损失之内，要根据具体情况或相关规定而定。

附件消耗的功率随发动机转速和润滑油黏度的增加而增大。附件功率损失占机械损失比例较小。

3. 泵气损失和风阻损失

泵气损失即进、排气过程所消耗的功。另外，还包括活塞、连杆、曲轴等零件在曲轴箱内高速运动时，为克服油雾、空气阻力及曲轴箱通风等而消耗的一部分功，其数值较小，也不能单独测定。

图 1-21 给出了以上机械损失所占的份额。各种情况下，机件摩擦（活塞、曲柄连杆机构与凸轮轴系统）损失都占有最大份额（50%～80%不等），柴油机的损失比例大于汽油机；附件消耗一般不超过10%。柴油机因有高压喷油泵，损失比例大于汽油机；泵气损失比例变化很大，在5%～40%之间变动。

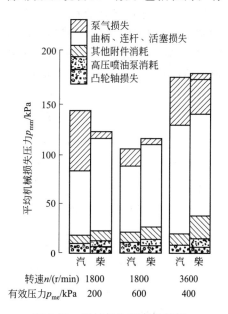

图 1-21　机械损失所占的份额

高速及汽油机低负荷时明显加大；负荷对柴油机的影响较小；总体上汽油机低速、低负荷下的泵气损失要比柴油机高得多。

1.4.3　机械损失的测定

1. 示功图法

运用燃烧分析仪测录气缸的示功图，从中算出指示功率 P_i 值，从测功器和转速计读数中测出发动机的有效功率 P_e 值，从而可以算出 P_m、p_{mm} 及 η_m 值。这种直接测定方法是在发动机真实的工作情况下进行的，从理论上讲也完全符合机械损失的定义，但结果的正确程度往往决定于示功图测录的正确程度，其中最大的误差来源于图 p-φ 或 p-V 图上活塞上止点位置不易正确地确定。此外，在多缸发动机中，各个气缸多少存在着一定的不均匀性，而在试验中往往只测录一个气缸的示功图用以代表其他各缸，这也会引起一定的误差，因此，示功图法一般用于当上止点位置能得到精确标定时才能取得较满意的结果。

2. 倒拖法

这种方法在具有倒拖的电力测功器的试验台上方可进行。试验时，发动机与电力测功器相连，当发动以给定工况稳定运行，冷却水、机油温度到达正常数值时，切断对发动机的供油，将电力测功器转换为电动机，以给定转速倒拖发动机，并且尽量维持冷却水和机油温度不变，这样测得的倒拖功率即为发动机在该工况下的机械损失功率。

但倒拖工况与实际运行情况相比有差别。首先，气缸内不进行燃烧过程，作用在活塞上的气体压力在膨胀行程中大幅度下降，作用在活塞、连杆、曲轴的摩擦损失有所减少。其次，按这种方法求出的摩擦功率中含有不应该有的泵气损失功率这一项，且由于排气过程中温度低、密度大，使泵气损失功率比实际的还大。再次，倒拖在膨胀、压缩行程中，由于充量向气缸壁的传热损失，以至于 p-V 图上膨胀线和压缩线不重合而处于它的下方，出现了如图 1-22 所示的负功面积，而实际上，这部分传热损失已被包含在发动机实际循环示功图的指示功损失中。这三因素的综合结果是：倒拖时所消耗的功率要超过发动机在给定工况工作时的实际机械损失，在低压缩比发动机中，误差大约为 5%，在高压缩比发动机中，误差有时可高达 15%～20%，因而此方法在测定汽油机机械损失时得到较广泛的应用。

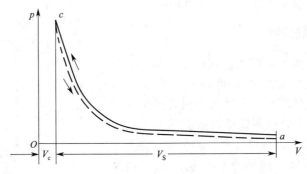

图 1-22　发动机在倒拖时的 p-V 图

3. 灭缸法

此法仅适用于多缸发动机。当内燃机调整到给定工况稳定工作后，先测出其有效功率 P_e，之后在喷油泵齿条位置不变的情况下，停止向某一气缸供油或点火，并用减少制动力矩的办法迅速将转速恢复到原来的数值，并重新测定有效功率 P'_e。这样，如果灭缸后其他各缸的工作情况和发动机机械损失没有变化，则被熄灭的气缸原来所发出的指示功率 $(P_i)_x$ 为：

$$(P_i)_x = (P_e - P'_e)_x \tag{1-46}$$

依次将各缸灭火，最后可以从各缸指示功率的总和中求得整台发动机指示功率 P_i 为

$$P_i = \sum_{x=1}^{i} (P_e - P'_e)_x \tag{1-47}$$

然后可以求出 P_m 和 η_m。

灭缸法简便易行，不需任何额外测试设备和电动机的反拖，因而得到广泛应用。灭缸法本质上仍然是倒拖法，只不过是用 "$i-1$" 缸的动力来倒拖被灭的那一缸。所以，理论上倒拖法所具有的偏差，在灭缸法中都会有。

与倒拖法不同的是，测定时的整机状态更接近于实际情况，相对误差小一些。但是，当

多缸发动机灭了某一缸后，进、排气压力波的动态效应（主要指汽油机），会影响各缸进、排气的分配均匀性，引起额外测试误差。

灭缸法应用于自然吸气柴油机误差较小，其误差一般在 5％ 以下；用于汽油机及废气涡轮增压机时误差较大。

4. 油耗线法

由式(1-28)和式(1-42)可得：

$$BH_u\eta_{it}=3.6\times10^3 P_i=3.6\times10(P_e+P_m)$$

当发动机空转（无负荷），且 η_{it} 不随负荷增减而变化时，可得

$$B_0 H_u\eta_{it}=3.6\times10^3 P_m$$

两式相除，得

$$\frac{B}{B_0}=\frac{P_e+p_m}{P_m}=\frac{p_{me}+p_{mm}}{p_{mm}}$$

式中，B_0 为发动机空转时的燃油消耗量。

图 1-23 所示为一台柴油机的转速不变的情况下进行负荷特性试验时所获得的小时燃油消耗量与平均有效压力的关系曲线，如果把燃油消耗量曲线延长并示出其与横坐标轴的交点，就可以求得 p_{mm} 值。这个方法虽然只是近似的方法，但只要在低负荷附近燃油消耗量曲线为直线就相当可靠，即使没有电力测功器和燃烧分析仪也能进行测定。但是，这种方法不适用于用节气门调节功率的汽油机。当测得其 p_{mm} 值后，其机械效率可近似地用下式估算，即

$$\eta_m=\frac{p_{me}}{p_{me}+p_{mm}}=1-\frac{p_{mm}}{p_{me}+p_{mm}}=1-\frac{B_0}{B} \tag{1-48}$$

式中，B 为欲测取的 η_m 工况的小时燃油消耗量。

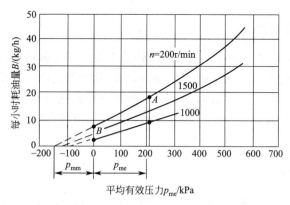

图 1-23　用油耗线法测柴油机的 p_{mm} 值

综上所述，将以上机械损失测定方法总结如下：

（1）示功图法适用于所有发动机，只需设法提高其测量精度。

（2）倒拖法只适于具有电力测功机的试验室。由于能发出大转矩的电力测功机难于制造，一般中、大型柴油机都无法应用。汽油机由于反拖转矩小，加之压缩比较小，所以多用

倒拖法。

（3）汽油机较少用灭缸法，不仅是由于灭缸后进、排气的改变，还因为实际应用中一缸灭火而不停油，很不安全。小型柴油机可用灭缸法，也可用倒拖法，使用中应注意测试的精度。

（4）油耗线法则多在自然吸气式柴油机的生产、调试中应用，作为产品质量监控的手段。

（5）废气涡轮增压发动机无法使用倒拖法与灭缸法，因为都破坏了增压系统的正常工作。油耗线法也仅在低增压时使用（进气压力＜0.15MPa）；对于高增压机型，只用示功图法。

一般发动机的机械效率 η_m：非增压柴油机为 0.78～0.85；增压柴油机为 0.80～0.92；汽油机为 0.80～0.90。

1.5 发动机热平衡

按照热能在有效功和各种损失方面的数量分配来研究燃料中总热量的利用情况，称为发动机的热平衡。热平衡表示热量分配情况。只有了解热量损失所在，才能进一步去减少它或设法利用它。

1. 发动机所耗燃油的热量

在发动机中，热量是由燃料燃烧而产生的，假设燃料完全燃烧，则每小时所发出的热量 $Q_T(kJ/h)$ 为：$Q_T = BH_u$。

2. 转化为有效功的热量

若已知发动机有效功率 $P_e(kW)$，则转化为有效功的热量 $Q_E(kJ/h)$ 为：$Q_E = 3.6 \times 10^3 P_e$。

3. 传递给冷却介质的热量

这部分热量包括实际循环中工质与缸壁的传热损失、废气通过排气道时传给冷却介质的热量、活塞与缸壁摩擦产生又传给冷却介质的热量以及润滑油传给冷却介质的热量等，若通过发动机冷却介质每小时的流量为 $G_S(kg/h)$，冷却介质的比热容为 $c(kJ/kg \cdot ℃)$，冷却介质的进出口温度分别为 t_1、$t_2(℃)$，则传递给冷却介质的热量 $Q_S(kW/h)$ 为：$Q_S = G_S c (t_2 - t_1)$。

4. 废气带走的热量

若发动机每小时消耗的燃料量和空气量分别为 B、$G_K(kg/h)$；废气和空气的定压比热容分别为 c_{pr}、$c_{pk}(kJ/kg \cdot ℃)$；进气管入口处工质的温度和靠近排气门处的废气温度分别为 t_1、$t_2(℃)$；则废气带走的热量 $Q_R(kJ/h)$ 为：$Q_R = (B + G_K)(c_{pr} t_2 - c_{pk} t_1)$。

5. 其他热量损失

从 Q_T 中除去转化为有效功的热量 Q_E、传递给冷却介质的热量 Q_S、废气带走的热量

Q_R 三项热量损失外，即所有未计的损失 Q_L(kJ/h)。

图 1-24 表示的是发动机的热平衡图，由该图可以清楚地看到发动机中的热量流动情况。在燃料的总热量中，仅有 $25\%\sim40\%$ 的热量转变为有效功，其余 $60\%\sim75\%$ 都损失掉了。其中，主要由废气带走，其次传给冷却水，在某些汽油机中不完全燃烧损失的热量所占比例也不小。冷却水带走的热量占总热量的 $10\%\sim35\%$，其中一部分是排气道中废气传给冷却水的热，一部分是由摩擦产生的热，而真正由燃烧、膨胀过程散出的热大约占冷却损失的 15%，废气带走的热量占总热量的 $25\%\sim50\%$。废气涡轮增压是回收这部分热量的一种方式。

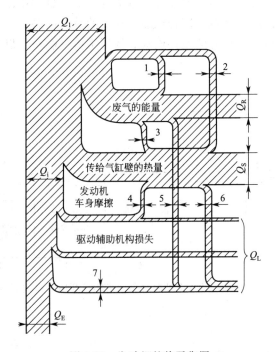

图 1-24 发动机的热平衡图

1—从残余废气和排气中回收的热量；2—由气缸壁传给进气的热量；
3—排出废气传给冷却水的热量；4—在摩擦中传给冷却水的部分热量；
5—从排气系统辐射的热量；6—从冷却水和水套壁辐射的热量；
7—从曲轴箱壁和其他不冷却部分辐射的热量

1.6 提高发动机性能指标的途径

1.6.1 发动机热损失的合理利用

1. 能量利用的环节

发动机的热平衡表达了能量分配关系，进一步分析发动机能量流动的各环节有利于发展合理利用能量的技术和措施，图 1-25 表示了某四冲程自然吸气柴油机能量利用率递减框图。

结合热平衡可以得出，发动机能量的合理利用包括两方面，即进一步提高有效热效率和损失能量的再利用。

由 A 到 E 共 5 个阶段，分析如下。

（1）由 A 到 C 出现 46.5％的能量损失。A 到 B 的能量损失是由于燃料不完全燃烧造成的，一般不到 2％，而 B 到 C 的能量损失在循环和燃烧模式不改变时，是无法改变的，这是因为理论循环效率最高为卡诺循环热效率（$\eta_{t,c}=1-T_2/T_1$），理论循环的热效率取决于理论的平均加热和放热温度，即受热力学第二定律制约。

（2）由 C 到指示效率 D 的能量损失取决于实际循环趋于理论循环的完美程度，是由于实际循环的各种损失造成的。

（3）由 D 到 E 的能量损失取决于机械效率，是由于机械损失造成的。

往复活塞式内燃机经过 100 多年的发展，以上各环节能量利用已趋于完善。为了适应节能要求，特别是在满足排放、噪声等综合性能前提下的节能需要，还希望在现有基础上有所提高。总结起来，可以从改变现有的循环模式、换用工质（燃料）以及改变燃烧及负荷调节模式等方面着手。

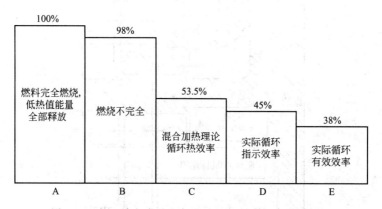

图 1-25　某四冲程自然吸气柴油机能量利用率递减框图

2. 阿特金森循环

现有发动机都是按定容放热模式工作的，定容放热线如图 1-26 中的 b-a 线所示。如果能将图 1-26 中绝热膨胀线 z-b 延为 z-b′，再按 b′-a 进行定压放热回到压缩始点 a，则会增加图 1-26 所示 bb′ab 面积大小的有效功量，从而提高循环效率。此种循环由英国人阿特金森于 1882 年提出，因此叫做阿特金森（Atkinson）循环，也称为增大膨胀体

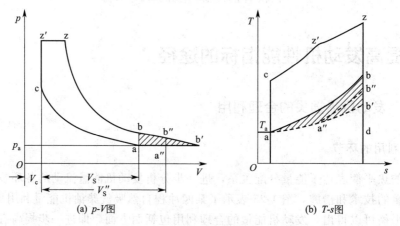

(a) p-V图　　　　　　　　　(b) T-s图

图 1-26　阿特金森循环

积的超膨胀循环。

3. 米勒循环

由于阿特金森循环发动机的结构膨胀冲程增加过大，实现起来难度很大。这种思想开发的具有混合放热模式的超膨胀发动机循环——米勒（Miller）循环可以实现。如图 1-26 所示，若将绝热膨胀线适当延长到 b″进行等容放热 b″-a，再按 a″-a 进行等压放热回到压缩始点 a，这种模式就是米勒循环。

米勒循环的实质是膨胀比大于压缩比，如图 1-26 所示，获得图 1-26 所示 b″a″ab 面积大小的超膨胀功。米勒循环在实际使用时并不要求增大活塞冲程，因为这样做在生产中难于实现，而是根据实际情况，灵活控制进气终点，从而达到实现米勒循环的效果。

图 1-27 所示为某自然吸气型汽油机低负荷时的示功图，原机泵气损失由实线所示的封闭面积 rb′aer 表示。如果能加大节气门开度，甚至取消节气门，而又维持原工况进气量不变，则进气门只需开到 a′点即可。

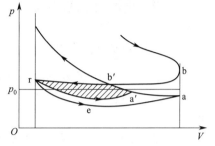

图 1-27 米勒循环汽油机

则此时的泵气损失将减少为图上剖面线所示的封闭面积 rb′a′r。节气门开大和进气时间缩短的双重因素使进气损失大下降。进气门在点 a′关闭后，活塞继续下行到 a 点，常规的动力过程可膨胀到 b 点。这样的循环就是米勒循环。即由 a′点决定的实际压缩比小于由 b 点确定的膨胀比。不难看出，米勒循环主要用于改善中、低负荷的经济性。

4. 废气涡轮增压技术

如前所述，发动机由冷却介质和废气带走的热量各占燃料总能量的 1/3 左右，但是，这些散失能量再利用的可能性和程度是不相同的。根据热力学第二定律，能量有品质的差别。当工质温度越接近环境温度时，其携带热能的品质就越差，可利用的百分比就越低。以 100℃（373K）的热水和 700℃（973K）的废气为例，在 20℃（293K）的环境温度下，按卡诺循环来比较它们最大可利用能的百分比，计算表明，热水的卡诺循环效率仅为 21.4%，废气则可达 69.9%，二者有 3 倍以上的差别，因此人们更关注废气能量的再利用。

增压的主要目的是加大进气充量，提高输出功率。同时，由于涡轮增压发动机的泵气过程功一般为正功，再加上机械效率 η_m 的相对提高，因此整机有效效率 η_{et} 将有较大增长。如果对增压后较热的空气再进行冷却，降低其进气温度，则输出功率将进一步增大，排放、噪声等性能也有所改善。这种称为增压中冷的技术，是发动机当前很重要的一个发展方向。

5. 汽油机稀薄燃烧、缸内直喷技术

传统汽油机经济性低于柴油机的主要原因：一是汽油机预制均匀混合气点火、火焰传播的燃烧方式，易导致爆燃，限制了压缩比的提高；二是预制均匀混合气的空燃比偏浓（化学计量比附近），混合气的等熵指数偏低；三是节气门负荷量调节的方式，加大了进气阻力，泵气损失增大。

解决的办法是采用稀燃技术，"稀燃"就是让汽油机在更稀空燃比条件下工作，但均质的稀燃受着火极限的限制。因此，需使燃烧室内混合气浓度分层分布，火花塞附近是适于点

火的较浓混合气，而其他部位则较稀，这样，平均空燃比就会进一步变稀，可以提高压缩比，解决易于"爆燃"和"负荷量调节"的本质缺陷。

汽油缸内直喷（GDI）技术可以降低进气充量的压缩温度和压力，减少爆燃倾向，在相同的爆燃倾向条件下，可以提高 GDI 发动机的压缩比。如果 GDI 发动机采用分层充量实现稀燃，则节能潜力更大。另外，GDI 稀燃模式采用质调节负荷方式，减少了泵气损失。

1.6.2 提高发动机性能指标的途径

1. 决定动力输出的两大环节

概括起来，发动机热功转换及能量传递过程需要经过以下 3 个环节。

（1）混合气的形成并导入气缸的过程。在该过程中，燃料按一定的方式与空气混合，形成可燃混合气。

（2）燃烧放热过程。通过燃烧过程的组织，有效控制放热规律。

（3）能量转换过程。其关键是总热量转换成有效功的热效率，包括指示热效率和机械效率。

由以上分析，改善内燃机性能的所有技术，都体现在如何完善上述 3 个环节的问题上。

决定动力输出的"量"与"质"的两环节：发动机输出功率的大小，首先取决于单位时间内加入整机的化学能的多少，即"量"的环节；其次则取决于化学能转换为输出功的效率，即转换过程的优劣，这是"质"的环节。

由式(1-36)，发动机的输出功率 P_e 可表示为

$$P_e = \frac{\eta_{et} B H_u}{3.6 \times 10^3} \tag{1-49}$$

对于在机外先预制好均匀混合气的机型，如点燃式汽油机，也可表示为

$$P_e = \frac{\eta_{et} G_m H_{um}}{3.6 \times 10^3} \tag{1-50}$$

式中，P_e 为发动机输出功率，kW；G_m 为单位时间输入的混合气总量，kg/h；H_{um} 为混合气的质量低热值，kJ/kg。

2. 提高发动机动力性能与经济性能的途径

由以上从决定动力输出的"量"与"质"的两大环节可推导出发动机动力性能和经济性能的综合表达式(1-51) 和式(1-52)。

$$P_e = \eta_{et} G_m H_{um} = \eta_c \eta_t \eta_m \left(\frac{H_u}{\phi_a l_0}\right) \phi_c V_S \left(\frac{P_S}{R_S T_S}\right) \left(\frac{2in}{\tau}\right) \tag{1-51}$$

$$b_e = \frac{1}{\eta_c \eta_t \eta_m H_u} = \frac{1}{\eta_{it} \eta_m H_u} = \frac{1}{\eta_{et} H_u} \tag{1-52}$$

式中，η_c、η_t、η_{it}、η_{et}、η_m 分别指燃烧效率、循环热效率、指示热效率、有效热效率、机械效率，其中，$\eta_{it} = \eta_c \eta_t$；$H_u$、$\phi_a$、$l_0$ 分别指燃料的低热值、过量空气系数、理论空燃比；ϕ_c、V_S 分别指发动机充量系数、气缸工作容积；P_S、T_S 分别指进气管状态下工质的压力、温度，引入理想气体状态方程，则 $\rho_S = \frac{P_S}{R_S T_S}$；$i$、$n$、$\tau$ 分别指发动机的气缸

数、转速、冲程数。

（1）采用增压中冷技术

从式（1-51）可以看到，在保持过量空气数 ϕ_a 等参数不变的情况下，提高进气压力，降低进气温度，进而增加吸进空气的密度 ρ_S，可以使发动机功率按比例增长。这就需要在发动机上装置增压器，使空气进入气缸前进行预压缩，并采用中冷技术。目前，在柴油机上广泛采用废气涡轮增压器，提高柴油机的动力性，同时可以改善柴油机的经济性、降低比质量、降低废气有害排放、降低排烟、节约原材料。发动机的增压技术还可以用来恢复在高原使用的发动机的功率，因为随海拔高度的增加，进气密度下降，燃烧恶化，装备增压发动机的汽车，其高原动力性能与经济性能可以得到明显改善。

（2）合理组织燃烧过程

通过合理组织燃烧过程，提高燃烧效率 η_c 和循环热效率 η_t，进而提高指示效率 η_{it}，不仅改善了发动机的动力性能，同时也改善其经济性能，因此，需要从研究发动机工作循环入手，深入分析在整个热功转换过程中，各种热力损失的大小及其分布，掌握各种因素对热力损失的影响程度，从而寻找减少这些损失的技术措施，而其中最重要的一个方面就是对发动机燃烧的过程的改进。

（3）改善换气过程

同样大小的气缸容积，在相同的进气状态下若能吸入更多的新鲜空气，则可容许喷入更多的燃料，在同样的燃烧条件下可以获得更多的有用功。改善换气过程，不仅可以提高 η_m，而且可以减少换气损失。为此，必须对换气过程进行深入研究，分析产生损失的原因。

（4）提高发动机的转速

增加转速 n 可以增加单位时间内每个气缸做功的次数，因而可提高发动机的功率输出；与此同时，发动机的比质量也随之降低。因此，它是提高发动机功率和减小质量、尺寸的一个有效措施。但转速的增长不同程度上受燃烧恶化、充量系数 ϕ_c 和机械效率 η_m 急剧降低，零件使用寿命和可靠性降低以及发动机振动、噪声加剧等限制。

（5）提高内燃机的机械效率

提高机械效率可以提高内燃机的动力性能和经济性能，这方面主要靠合理选定各种热力和结构参数，靠结构、工艺上采取措施减少其摩擦损失及驱动水泵、油泵等附属机构所消耗的功率以及改善发动机的润滑、冷却来实现。

 复习思考题

1. 推导定容加热循环、定压加热循环和混合加热循环的热效率表达式。

2. 发动机的三种理论循环分别对应哪三种发动机，为什么？

3. 与理论循环相比，实际循环的损失是由哪些原因造成的？

4. 发动机理论循环的热效率受到哪些因素影响？

5. 为什么发动机性能指标有指示指标和有效指标之分？如果要进行不同机型性能的对比，应该使用何种动力、经济性能指标？

6. 平均有效压力和升功率在评定发动机的动力性能方面有何区别？

7. 什么是机械效率，其表达式有几种？

8. 发动机的机械损失由哪些部分组成？详细分析机械损失的测定方法，简述其优、缺点及适用场合。

9. 什么是热平衡，包括哪几部分？

10. 阿特金森循环和米勒循环的主要区别是什么？

11. 决定动力输出的两大环节分别是什么？

12. 有一台 6135Q-1 柴油机，$D \times S = 135\text{mm} \times 140\text{mm}$，6 缸，在 2200r/min 时，发动机发出的有效功率为 154kW，$b_e = 217\text{g}/(\text{kW} \cdot \text{h})$。

1）求发动机的 p_{me}、T_{tq} 和 η_{et}。

2）当 $\eta_m = 0.75$ 时，试求 b_i、η_{it}、P_i 和 P_m 的值。

第❷章
发动机的换气过程

四冲程发动机从膨胀冲程末期排气门开启时算起，直到压缩冲程初期进气门关闭时为止，大约 410～480°CA（曲轴转角）范围内的过程为换气过程。在换气过程中，发动机排出废气，充入可燃混合气（对于直喷发动机，充入新鲜空气），没有换气过程，发动机不可能持续运转。本章主要讨论四冲程发动机的换气过程。

2.1 发动机的换气过程

2.1.1 换气过程

发动机运行时，在如此短的换气时间内，要使排气干净、进气充足是比较困难的；为了增加气门开启的时间，并充分利用气流的流动惯性以及减少换气过程的损失，从而改善换气过程，提高发动机的性能，进、排气门一般都是提前开启、迟后关闭，不受活塞行程的限

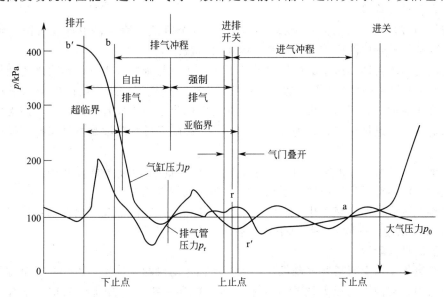

图 2-1　换气过程中气缸压力、排气管压力的变化

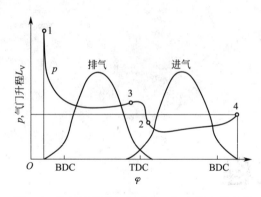

图 2-2 换气过程中气门升程、缸内压力的变化
1—排气门开启；2—排气门关闭；3—进气门开启；
4—进气门关闭；TDC—上止点；BDC—下止点

制。所以整个换气过程超过两个冲程，约占 410～480°CA，如图 2-1 和图 2-2 所示。由于前一循环的排气过程和本次循环的进气过程顺序相连，因此，在分析发动机的换气过程时，实际上考虑的是两个循环。合理组织换气过程，吸入尽可能多的新鲜充量，这是提高充量系数的问题，也是换气过程的核心问题。

换气过程包括进气门开启后的进气过程和排气门开启后的排气过程，但进气和排气过程有一段时间重叠，称为气门叠开。

1. 排气过程

由于受配气机构及其运动规律的限制，排气门不可能瞬时完全打开，气门开启有一个过程，其流通截面只能逐渐增加到最大；在排气门开启的最初一段时间内，排气流通截面积很小，废气排出的流量小（如图 2-2 所示）。如果排气门刚好在膨胀行程的下止点才开始打开，气门升程小，排气流通截面积小，排气不畅，气缸压力下降迟缓，活塞在向上止点运动强制排气时，将大大增加排气冲程的活塞推出功，再加上气流因惯性而不会马上流出，这些都会间接影响进气充量。所以发动机的排气门都在膨胀行程到达下止点前的某一曲轴转角位置提前开启，这一角度称为排气提前角。排气提前角的范围为 30～80°CA，视发动机的工作方式、转速、增压与否而定。为了利用高速气流的惯性排除废气，排气门是在活塞过了上止点后才关闭。从上止点到排气门完全关闭这段曲轴转角，称为排气迟闭角，一般为 10～70°CA。

排气迟闭角过小，则排气惯性利用不足，而排气迟闭角过大，因活塞下行较多，缸内压力小于排气背压而使废气倒流，排气量减少，缸内残余废气系数增大，进而间接影响进气充量。

按燃气对活塞做功的性质，排气过程可分为自由排气和强制排气两个阶段。

（1）自由排气阶段

从排气门打开到气缸压力接近排气管压力的这个时期，称为自由排气阶段。到某一时刻，气缸内和排气管内的压力接近，则自由排气阶段结束。

在排气过程的初期，由于缸内压力较高，气缸压力与排气管内气体压力之比往往大于临界值（按等熵指数 $k=1.3$ 计算，临界值约为 1.83），排气流过排气门时的流动呈超临界状态，这段排气时期称为超临界排气阶段。此时排气的流量与排气管内的气体状态无关，缸内气体以当地声速流过排气门，约为 500～700m/s，超临界排气阶段是发动机排气噪声的主要来源。

随着排气的进行，缸内气体压力不断下降，气体流动呈亚临界流动状态。在亚临界流动阶段，气门口流速低于当地声速，但远高于强制排气的气流速度。

自由排气阶段虽然占整个排气时间的只有 1/3 左右，但由于废气流速高，排出的废气量可以达到 60% 以上，一般可持续到下止点后 10～30°CA。

（2）强制排气阶段

此阶段废气是由上行活塞强制推出，需要消耗发动机的有效功。由于要克服排气门、排气道处的阻力，缸内平均压力比排气管平均压力略高一些，一般高出 10kPa 左右。气流的速度愈高，此压差愈大，耗功愈多。

2. 进气过程

同排气门提前开启的原因一样，若进气门在上止点开启，气门开启初期上升缓慢（如图 2-2 所示），流通截面小，再加上进气气流由静止到加速有一定的滞后。所以进气门在上止点前提前开启，一般进气提前角为上止点前 10～40°CA。进气门提前开启，新鲜充量的真正吸入还是要等到气缸内残余废气膨胀，压力降至低于进气压力后才开始。活塞在由上止点向下运动一定角度后速度增加，而此时气门开启还不够充分，缸内的压力迅速降低，这为新鲜充量的顺利流入创造了条件。随着进气门流通面积的加大，以及较高的进气流速，进入气缸的新鲜充量不断增加，再加上燃烧室表面和残余废气对新鲜充量的加热作用，气缸压力逐渐升高。若进气提前角过大，此时缸内压力高于缸外进气压力，会造成废气倒流。

进气门也必须在下止点后才关闭，因为需要利用高速气流的惯性，在下止点后继续充气，以增加进气量。一般进气迟闭角为下止点后 20°～70°曲轴转角。

若进气迟闭角过大，则有可能把已充入气缸内的新鲜充量推回进气管，特别是在低速时发生缸内气流倒流进入进气管的现象，也会影响有效压缩比，从而影响压缩终了温度，使发动机的冷起动困难。若进气迟闭角过小，则进气惯性利用不足。因此，合理的配气正时是十分重要的。

总之，进排气的四个相位角各有其功能和最佳值。其中，进气迟闭角对进气充量，即充量系数，影响最大，排气提前角对换气损失影响最大（见 2.1.2 换气损失）。此外，进排气的四个相位角都应随发动机转速的上升而增大。

3. 气门叠开

四冲程发动机换气过程还存在一个特殊的阶段：在进排气上止点前后，由于进气门的提前开启与排气门的迟后关闭，使发动机从进气门开启到排气门关闭这段曲轴转角内，出现进排气门同时开启的状态，这一现象称为气门叠开。在气门叠开期间，进气管、气缸、排气管三者直接相通，此时的气体流动方向就取决于三者间的压力差。气门叠开所对应的曲轴转角叫气门叠开角，因此气门叠开角等于排气迟闭角与进气提前角之和。发动机的形式不同，对气门叠开角大小的要求也有所不同。

（1）自然吸气汽油机

对于自然吸气汽油机，若气门叠开角过大，会出现部分气体倒流的现象，即排气管内废气倒流回缸内，缸内废气倒流至进气管。对于自然吸气汽油机，它是采用节气门来调节发动机的功率，进气管内压力总是低于大气压，在小负荷小节气门开度时更是如此，若进气提前角过大，高温废气有可能倒流进入进气管，引起进气管回火，故这类发动机的气门叠开角一般小于 40°CA。

（2）自然吸气柴油机

对于自然吸气柴油机，进气管内压力始终接近大气压力，且充入气缸的是空气而不是可燃混合气，因此可以采用较大的气门叠开角，故这类发动机的气门叠开角一般约为 60°CA。

（3）增压柴油机

对于增压柴油机，由于进气压力高，新鲜充量在正向压差的作用下流入气缸进行扫气，一部分还将流出气缸，进入排气管。增压发动机采用较大的气门叠开角，一方面有利于扫除缸内的残余废气，增加进入气缸的新鲜充量，另一方面还可以用新鲜充量降低燃烧室内气缸盖、排气门、活塞顶、缸套的温度以及排气的温度，从而减小了发动机及增压器等受热严重且冷却困难的关键零部件的热负荷，对提高发动机可靠性有显著的效果。但是过大的叠开角易造成气门与活塞运动的干涉，需在活塞上加工避气门坑，从而影响到燃烧室内气体运动的组织以及发动机的压缩比。此外，过多的扫气还会加重增压器的负担。增压柴油机气门叠开角一般在 80～160°CA 之间。

2.1.2 换气损失

换气损失包括排气损失和进气损失，如图 2-3 所示。

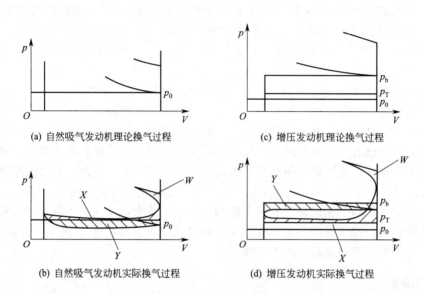

(a) 自然吸气发动机理论换气过程　　　(c) 增压发动机理论换气过程

(b) 自然吸气发动机实际换气过程　　　(d) 增压发动机实际换气过程

图 2-3 自然吸气四冲程发动机的换气损失
W—自由排气损失；X—强制排气损失；Y—进气损失

排气损失包含两个部分，即自由排气损失 W 和强制排气损失 X。自由排气损失是因排气门提前打开，排气压力线偏离理想循环膨胀线，引起膨胀功的减少。强制排气损失活塞将废气推出所消耗的功，与缸内压力有关，缸内压力越高，功耗越大，若要降低 W，势必会增加 X。如图 2-4 所示，随着排气提前角增大，自由排气损失面积增加，强制排气损失面积减小，如图中 b 曲线，如排气提前角减少则强制排气损失面积增加，如图中 c 曲线。为此，要合理选择排气门提前角，使 $W+X$ 最小，此时的排气提前角为最佳值。

此外，如图 2-5 所示，发动机的转速增加，相同的排气提前角对应的排气时间就变短，通过排气门排出的废气量减少，膨胀损失减少，但却使得缸内压力水平提高，因而活塞推出功大大增加。一般而言，发动机转速增高时排气损失总体上呈现增加的趋势，所以排气提前角应随转速的增加而适当加大。

发动机在进气过程中所造成的功的减少称为

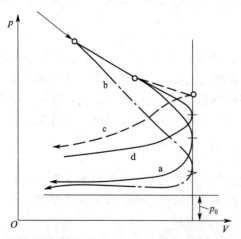

图 2-4 排气提前角对排气损失的影响
a—最合适；b—过早；
c—过晚；d—排气门面积过小

进气损失，由于进气道、进气门等处存在流动阻力损失，发动机缸内进气压力线低于大气压力线，如图 2-3 阴影面积 Y 所示。

如图 2-6 所示，所以无论是进气损失，还是排气损失，都随发动机转速的上升而增大，这是因为流动阻力与发动机转速成正比关系。虽然，在数值上进气损失明显小于排气损失。但与排气损失不同，进气损失不仅体现在进气过程所消耗的功上，更重要的是它影响发动机的充量系数，对发动机的性能有显著的影响。

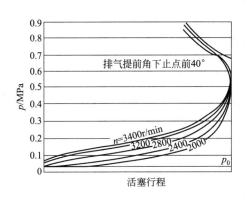

图 2-5 发动机转速对排气损失的影响

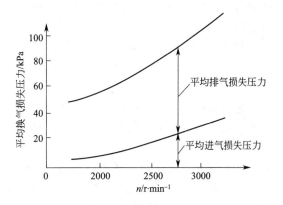

图 2-6 发动机转速对进排气损失的影响

2.2 发动机的充量系数

2.2.1 充量系数

充量系数 ϕ_c 是实际进入气缸中的新鲜充量与进气状态下充满工作容积的新鲜充量之比。

$$\phi_c = \frac{m_1}{m_s} = \frac{V_1}{V_s} \tag{2-1}$$

式中 m_1，V_1——实际进气气缸的新鲜充量的质量、体积（进气状态下的当量体积）；

m_s，V_s——进气状态下充满气缸工作容积的新鲜充量的质量、体积。

所谓进气状态，对于自然吸气发动机，指当时、当地的大气状态；对于增压发动机，指增压器压气机出口的气体状态。

充量系数 ϕ_c 高，代表每循环进入气缸的新鲜充量多，则发动机的有效功率、扭矩增加，因此，充量系数反映了进气过程的完善程度，是衡量发动机性能的重要指标。

2.2.2 影响充量系数的因素

发动机进气管状态下气体的压力与温度为 p_s、T_s，对于自然吸气发动机，p_s、T_s 应为当地大气状态。理论上每循环可吸入气缸的新鲜充量 m_s 为：

$$m_s = \frac{p_s V_s}{R_s T_s} = \rho_s V_s \tag{2-2}$$

在进气门关闭时，缸内气体的状态为 p_a、V_a、T_a，此时缸内气体总质量为

$$m_a = \frac{p_a V_a}{R_a T_a} = \rho_a V_a \tag{2-3}$$

式(2-3)中，发动机每循环缸内气体的总质量为 m_a 由每循环吸入气缸的新鲜充量 m_1 和上一循环缸内残余废气质量 m_r 两部分组成。由此可定义缸内残余废气系数 ϕ_r 为：

$$\phi_r = \frac{m_r}{m_a} \tag{2-4}$$

发动机缸内的残余废气系数 ϕ_r 与其压缩比、进气压力、配气定时等有关。汽油机的压缩比低，进气有节流，气门叠开角较小，所以残余废气系数较高，通常在 $7\%\sim20\%$ 之间。柴油机由于压缩比高，气门叠开角大，没有进气节流，所以残余废气系数较小，增压柴油机的更低。

结合式(2-4)残余废气系数定义，发动机的充量系数可以表达为

$$\phi_c = \frac{m_1}{m_s} = \frac{(1-\phi_r)m_a}{m_s} = \frac{(1-\phi_r)\rho_a V_a}{\rho_s V_s} \tag{2-5}$$

分析式(2-3)～式(2-5)可知，在发动机的结构参数（如配气正时、气缸工作容积、是否增压及中冷等）和运转参数一定的条件下，发动机的理论进气量 m_s 是一定量，提高充量系数的措施主要应使式(2-5)中的 $\rho_a V_a$ 的积最大和 ϕ_r 最小。显然，ρ_a 与 p_a 成正比，与 T_a 成反比，因此提高充量系数的措施可以归结为：

(1) 降低进气系统的阻力损失，提高气缸内进气终了时的压力 p_a。

(2) 降低排气系统的阻力损失，减小缸内的残余废气系数 ϕ_r。

(3) 减少高温零件在进气过程中对新鲜充量的加热，以降低进气终了时的充量温度 T_a。

(4) 合理的配气正时和气门升程规律，在减小 m_r 的同时增加 m_1，即增加 p_a，减小 ϕ_r。

2.2.3 提高充量系数的措施

研究表明，在上述影响因素中，以第一个因素最为重要，换言之，降低进气过程的流动阻力损失，提高进气终了压力，是提高充量系数最有效的措施。

1. 降低进气系统的流动阻力

由式(2-5)可知，p_a 对 ϕ_c 有重要影响，p_a 越高，ϕ_c 值越大。

$$p_a = p_s - \Delta p_a \tag{2-6}$$

式中 Δp_a——进气过程中克服进气系统流动阻力而引起的压降。

根据流体力学知识，流动阻力分为沿程流动阻力和局部流动阻力。沿程流动阻力是因管道壁面与流体摩擦而产生，局部流动阻力是因管道截面变化产生的分离流或涡流而引起。Δp_a 是进气管道沿程流动阻力和各部件局部阻力之和。不管是哪种流动阻力，都随着气体流速（发动机转速）的上升成比例增大。

对于四冲程非增压发动机，其进气系统是由空滤器、进气管、节气门、进气歧管、进气道和进气门等组成。由于发动机的进气管道较短，内表面光滑，沿程阻力较小，流动损失主要来自于空滤器、节气门、进气门等的局部阻力损失。其中，进气门处的流通截面最小且截面变化最大，流动损失严重。因此，增大此处的流通能力并减少流动损失，也就成为人们一直关注的重点。

由于现代发动机的转速越来越高，即使在进气过程中也可能发生气体流动的阻塞现象，导致进气阻力增加，充量系数大大降低，影响发动机的高速性能。研究发现，可以用进气门处气体流动的平均马赫数来衡量考察气门座处的流动情况。进气马赫数 M_a 是进气门处气体的平均速度 V_{tm} 与该处声速 c 的比值（$M_a = V_{tm}/c$）。它能反映流动对充气效率的影响，成

为分析充气效率的一个特征数。

根据一系列试验可知，在正常的配气条件下，当 M_a 超过 0.5 时，ϕ_c 便急剧下降，如图 2-7 所示。当 ϕ_c 急剧下降后，即使提高转速，因单位时间充气量无法增加，功率也不能增加。因此，必须注意控制 M_a 值。

可通过增大气门的相对通过面积，改善气门处的气体流动，提高流量系数，以及合理的配气相位限制 M_a 值等措施，提高充量系数 ϕ_c，这对于高速发动机尤为重要。

相同的情况下，增加进气门的流通面积是降低进气阻力，减小进气马赫数，提高发动机充量系数

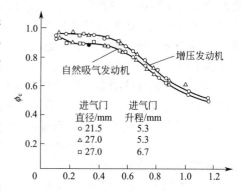

图 2-7　充量系数与平均进气马赫数的关系

的最主要措施。增大进气门直径可以扩大气流通路截面积，提高效率。在双气门（一进一排）结构中，进气门直径可达活塞直径的 $45\%\sim50\%$，气门与活塞面积之比为 $0.2\sim0.25$，进气门比排气门一般大 $15\%\sim20\%$，但由于受到结构限制，进一步增大比例已很困难。

为了进一步增大进气门流通截面，采用了多气门结构，如图 2-8 所示。根据优化气门数和进气门开启面积的关系可知，缸径大于 80mm 时，采用二进二排结构；缸径小于 80mm 时，采用三进二排结构，可获得最大开启面积，进气体积流量可大幅度增加。表 2-1 是几种典型的多气门和 2 气门汽油机动力性能比较，可以看出，多气门使发动机的最大扭矩、功率以及最高许用转速都得到了提高，发动机动力性得到明显改善，是汽车发动机高功率化的有力措施。

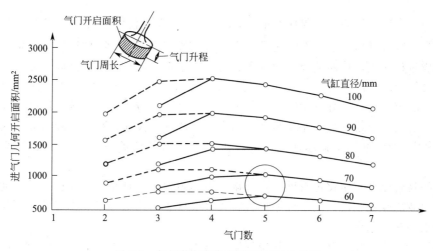

图 2-8　气门数与进气门开启面积的关系

表 2-1　多气门与 2 气门轿车发动机动力性能对比

品　牌	一汽捷达		法国标致		德国欧宝	
每缸气门数	2	5	2	4	2	4
最大扭矩/(N·m)	121	1500	161	183	170	196
(转速)/(r/min)	(2500)	(3900)	(4750)	(5000)	(3000)	(4800)
最大功率/kW	53	74	93.5	119	85	110
(转速)/(r/min)	(5000)	(5800)	(6000)	(6500)	(5400)	(6000)

多气门结构不仅增加进气充量，还可以使火花塞或喷油器布置在燃烧室中央，有利于提高汽油机的压缩比或柴油机的混合气形成质量，提高混合气燃烧速度，改善发动机的动力性和经济性。另外，多气门发动机多采用双顶置凸轮轴结构，可减小系统传动件质量以适应现代发动机高转速的需求。因此，汽车发动机特别是轿车汽油机是否采用多气门技术是评价发动机性能的一个重要结构指标。

减少进气系统的阻力，除增加进气流动面积外，合理设计进气管及进气道的结构也有重要的影响。进气道和进气管必须保证足够的流通面积，避免转弯及截面突变，改善管道表面的光洁程度等，以减小阻力，提高效率。为此，在高性能的汽油机上采用了直线型进气系统。在直线化的同时，还应合理设计气道节流和进气管长度，布置适当的稳压腔容积等，以期达到高转速、高功率的目的。

发动机除要求动力性外，还必须有好的经济性和排放性。在汽油机上，进气管还必须考虑燃料的雾化、蒸发、分配以及压力波的利用等问题。在柴油机上，还要求气流通过进气道在气缸中形成进气涡流，以改善混合气形成和燃烧。一般的在高速发动机中，均利用气道使进气在其中发生弯曲和旋转，以便在气缸中形成定向的空气运动，如进气涡流、滚流等，以利于混合与燃烧的快速进行，但这势必影响气门的流量系数，增大流动损失。

空气滤清器是进气系统阻力的主要来源之一，应当在保证滤清效果的前提下尽可能减少它对空气流动的阻力。空气滤清器阻力随结构不同而不同。它必须在保证滤清效果的前提下，尽可能减小阻力，如加大通过断面，改进滤清器性能，研制低阻、高效的新型滤清器等。在使用中，应经常清洗滤清器，及时更换滤芯。对空气滤清器定时进行清理也是减小进气流动阻力的一个重要措施。

2. 降低排气系统的流动阻力

气缸中残余废气增多，不仅使充量系数 ϕ_c 下降，而且使燃烧恶化。特别是在汽油机低负荷运转时，因节气门关小，新鲜充量减少，残余废气系数 ϕ_r 会大大增加，稀释可燃混合气，使燃烧过程缓慢，从而造成汽油机低负荷工作不稳定，经济性和排放性能变差。排气终了时，排气管内废气的压力高，说明残余废气密度大，ϕ_r 上升。与进气过程同理，排气系统压降主要决定于排气系统各段管路的阻力和气体流速，转速增高则排气压降增加。

排气系统排气流通截面最小处是排气门座处，此处的流速最高，压降最大，故在设计时应保证排气门座处的良好流体动力性能。排气道应当是渐扩型，以保证排出气体的充分膨胀。

良好的歧管流型与结构也有助于降低排气流动阻力，特别是对于高速多缸发动机，为避免排气压力波的互相干涉，用多枝型排气管或多排气管结构来替代单排气管，可以获得良好的低速转矩与充量系数。

在排气管系中往往还有消声器和排气后处理器（催化转化器），设计时应根据尺寸要求，既要保证足够的消声与降污效果，又尽可能降低流动阻力。

3. 减少对进气充量的加热

在进气过程中，进入气缸的新鲜充量不可避免地被各种高温表面加热，从而导致温度升高，使缸内进气密度下降，充量系数减小。引起进气温度 T_a 升高的主要原因有：进气过程中与高温零件接触而引起的温升；与高温残余废气混合而引起的温升。其中，高温零件的加热是 T_a 升高的主要原因。转速越低，每循环加热时间越长，T_a 越高；负荷越高，缸壁等零件温度越高，T_a 也就越高。

除以上措施外，采用可变进气管，可变气门正时等可变技术也是提高充量系数的有效措施，将在下一节详细论述。应当指出，提高发动机的充量系数，主要是针对发动机的全负荷工况而言。对于节气门变量调节控制功率的汽油机而言，由于它经常在部分负荷工况下运转，缸内残余废气系数较高，如何组织快速的燃烧过程极为重要，因此，小负荷时希望采用较小的气门升程，以提高进气压差，从而产生较高的气流速度，增加湍流，提高火焰传播速度和燃烧速度，并且在所有工况下都要求有一定的湍流强度，所以，越来越多的现代汽油机采用能产生滚流及滚流加涡流的进气道形式，以产生燃烧所需的合适的湍流运动。对于柴油机而言，进气涡流有助于油束的扩散和混合气形成，有利于减小热束缚和提高燃烧速度，并减少颗粒物的生成与排放。上述气道形式可以通过优化，在改善缸内燃烧过程、提高热效率和降低排放的同时，控制进气流动损失的增加，以保证发动机在高速高负荷工况下，有高的充量系数。

2.3 可变技术

可变技术就是随使用工况（转速、负荷）变化，使发动机某系统结构参数可变的技术。可满足高功率比的要求，中、小负荷的经济性和稳定性，避免出现扭矩低谷，提高乘坐舒适性。主要有可变进气系统、可变气门正时、可变气门升程等。

2.3.1 可变进气系统

如图 2-9 所示，在进气过程中，由于活塞下行的吸入作用，在进气门入口处所形成的吸

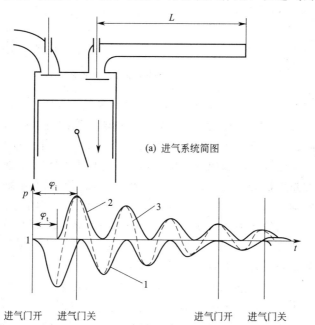

图 2-9 进气系统的波动效应

1—吸气波；2—反射波；3—合成波

φ_i—进气持续角；φ_t—进气持续角；L—进气管长度

入波，经气道向进气歧管传播，到达歧管开口处时，反射回一波形相反的反射波。如果进气管的长度合适，使吸入波传播一个来回的时间和气门开启时间相一致，那么在该缸进气终了正压波到达，提高进气门处的压力，达到增压效果。这种动态效应习惯称之为惯性效应。

图 2-10(a)、(b) 分别是某发动机进气管的长度 L 与管径 D 的变化对充量系数的影响。图中可见，进气管长度的增加或管径的减小，可使充量系数的峰值向发动机低速一侧移动，反之则向高速移动。在发动机进气过程中，活塞的下行运动导致在进气管内产生膨胀波（吸气波），该膨胀波在进气管的开口端反射，形成压缩波（反射波）返回，向气缸方向传播。在一定的条件下（如一定的转速、进气管长度等），这种压缩波可以使得发动机进气过程将要结束时，进气门处的压力高于正常的进气压力，从而增加发动机的进气量，提高充量系数。

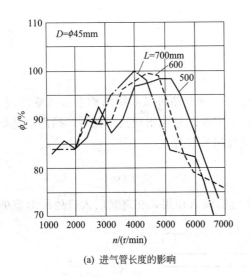

(a) 进气管长度的影响

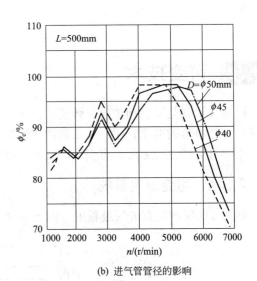

(b) 进气管管径的影响

图 2-10 进气管对充量系数的影响

为了追求最佳的充量系数值，可以采用可变进气系统（VIS），以充分利用进气谐振作用，使发动机的高速与低速性能都达到最优。目前在轿车汽油机上得到了广泛应用，如在丰田汽车上的谐振控制进气系统（ACIS）、日产汽车公司采用的可变进气系统（N-VIS）、福特汽车公司采用的可变进气控制系统（VICS）、马自达 6 的 VIS 可变进气歧管等等。

如果以一定长度和直径的进气歧管与一定容积的谐振箱组成谐振系统，并使其固有频率与气门的进气周期协调，那么在特定的转速下，就会在进气门关闭之前，产生共振或谐振，在进气歧管内产生大幅度的压力波，使进气歧管的压力增高，从而增加进气量，达到增压效果。这种动态效应叫做波动效应或谐振增压。对于谐振系统，进气歧管短粗，其固有频率较高，对应的谐振转速高；反之，则对应的发动机转速低。

因此，为了充分利用进气动态效应，要求发动机在高转速、大负荷时装备短粗的进气歧管；在中、低转速和小、中负荷下配用细长的进气歧管。同时，还因为发动机低速运转时，细的进气歧管提高了进气速度，增强了气流的惯性，使进气量增多。当发动机高速运转时，短的进气歧管进气阻力小，也使进气量增多。

如图 2-11 所示为一种可变进气截面系统。在低速时控制阀关闭，气体从主气道流入发动机中，而高速时控制阀打开，气体从主、副两个气道同时流入气缸中。控制阀关闭时，相当于进气管流通截面积减小，相应提高了低速充量系数，并可增加进气涡流（可变进气涡流系统），改善燃烧过程。

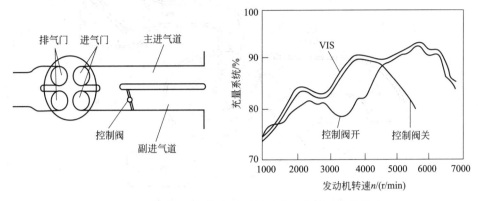

图 2-11　可变进气歧管截面系统及其对充量系数的影响

　　奔驰新 SLK（R171）发动机所采用的进气歧管长度可变的机构是采用了一个控制阀来控制进气管的长度，如图 2-12 所示。进气歧管被设计成蜗牛一般的螺旋状，分布在 V 型发动机缸体中间，气流从中部进入。当发动机在 2000r/min 低转速运转时，控制阀关闭，气流被迫从长歧管流入气缸。当发动机转速上升到 5000r/min，进气频率上升，此时控制阀开启，气流绕开下部导管直接注入气缸。

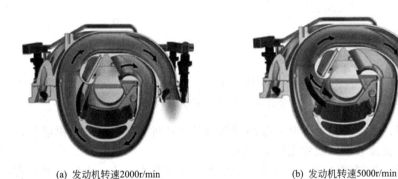

(a) 发动机转速2000r/min　　　　　　(b) 发动机转速5000r/min

图 2-12　奔驰新 SLK2.12 可变进气歧管长度系统

　　上面这种方式结构简单，但是只有 2 级可调，这显然不能完全满足各个转速下发动机的进气需求。解决的办法是设计一套连续可变进气歧管长度的机构。宝马 760 装配的 V12 发动机就采用了该设计。如图 2-13 所示，宝马的进气机构中间设计了一个转子来控制进气歧管的长度，通过转子角度的变化，使进气气流进入气缸的长度连续可变。这显然更能满足各个转速下的进气效率。动力输出更加线性，扭力分布更加均匀，燃油经济性更好。

　　图 2-14 为可变进气歧管长度及截面系统，控制阀依发动机转速而逐渐改变开度，转矩与控制阀开度关系如图 2-15 所示。

　　（1）低转速时：副进气歧管上的控制阀全关，进气流速快，加上进气惯性效果，使充量系数提高，故输出转矩增加。

图 2-13　宝马 760 连续可变
进气歧管长度系统

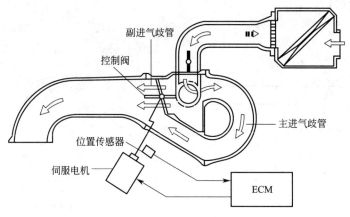

图 2-14 可变进气歧管长度及截面系统

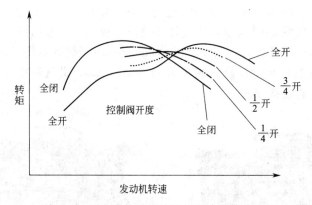

图 2-15 可变进气系统转矩与发动机转速关系

（2）中转速时：发动机转速上升，控制阀慢慢打开，进气歧管的截面积增大，使进气阻力减小，加上进气惯性效果，故输出转矩增加。

（3）高转速时：控制阀全开，进气断面积最大，进气阻力最小，充量系数最高，发动机输出功率及转矩均增加。

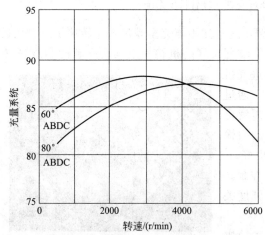

图 2-16 发动机转速和进气迟
闭角对充量系数的影响

2.3.2 可变气门正时与升程

如图 2-16 所示，配气相位和发动机转速对充量系数有较大的影响。为获得最大的充量系数，减少泵气损失，比较理想的进气系统，应满足以下要求：

（1）低速时，采用较小的气门叠开角以及较小的气门升程，防止出现缸内新鲜充量向进气系统的倒流，以便增加低速转矩，提高燃油经济性。

（2）高速时，应具有最大的气门升程和进气门迟闭角，以最大程度减小流动阻力，并充分利用惯性充气，提高充量系数，满足发动机高速时动力性的要求。

（3）配合以上变化，进气门从开启到关闭的进气持续角也进行相应的调整，以实现最佳进气正时，将泵气损失降到最低。

理想的气门正时和升程规律应当根据发动机的运转工况及时作出调整，气门驱动结构应具有足够的灵活性。传统的凸轮驱动挺杆气门机构，由于在工作中无法作出相应的调整，难于达到上述要求，从而限制了发动机性能的进一步提高，因此全电控可变配气系统应运而生。

相对而言，采用可变气门正时（variable valve timing，VVT）技术的发动机较多一些，对于 DOHC 系统发动机，由于进排气门是通过两根凸轮轴单独驱动的，可以通过一套特殊的机构根据发动机的工况将进气凸轮轴转过一定的角度，从而达到改变进气相位的目的。根据实现机构的不同，这种改变又可以分成分级可变与连续可变两类，调节范围最高可达 $60°$CA。由于技术上相对成熟，很多高性能的汽油机均采用了这一技术。从图 2-17 上可以看出，采用 VVT 技术可以使得发动机的低速转矩得到大幅度的提高。

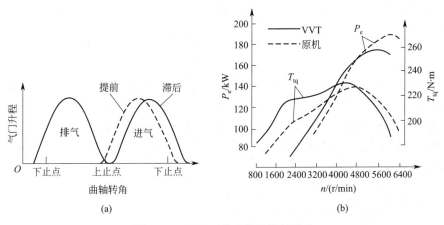

图 2-17　VVT 对发动机性能的影响

可变配气系统有多种多样的形式，但归根结底都是控制进、排气门的正时（timing）和升程（lift）。据此，如图 2-18 所示可以把 VVT 分成三类：可变升程 VVT［见图 2-18（b）］、可变正时 VVT［见图 2-18（c）］以及可变正时和升程 VVT［见图 2-18（d）］。

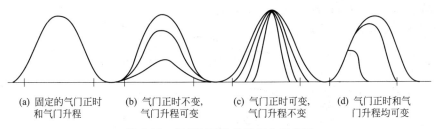

图 2-18　气门正时和升程变化示意图

仅改变气门升程而气门正时不变的 VVT［见图 2-18（b）］在实际产品中很少采用，因为它难以适应转速变化对进、排气流通特性的要求。发动机上用得较多的是可变正时 VVT以及可变正时和升程 VVT。可变正时 VVT 实现起来比较容易，最常见的方法是在进、排气凸轮轴端面安装柱塞齿轮，通过油压控制阀控制柱塞齿轮在螺旋花键上前后移动，使凸轮轴产生旋转运动，从而实现连续地平移进、排气门开关时刻。丰田汽车公司的 VVT-i 是一种典型的可变正时 VVT，如图 2-19 所示。其中"i"表示"智能"的意思，即电子控制单元

（ECU）可以根据运行工况控制气门开关时刻。仅平移进、排气门开关时刻带来的好处有限，如能实现气门正时和升程都可变，则可以使发动机的动力、经济性得到更好的优化。

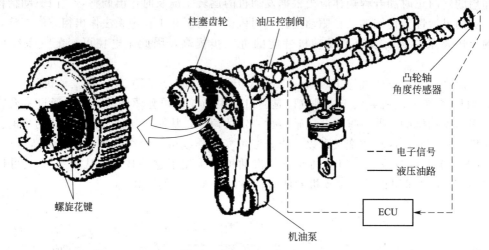

图 2-19　丰田 VVT-i 机构

以本田汽车公司的可变气门正时和升程电子控制系统（variable valve timing and lift electronic control system，VTEC）为例（见图 2-20），它有怠速/加速和巡航两组不同的进气凸轮型线。在加速工况，其中一个进气门由高功率输出凸轮驱动，发动机可以获得良好的动力性；而在巡航工况，该进气门转由经济性凸轮驱动，按进气门晚关模式工作，以获得良好的燃油经济性。

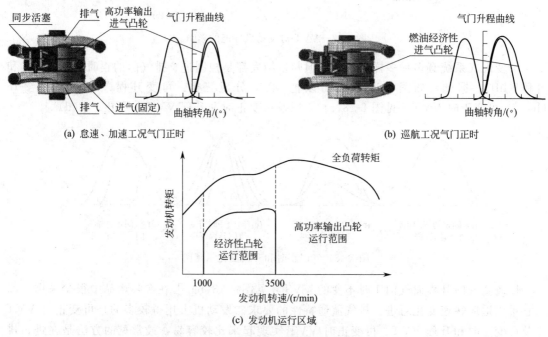

图 2-20　本田 VTEC 机构及其工作区域

宝马汽车公司推出的可变气门正时系统（VANOS）［图 2-21(a)］，类似于丰田 VVT-i 机构，可以连续性地改变气门正时。而宝马的电子气门（valvetronic）系统［见图 2-21

（b）］则利用电机连续改变气门升程，并省去了汽油机节气门，直接利用气门升程来控制进入气缸的新鲜充量，从而控制负荷，因而减少了泵气损失。Valvetronic 系统配合双 VA-NOS 系统（即同时改变进气和排气正时），实现了气门正时和升程都连续性可变，是一种比较理想的 VVT 系统。

（a）VANOS可变气门正时机构　　　　　　（b）电子气门(valvetronic)系统

图 2-21　宝马连续可变气门正时和升程 VVT

此外，不少公司和研究机构正在开发无凸轮（camless）全可变 VVT 技术，即利用电磁或电液机构直接驱动进、排气门的开启和关闭，省去了凸轮轴。在传统的凸轮控制发动机上，通过皮带、链条或者齿轮，连接凸轮轴和曲轴，通过转动曲轴来驱动凸轮轴，从而开启或者关闭进气门或者排气门。在这个过程中，发动机产生的大量能量被消耗在转动曲轴以驱动凸轮轴的过程中。而在无凸轮控制系统中，气门的开启和关闭，是完全由电子系统控制的，从而其燃油经济性得到了巨大的提升，可达 20％左右。这个提升主要通过以下几方面得到实现：

（1）内部摩擦力大大减小。因为在这个系统中，发动机内部的移动组件大量减少，在发动机低转速情况下，发动机的内部摩擦力，有 25％来自气门的运动，而在此系统中，这部分摩擦力损失的能量将可以降到最低。

（2）功率、扭矩及燃油经济性得到提升。因为在这个系统中，曲轴的力量只用于驱动车轮。

（3）废气排放降低。电脑控制的气门正时与升程无限可变，而且每个气缸的每个气门都可以独立开启和关闭，这种全可变 VVT 技术一旦得到应用，可使发动机的性能得到最大程度的优化。

图 2-22 所示的无凸轮轴电磁系统主要包括液压源、气门驱动部分、电子控制部分等，液压源由油箱、滤油器、液压泵、电动机、压力继电器、压力表、调压阀及蓄能器等元件组成，主要为系统提供驱动气门运动的能量；气门驱动部分包括高速电磁阀、驱动油缸和气门弹簧组件；电子控制部分包括单片机控制系统、传感器、接口电路、驱动电路及计算机，主要对液压站及气门驱动部分进行控制。

工作过程包括气门开启、气门保持和气门关闭 3 部分。

（1）气门开启过程：电子控制部分依据曲轴和凸轮轴的转速及压缩上止点信号，通过查

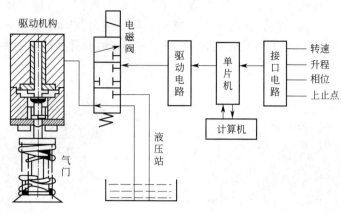

图 2-22　无凸轮轴电磁 VVT

配气相位 MAP 控制高速电磁阀进油端开启，高压油进入驱动液压缸后推动活塞向下运动，气门开启。

（2）气门保持过程：当气门达到预设升程位置时，高速电磁阀进油端保持开启，液压缸内高压油量保持不变，油压恒定，活塞位置被油压锁定，气门保持最大开度位置。

（3）气门关闭过程：电子控制部分控制高速电磁阀回油端开启，油液在气门回位弹簧作用下流回油箱，在气门将要落座时，由液压回路中的节流装置控制气门落座速度，然后气门关闭。

2.4　发动机增压技术

增压就是将空气预先压缩然后再供入气缸，以期提高空气密度、增加进气量的一项技术。由于进气量增加，可相应地增加循环供油量，从而可以增加发动机功率。

2.4.1　增压技术概述

柴油机的涡轮增压技术在 20 世纪中叶开始大规模应用，并逐步推广到汽油机。目前绝大部分的大功率柴油机、半数以上的车用柴油机以及相当比例的高性能汽油机均采用了增压技术。一般而言，增压后的功率可比原机提高 40%～60% 甚至更多，发动机的平均有效压力最高可达到 3MPa，发动机的燃油经济性也有所提高，增压已经成为发动机强化最有效的手段之一。

1. 增压方式

发动机的增压方式按空气被压缩的方式不同，可以分为四种类型，如图 2-23 所示。

（1）机械增压：发动机输出轴直接驱动机械增压装置（如螺杆式、离心式、滑片式、涡旋式、转子活塞式等压缩机），实现对进气的压缩。

（2）废气涡轮增压：压气机与涡轮同轴相连，构成涡轮增压器，涡轮在排气能量的推动下旋转，带动压气机工作，实现进气增压。发动机排气涡轮增压系统包含压气机、涡轮机、中冷器等部件，按排气能量利用方式又可分为定压和脉冲涡轮增压两种。

（3）气波增压：利用排气系统中的压力波动效应来压缩进气，如气波增压器（Comprex）。可变长度进气管是直接利用进气压力波和气流惯性，增加缸内进气量，某种意义上也是一种气波增压。

（4）复合增压：将上述多种增压方式加以组合，以获得更好的增压效果。

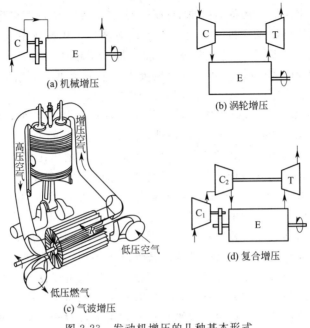

(a) 机械增压

(b) 涡轮增压

(c) 气波增压

(d) 复合增压

图 2-23　发动机增压的几种基本形式

E—发动机；C—压气机；T—涡轮机

2. 增压评价指标

为了说明发动机在采用增压后使功率得到提高的程度，提出增压度的概念。增压度 φ 是指发动机增压后标定工况的输出功率增值与原功率的比值：

$$\varphi = \frac{P_{ek} - P_{eo}}{P_{eo}} = \frac{P_{ek} - P_{eo}}{P_{eo}} = \frac{P_{ek}}{P_{eo}} - 1 \tag{2-7}$$

式中　P_{eo}、P_{ek}——发动机增压后和增压前的有效功率。

增压比 π_k 是指在标定工况下，增压器压气机出口处压缩空气的压力 p_b 与压缩前压力 p_o（一般为大气压力）的比值。

$$\pi_k = \frac{p_b}{p_o} \tag{2-8}$$

现代四冲程柴油机的增压度可达 300％以上，而大多数车用发动机的增压度不高，一般只有 10％～60％。这是因为增压度主要受零部件的热负荷、机械强度等方面的制约。

增压度与增压比有一定的函数关系，但不成正比。增压发动机按照增压比的大小可以分为：低增压 $\pi_k < 1.6$，相应的 $0.7\text{MPa} < p_{me} < 1.0\text{MPa}$；中增压 $1.6\text{MPa} < \pi_k < 2.5\text{MPa}$，相应的 $1\text{MPa} < p_{me} < 1.5\text{MPa}$；高增压 $4.5\text{MPa} < \pi_k < 5.5\text{MPa}$，相应的 $2.5\text{MPa} < p_{me} < 3\text{MPa}$。

2.4.2　增压发动机的性能

为了研究增压前后发动机动力性和经济性能的变化，现将第一章中代表发动机动力性能强化指标的有效功率表达式及反映经济性能指标的燃油消耗率的表达式［式（1-51）、式（1-52）］重新整理，假定发动机的转速及过量空气系数等参数保持不变，略去，得：

$$P_e \propto \phi_c \eta_{it} \eta_m p_s \tag{2-9}$$

$$b_e \propto \frac{1}{\eta_{it}\eta_m} \qquad\qquad (2\text{-}10)$$

发动机采用涡轮增压后，因为有一部分排气能量被利用，使进气得到压缩，换气过程形成正的泵气功，所以增压后发动机的指示效率 η_{it} 略有增加。机械效率 η_m 也随增压度的提高而有所提高。增压后发动机的进气压力 p_s 增加，若采用增压中冷，发动机的进气温度降低，ϕ_c 更高。因为有扫气作用，发动机缸内残余废气系数降低，同时减少了对进气加热作用，使充量系数提高。根据式 (2-9)，增压后发动机的有效功率与 ϕ_c、η_{it}、η_m、p_s 的乘积成正比的增加。根据式 (2-10)，发动机增压后的燃油消耗率 b_e 有所降低，经济性能有所改善。不过，发动机增压的目的主要不在于提高经济性，而在于提高它的动力性，并降低排放。

对于中低度增压的发动机，其功率与原机之比基本上与增压比相当。如某 6 缸柴油机采用废气涡轮增压，设计压比（增压空气与大气绝对压力之比）为 1.57，若发动机的进气温度是 15℃，在无中冷的情况下，增压后空气温度接近 70℃，进气密度是自然吸气的 1.32 倍，实际上增压柴油机的有效功率比原机提高了 58%，燃油消耗率下降了 4.3%，可见增压能够有效提高发动机的动力性，相比较而言，燃油消耗率降低的幅度较小。

增压技术除具有提高发动机的动力性与经济性的优势外，还表现在：

（1）增压器的质量与尺寸相对发动机而言都很小，增压可以使发动机在总质量和体积基本不变的条件下，输出功率得到大幅度的提高，升功率、比质量功率和比体积功率都有较大增加，因而可以降低单位功率的造价，提高材料的利用率，对于大型柴油机而言，经济效益更加突出。

（2）与自然吸气发动机相比，排气可以在涡轮中得到进一步膨胀，排气噪声有所降低。

（3）发动机增压后有利于高原稀薄空气条件下恢复功率，使之达到或接近平原性能。

（4）柴油机增压后，缸内温度和压力水平提高，可以使滞燃期缩短，有利于降低压力升高率和燃烧噪声。

（5）增压柴油机一般采用较大的过量空气系数，碳氢化合物、一氧化碳和碳烟排放降低。

（6）技术适用性广，高低速的二冲程和四冲程的各种缸径的发动机均可增压强化。

当然，上述优势的取得是需要花费一定代价的，这就是：

（1）增压后缸内工作压力和温度明显提高，机械负荷及热负荷加大，发动机的可靠性和耐久性受到考验。

（2）低速时由于排气能量不足，可能会使发动机的低速转矩受到一定影响，对工程机械和车用发动机动力性造成不利影响。

（3）在涡轮增压器中，从排气能量的变化到新的进气压力的建立需要一定的时间，所以发动机的加速响应性能较自然吸气机型差。

（4）增压发动机性能的进一步优化，受到增压器及中冷器的限制，其中增压器的问题集中在材料的机械强度、耐热性能、润滑、效率等方面，而对中冷器的要求是体积小、质量轻、效率高。

2.4.3　废气涡轮增压系统

从实际应用的情况来看，废气涡轮增压占发动机增压的绝大部分。

从发动机的热平衡分析中可知，燃料通过燃烧所释放出的总热量中，有 25% 以上的是被排气带走，而其中的可用能量又约占排气总能量的 60%。发动机的废气涡轮增压器就是要利用这部分能量实现对进气的加压，增加进气密度，提高发动机各项性能指标。按排气能量在涡轮中的利用方式，发动机的废气涡轮增压系统有定压和脉冲涡轮增压两种基本形式，如图 2-24 所示。

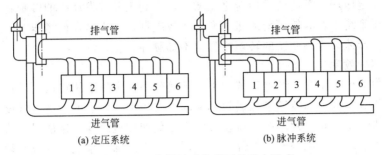

图 2-24 涡轮增压系统的两种基本形式

1. 定压涡轮增压系统

定压涡轮增压系统是涡轮前的废气压力基本上保持恒定，把各缸的排气管部通向一根排气总管上，且排气总管的容积要足够大，起稳定压力的作用。这时虽然各气缸的排气时间互有差异，压力波动较大，但汇集到排气总管后，互相混合减速和滞止，基本保持恒定压力，然后，废气按定压由排气管导入涡轮机的喷嘴环。

2. 脉冲涡轮增压系统

为了更好地利用内燃机废气的脉冲能量，可以采用脉冲涡轮增压系统。这种增压系统的特点是：把各缸的排气歧管做得短而细，涡轮增压器尽量靠近气缸，并且几个气缸（通常二个缸或三个缸）连接一根排气管。这样在每一根排气管中就形成几个连续的互不干扰的废气脉冲波（或称废气压力波）进入废气涡轮机中。同时把涡轮的喷嘴环根据排气管的数目分组隔开，使它们互不干扰。由于涡轮处在进气压力波动较大的条件下工作，所以该系统又称为变压式涡轮增压系统。

3. 定压增压与脉冲增压系统的比较

（1）排气能量的利用

脉冲涡轮增压系统中，由于排气节流所造成的排气能量的损失比定压增压系统的小，同时还考虑了对排气脉冲能量的利用，而在定压涡轮增压系统中，脉冲能量由于排气管容积大而几乎损失殆尽，所以脉冲增压对排气能量的利用比定压增压要好。但当增压比提高时，定压系统排气管内的压力也相应提高，排气能量的损失有所下降，且脉冲能量在排气能量中所占的比重也随增压比的增加而减小，所以两种系统对排气能量的利用效果将随增压比的提高而逐渐接近。一般而言，当增压比小于 2.5 时，采用脉冲增压系统对排气能量的利用比较好。

（2）扫气作用

在发动机气门叠开扫气期间，脉冲系统的排气管压力正处于波谷，因此即使在部分负荷工况下，仍能保持足够的扫气压力差，以保证气缸有良好的扫气，达到提高充量系数、减小燃烧室中受热零件热负荷的目的。而在定压系统中由于排气管压力波动小，扫气压力差小，不容易保证气缸内的扫气质量。

（3）发动机的加速性能

在脉冲增压系统中，由于排气管容积较小，当发动机负荷改变时，排气温度和压力的变化很快传递到涡轮机，并由涡轮直接反映到压气机，从而使增压器能较快响应发动机负荷的变化，所以采用脉冲增压系统的发动机加速性能好。此外，在发动机转速降低时，脉冲增压系统的可用能与定压增压系统的可用能之比增大，有利于改善发动机的转矩特性。在排气管容积较大的定压系统中，涡轮机前的压力变化比较缓慢，特别是在低增压时，排气能量的利用率低，加速性能差。定压系统的转矩特性也不如脉冲系统。

（4）增压器的效率

从排气涡轮的效率来看，脉冲系统的平均等熵效率比定压系统略低。脉冲系统在内燃机开始排气时，排气以很高的流速进入涡轮，流动损失增加；涡轮前的排气温度和压力都是周期性脉动的，进入工作轮叶片的排气流动方向也是周期性地改变，这使得气流的撞击损失增加；脉动的压力有时还造成涡轮机的部分进气现象，因此脉冲系统的热效率较低。定压增压系统的涡轮前压力恒定，且涡轮喷嘴环全周进气，涡轮的效率较高。

（5）增压系统的结构

与定压系统相比，脉冲系统的尺寸较大，排气管的结构也比较复杂。

综上所述，发动机在低增压时宜采用脉冲增压系统，高增压时两种系统均可采用。车用发动机大部分时间是在部分负荷下工作，对加速性能和转矩特性要求较高，故较多采用脉冲增压系统。对于船用、发电等场合，由于变工况要求并不突出，对增压系统的空间安装位置也无严格限制，且增压度一般较高，故多采用定压增压系统。

4. 汽油机废气涡轮增压

从排气能量利用的观点看，汽油机的涡轮增压与柴油机相比并没有本质的区别，但长期以来，涡轮增压技术除了在赛车汽油机和高性能轿车汽油机中得到应用外，其普及性远不如柴油机。究其原因，是由于两种发动机在工作过程中的不同特点所决定的。限制汽油机增压的主要技术障碍是爆燃、热负荷和对增压器的特殊要求等方面。

（1）爆燃

汽油机增压后，由于混合气的压缩始点压力、温度增高，以及燃烧室受热零件热负荷提高等原因，将促使爆燃的发生。为此，必须采用降低压缩比、推迟点火时刻、采用进气中冷等技术措施，以控制爆燃的发生，但却会带来热效率下降、排温过高、成本增加等不利影响。正因为如此，汽油机的增压度一般比柴油机低得多，其增压比一般不超过 2，这样，功率最高增加幅度约为 $40\% \sim 50\%$，而燃油经济性则不一定有所改善。目前，由于爆燃传感器的使用，一定程度上缓解了增压汽油机控制爆燃的难度。

（2）热负荷

汽油机的过量空气系数小，燃烧温度高，膨胀比小，排气温度也比柴油机高 $200 \sim 300℃$。增压后，汽油机的整体温度水平提高，热负荷加重，同时，为避免可燃混合气的损失，一般气门叠开角不大，燃烧室的扫气作用不明显。因此，增压汽油机的排气门、活塞、涡轮等处的热负荷均比增压柴油机严重。

汽油机在进行涡轮增压时，一般都采用涡轮前放气的调节方案，来抑制发动机高速高负荷时增压压力的过度增长，这不仅是限制最高燃烧压力的需要，也是抑制爆燃、降低热负荷的需要。

（3）动态响应延迟加大

增压汽油机在节气门开度突然改变时，增压器的反应严重滞后，导致加速性能变差。

（4）进气流量变化范围大

汽油机的转速范围比柴油机宽，进气流量变化范围更大，压气机的工况范围随之要求更大，对压气机的性能要求较高。

近年来，随着汽油机电控喷射技术，如缸内直喷（GDI）技术的进步，以上问题得到了较好的解决，汽油机增压技术的应用也越来越广泛。

5. 可变喷嘴涡轮增压系统

发动机与涡轮增压器的匹配及增压系统的研究是增压技术的重要方面。普通涡轮增压系统存在着的一个缺陷，即发动机在低速时不能产生所期望的高增压压力。这种缺陷在转速和负荷都大幅度变化的增压车用发动机上尤为明显。具体到普通涡轮增压器与车用柴油机的匹配，在实际应用中主要存在问题为：低速转矩不足；低速和部分负荷时经济性差；启动、加速性能差，瞬态响应性迟缓，冒烟严重。

其主要原因为：柴油机是容积式机械，活塞往复运动使其工质的流动是脉动间歇的，而涡轮增压器是叶片机械，其工质的流动是连续而相对稳定的。另外，柴油机与涡轮增压器之间只有气动连接，与机械连接相比响应速度要慢。因此，涡轮增压器与柴油机的匹配从工作原理上就具有不稳定且反应迟缓的特性。车用柴油机要求能够在很宽的转速和转矩变化范围内工作，但是，柴油机的输出功率在很大程度上依赖于增压器所能够供给它的空气量，而常规增压器所能供的空气量又依赖于柴油机当时的转速。这样，当柴油机在启动或低速下运行时，由于排气能量不足，使增压器偏离设计工况点工作、效率显著下降、增压压力下降、空气量不足、燃烧状况恶化，从而使柴油机的油耗上升、碳烟排放增加、转矩下降。如果将柴油机与增压器的匹配点选在低速，则当柴油机在高速工况工作时，又容易发生增压压力过高，柴油机热负荷和机械负荷过高的情况。当柴油机在加速或改变工况时，由于气动连接的特性及增压器转子的惯性，增压压力不能立即跟上，使得增加喷射的燃油燃烧所需的瞬时空气量与当时的实际供气量之间存在巨大差异，混合气过浓，燃烧状况恶化，致使柴油机严重冒烟、加速时间延长。

为了改善以上问题，人们提出了多种措施。其中一种是尽量降低转子的转动惯量以提高瞬态响应性能，如采用陶瓷转子等。但从上述分析可知，更关键的是要实现对供气量的瞬时调节，以适应柴油机工况的变化，为此发展了多种增压系统。经过多年的发展，可变喷嘴涡轮（Variable Nozzle Turbine，缩写 VNT）增压系统获得了多方面的良好评价和较广泛的应用。按照改变涡轮流通截面方式的不同，该系统也有多种形式，最基本的有移动套式和可变喷嘴式。其结构示意图如图 2-25 所示。

喷嘴环由许多绕着各自枢轴转动的喷嘴环叶片组成，喷嘴环叶片之间的通道决定着排气流通截面积的大小。喷嘴环叶片均匀地排列并与齿轮相连，齿轮受到喷嘴控制环的控制，当执行机构的拉杆来回移动时，喷嘴控制环往复摆动，通过啮合的齿轮，使得各喷嘴环叶片改变角度，从而实现改变喷嘴环出口截面积的目的。

在发动机低速时，通过减小涡轮流通截面积而使增压压力提高，从而改善发动机的低速特性；在发动机高速时，逐渐增大涡轮流通截面积，使增压压力比常规的（截面不可调）涡轮增压器的增压压力小，使增压器不至于超速，发动机的爆发压力不至于过大，同时还不会影响高工况时发动机的经济性。该系统还能扩大低油耗运行区，提高发动机的加速性和瞬态响应性。因此，可变喷嘴涡轮增压系统是车用发动机涡轮增压系统中较理想的一种方案，同时还具有结构紧凑，匹配方式灵活，增压系统改动少，控制方式简单等优点，能基本解决增压器与柴油机的匹配中存在的问题，因而极具吸引力。随着增压器材料、生产工艺水平和控制系统性能的提高，这种增压系统将得到进一步应用。

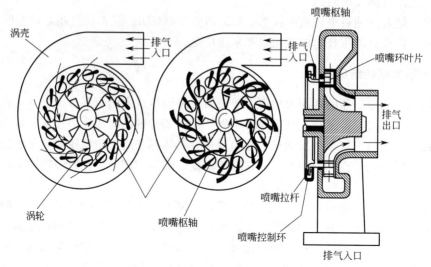

图 2-25　可变喷嘴涡轮增压系统

 复习思考题

1. 什么是换气过程，包括哪几个阶段，每个阶段的特点是什么？
2. 发动机为什么要进、排气门提前开启和迟后关闭？
3. 为什么说存在最佳进排气提前、迟闭角？
4. 什么是换气损失，包括哪几个部分？
5. 什么是充量系数，影响发动机充量系数有哪几个因素？
6. 发动机采用提高转速进行强化时，会遇到哪些技术障碍，如何防止充量系数的下降？
7. 什么是增压度和增压比？
8. 简述可变技术。
9. 发动机的增压方式按空气被压缩的方式不同，可分为哪几种？
10. 汽油机增压的技术难点在哪里？如何解决？

第3章
发动机燃料与燃烧

发动机的燃料几乎都是由地下石油经现代的提炼技术加工得到的，其是发动机产生动力的来源。发动机的生存与发展、结构与性能上的差异以及对环境的污染等，无不与燃料的种类和品质有着密切的关系。

由于资源、成本及使用性能方面的优势，车用发动机以汽油和柴油为基本燃料。电火花点火式发动机主要使用汽油，故一般称这种发动机为汽油机；压燃式发动机主要使用柴油，一般称其为柴油机。汽油主要由5～11个碳原子的烷烃、环烷烃和烯烃组成，其沸点都在205℃以下。柴油是沸点170～370℃的烃类混合物，通常从原油中分馏出来之后，即可直接使用。

随着社会的进步与发展，人类对能源的需求量越来越大，导致了能源的枯竭和生态环境的严重迫害。为了大气品质和合理利用有限的石油资源，越来越多的人努力在探索发动机的代用燃料，如现在使用较广泛的醇类燃料（甲醇、乙醇）、气体燃料（液化石油气、天然气、氢气），这对改善地球环境和节省能源都有积极作用。

3.1 发动机传统燃料

3.1.1 汽油和柴油的使用性能

1. 汽油

汽油的性能对汽油机的工作有很大影响，因此对它有一定的要求。汽油的主要性能有抗爆性、蒸发性、氧化安定性、抗腐蚀性及清净性等。

（1）抗爆性

抗爆性是指汽油在发动机气缸内燃烧时抵抗爆燃的能力，用辛烷值表示。辛烷值是代表点燃式发动机燃料抗爆性的一个约定数值，通过在规定条件下的标准发动机试验中和标准燃料进行比较来测定，采用和被测定燃料具有相同的抗爆性的标准燃料中异辛烷的体积百分比来表示。我国使用的车用汽油牌号即按照汽油中辛烷值的体积百分数来确定的，需要说明的是，随着我国对汽车尾气排放要求的不断提高，我国使用的车用汽油实际上为车用乙醇汽油，按照我国《车用乙醇汽油》国家标准（GB 18351—2010），车用乙醇汽油是用90％（体积百分数）的普通车用汽油与10％（体积百分数）的燃料乙醇调和而成，用 E10 表示。标准中规定，我国使用的车用乙醇汽油按研究法辛烷值分为 90 号、93 号和 97 号三个牌号。

车用乙醇汽油辛烷值的确定是在一台专用的可改变压缩比的单缸试验机上，用被测定的汽油作为燃料，在一定的条件下运转，改变试验机的压缩比，直至其产生标准强度的爆燃燃烧，然后，在同样的压缩比下，换用由一定比例的异辛烷（一种抗爆燃燃烧能力很强的碳氢化合物，规定它的辛烷值为 100）和正庚烷（一种抗爆燃燃烧能力极弱的碳氢化合物，规定它的辛烷值为 0）混合而成的标准燃料，在相同的条件下运转，不断改变标准燃料中异辛烷和正庚烷的比例，直到单缸试验机产生与被测汽油相同强度的爆燃燃烧时为止。此时，标准燃料中所含异辛烷的百分数就是被测汽油的辛烷值。

测定汽油的辛烷值可以采用不同的试验方法，常用的为马达法与研究法。

马达法辛烷值（MON）是以较高的混合气温度（一般加热至 149℃）和较高的发动机转速（一般为 900r/min）的苛刻条件为其特征的实验室标准发动机测得的辛烷值。它表示汽油在发动机常用工况下低速运转时的抗爆能力。

研究法辛烷值（RON）是以较低的混合气温度（一般不加热）和较低的发动机转速（一般为 600r/min）的中等苛刻条件为其特征的实验室标准发动机测得的辛烷值。它表示汽油在发动机重负荷条件下高速运转时的抗爆能力。

马达法规定的试验转速及进气温度比研究法高，所以马达法辛烷值（MON）低于研究法辛烷值（RON）。一般采用研究法辛烷值来确定汽油的抗爆性。如要比较全面表示抗爆性时，可同时标出 RON 和 MON 值，然后用抗爆指数来衡量，抗爆指数 =（MON + RON）/2。

（2）蒸发性

汽油只有从液态蒸发成为汽油蒸气，并与一定比例的空气混合成为可燃混合气后，才能在汽油机中燃烧。在现代汽油机中，可燃混合气形成的时间很短。因此，汽油蒸发性的好坏，对形成的混合气质量将有很大影响。

蒸发性越强，就越容易气化，形成的混合均匀的可燃混合气燃烧速度快，并且燃烧越完全，因而不仅发动机易启动，加速及时，各工况间转换灵敏、柔和，而且能减小机件磨损、降低汽油消耗。但蒸发性也不能太强，因为蒸发性过强的汽油在炎热夏季以及大气压力较低的高原和高山地区使用时，容易使发动机的供油系统产生"气阻"，甚至发生供油中断。另外在储存和运输过程中的蒸发损失也会增加。

蒸发性很弱的汽油，难以形成良好的混合气，这样不仅会造成发动机启动困难、加速缓慢，而且未气化的悬浮油粒还会使发动机工作不稳定，油耗上升。如果未燃尽的油粒附着在气缸壁上，还会破坏润滑油膜，甚至窜入曲轴箱稀释润滑油，从而使发动机润滑遭破坏，造成机件磨损增大。

汽油的蒸发性用汽油蒸发量为 10％、50％、90％和 100％时所对应的温度来评定。分别称为 10％馏出温度、50％馏出温度、90％馏出温度和干点。通过汽油的蒸馏试验，可以确定这些温度。将一定数量的汽油（通常为 100mL）放在蒸发器内加热，使之按一定速度蒸发，然后将蒸发出来的汽油蒸气通过冷凝器凝成液体，并用量筒测量其体积，当量筒中冷凝的汽油量为被试验汽油量的 10％时，测出的蒸发器中汽油蒸气的温度便是 10％馏出温度。用同样的方法，可以得出其他几个温度。

在 10％馏出温度时，从汽油中蒸发出的是低沸点、高饱和蒸气压的轻质成分。10％馏出温度低，表明汽油中所含的轻质部分低温时容易蒸发，从而有较多的汽油蒸气与空气混合形成可燃混合气，使汽油机冷机启动比较容易。因此，用10%馏出温度来评价汽油的启动品质，此温度越低，汽油的启动品质越好。

50%馏出温度的高低表明汽油中中间馏分蒸发性的好坏。此温度低，说明汽油的中间馏分容易蒸发，有利于汽油机的加速和由冷的状态很快转入工作状态。

90%馏出温度可以表明汽油中难以蒸发的重质成分含量。此温度高，表明汽油中不易蒸发的重质含量多。汽油中这些重质成分在混合气形成的过程中很难蒸发，它们附着在进气管和气缸壁上，将增加燃油消耗，稀释气缸壁上的润滑油和加大气缸磨损。

（3）氧化安定性

汽油抵抗大气或氧气的作用而保持其性质不发生长久性变化的能力称为氧化安定性。它直接影响汽油的储存、运输和在发动机上的应用。氧化安定性不好的汽油，易发生氧化、缩合和聚合反应，生成酸性物质和胶状物质，将导致燃料供应系统堵塞，气门关闭不严，气缸散热不良，增大爆燃倾向。

汽油的化学组成对其氧化安定性影响很大，其中烷烃、环烷烃和芳香烃在常温液态条件下，都不易与空气中的氧发生反应，所以其氧化安定性好。而烯烃（不饱和烃）在常温液态条件下，不仅容易和空气中氧气发生氧化反应，而且彼此之间还会发生缩合和聚合反应，所以氧化安定性差。

对汽油氧化安定性的评定项目有两个：实际胶质和诱导期。实际胶质是在规定的条件下测得的发动机燃料的蒸发残留物。残留物越多，汽油的质量越差。诱导期是在规定的加速氧化条件下，油品处于稳定状况所经历的时间。一般诱导期越长，汽油化学安定性越好。为了提高汽油的氧化安定性，近代石油炼制工业除了采用催化重整和加氢精制等先进工艺外，还普遍向汽油中添加抗氧防胶剂和金属钝化剂。

（4）清净性

采用喷射式汽油发动机的汽车最常发生的问题是在进气系统和喷油器上产生沉淀，其主要原因是汽油中不稳定的化合物，例如不饱和烯烃和二烯烃，以及添加剂带入了低分子量化合物等。为了经常保持进气系统的清洁，充分发挥汽油喷射的优点，可向汽油中加入汽油清净剂。它是一种具有清净、分散、抗氧、破乳和防锈性能的多功能复合添加剂，一般是聚烯胺和聚醚胺类化合物。清净剂通过其抗氧化和表面活性作用，可以清除喷嘴、进气门上的积炭，使这些部件保持清洁，油路畅通。

汽油清净剂作为机内净化的手段，在发达国家早已普遍采用。20世纪50年代研究的第1代汽油清净剂，主要是解决汽车化油器的积炭问题。80年代初研制的第2代清净剂主要是解决喷嘴堵塞问题，80年代末研制的第3代汽油清净剂，不但对化油器、喷嘴积炭有清洗作用，而且对进气门也有清洗作用。第4代清净剂具有良好的清除发动机燃油喷嘴、进气阀等处沉积物功能，同时又不造成燃烧室沉积物大幅增加。抑制活塞顶、排气阀沉积物的第5代清净剂开发于20世纪90年代末期。现在，美国销售的汽油全部添加清净剂，西欧地区的绝大部分添加清净剂，估计目前世界汽油清净剂年消耗量在40万吨左右。

我国车用乙醇汽油标准见表3-1。

表 3-1 我国车用乙醇汽油标准（GB 18351—2010）

项目			质量指标			试验方法
			90号	93号	97号	
抗爆性	研究辛烷值（RON）	不小于	90	93	97	GB/T 5487
	抗爆指数（RON＋MON）/2	不小于	85	88	报告	GB/T 503,GB/T 5487
	铅含量[①]/(g/L)	不大于	0.005			GB/T 8020

续表

项目			质量指标			试验方法
			90 号	93 号	97 号	
馏程	10%蒸发温度/℃	不高于	70			GB/T 6536
	50%蒸发温度/℃	不高于	120			
	90%蒸发温度/℃	不高于	190			
	终馏点/℃	不高于	205			
	残留量(V/V)/%	不大于	2			
蒸汽压/kPa	从 11 月 1 日至 4 月 30 日	不大于	88			GB/T 8017
	从 5 月 1 日至 10 月 31 日	不大于	72			
溶剂洗胶质含量/(mg/100mL)		不大于	5			GB/T 8019
诱导期/min		不小于	480			GB/T 8018
硫含量(质量分数)[②]/%		不大于	0.015			SH/T 0689
硫醇(需要满足要求之一)	博士试验		通过			SH/T 0174
	硫醇含量/%	不大于	0.001			GB/T 1792
铜片腐蚀(50℃,3h)(级)		不大于	1			GB/T 5026
水溶性酸或碱			无			GB/T 259
机械杂质			无			目测[③]
水分(质量分数)/%		不大于	0.02			SH/T 0246
乙醇含量(体积分数)/%			10.0±2.0			SH/T 0663
其他有机含氧化合物(质量分数)[①]/%		不大于	0.5			SH/T 0663
苯含量(提及分数)[④]/%			1.0			SH/T 0693
芳烃含量(提及分数)[⑤]/%			40			GB/T 11132
烯烃含量(提及分数)[⑤]/%			30			GB/T 11132
锰含量[⑥]/(g/L)			0.016			SH/T 0711
铁含量[①]/(g/L)			0.010			SH/T 0712

① 车用乙醇汽油（E10）中，不得人为加入其他有机含氧化合物以及含铅或含铁的添加剂。

② 允许采用 CB/T380、CB/T 11140、SH/T 0253、SH/T 0742 进行测定。在有异议时，以 SH/T 0689 方法测定结果为准。

③ 将试样注入 100mL 玻璃量筒中观察，应当透明，没有悬浮和沉降的机械杂质及分层。在有异议时，以 CB/T 511 方法测定结果为准。

④ 允许采用 SH/T 0713 进行测定。在有异议时，以 SH/T 0693 方法测定结果为准。

⑤ 对于 97 号车用乙醇汽油（E10），在烯烃、芳烃总含量控制不变的前提下，可允许芳烃的最大值为 42%（体积分数）。允许采用 SH/T 0741 进行测定。在有异议时，以 CB/T 11132 方法测定结果为准。

⑥ 锰含量是指车用乙醇汽油（E10）中以甲基环戊二烯三羟基锰形式存在的总锰含量，不得加入其他类型的含锰添加剂。

2. 柴油

柴油主要用于压燃式发动机（柴油机），其中轻柴油用于高速柴油机，重柴油用于中、低速柴油机，重油用于大型低速柴油机。汽车用柴油机都是高速机，必须用轻柴油。

柴油的物理和化学性能对柴油机的性能和启动以及燃油供给系统的工作和寿命都有影响，因此国家标准规定柴油有十多种性能和质量指标，以保证柴油的品质能符合柴油机的工作要求。

（1）自燃性

柴油的自燃性常用十六烷值来评定。在柴油机中，柴油与空气组成的混合气是靠活塞压缩而自行着火的。燃油在没有外界火源的情况下能自行着火的最低温度称为自燃点。柴油的自燃点越低，自燃性越好，则柴油机工作较柔和，在低温时也易于启动。

柴油的自燃性是与一种标准燃料进行比较来加以评定的。标准燃料是正十六烷和 α-甲基萘的混合物。正十六烷自燃性最好，作为自燃性好的标准，其十六烷值定为 100。α-甲基萘最不易自燃，作为自燃性差的标准，其十六烷值定为 0。柴油的自燃性通常介于正十六烷与 α-甲基萘之间。将上述两种成分按不同比例混合，可得出不同十六烷值的标准燃料，其十六烷值为该混合物中正十六烷所占的体积百分数。如果某种柴油与某种标准燃料的自燃性相同，则该标准燃料的十六烷值即为该柴油的十六烷值。将柴油与标准燃料进行比较的试验方法和仪器设备，由国家标准加以规定。

实践证明，十六烷值过高或过低的柴油，都对柴油机的性能或工作不利。十六烷值过高，喷入燃烧室的柴油来不及与空气充分混合就着火，使燃油不能得到及时而完全的燃烧，造成排气冒黑烟，柴油机的经济性降低。十六烷值过低则使柴油机工作粗暴，启动也较困难。因此，柴油的十六烷值通常规定在适中的范围，一般高速柴油机采用十六烷值为 40～65 的柴油。

（2）雾化和蒸发性

馏程、运动黏度、密度、闪点都是与雾化和蒸发性有关的油品指标。馏程中 50% 蒸发温度越低，说明柴油中轻质馏分越多，使发动机易于启动。馏程中 90% 蒸发温度越低，说明柴油中重质馏分少，可以提高发动机的动力性和经济性。

柴油的黏度是柴油重要的物理性能之一，是表示其稀稠程度及流动性的指标。它影响燃油的喷雾质量、过滤性及在油道中的流动性。黏度过高，柴油的喷雾质量差，使燃烧过程恶化，柴油机的功率和经济性能降低；黏度过低，柴油易通过喷油泵柱塞偶件和喷油器针阀偶件之间的间隙漏出，使供油量不准确。此外，低黏度的柴油，在上述精密偶件的摩擦表面上不易形成油膜，使其润滑不良而加速磨损，缩短使用寿命。柴油黏度随温度而变化，温度越高，黏度越低，故应选择合适的黏度。

柴油加热后，柴油蒸气与外界的空气混合形成混合气。当混合气与火焰接触发生闪火的最低温度称为闪点。闪点越高，表明燃油在储存、运输和使用中越不易着火而引起火灾，即越安全。同时为了控制柴油蒸发性不致太强，国际中规定了柴油的闪点应不低于某一温度。

（3）硫含量

硫天然地存在于原油中，柴油中的硫明显地增加了排气中的微粒物，不利于环保；对于装有催化转化器的汽车，硫使转化器的寿命降低；硫和硫化物在燃烧时易生成二氧化硫，遇到气缸内的蒸气或水分就会形成亚硫酸，腐蚀零件，而且排放到大气中的硫化物也极易与水分结合形成酸雨，给环境带来危害；硫还会增加柴油机的磨损。各国标准中对硫含量提出了严格的要求，甚至是零含量。

（4）安定性

安定性是指柴油在运输、储存和使用过程中应保持其外观颜色、组成和使用性能不变的能力。影响安定性的因素主要是柴油中所含的不安定组分，它们是二烯烃、烯烃和环烷芳香烃。

（5）低温流动性

低温时，柴油中的石蜡成分会析出而使柴油的流动性变差，特别是寒冷地区，析出来的石蜡可能堵塞柴油滤清器，使发动机启动不良，甚至运转中熄火。因此，车用柴油的低温流动性十分重要。柴油失去流动性而开始凝固的温度称为凝点。当柴油接近凝点时，流动性已很差，不但喷雾恶化，而且供油也很困难，柴油机无法正常工作。

我国用于汽车的轻柴油执行的标准有国家强制性标准《普通柴油》（CB 252—2011）和推荐性标准《车用柴油》（CB/T 19147—2009）。标准中柴油的牌号分为 10 号、5 号、0 号、－10 号、－20 号、－35 号、－50 号，柴油的牌号划分依据是柴油的凝固点。

标准要求，选用轻柴油牌号应遵照以下原则：

① 10 号轻柴油适用于有预热设备的柴油机。

② 5 号轻柴油适用于风险率为 10% 的最低气温在 8℃ 以上的地区。

③ 0 号轻柴油适用于风险率为 10% 的最低气温在 4℃ 以上的地区。

④ -10 号轻柴油适用于风险率为 10% 的最低气温在 -5℃ 以上的地区。

⑤ -20 号轻柴油适用于风险率为 10% 的最低气温在 -14℃ 以上的地区。

⑥ -35 号轻柴油适用于风险率为 10% 的最低气温在 -29℃ 以上的地区。

⑦ -50 号轻柴油适用于风险率为 10% 的最低气温在 -44℃ 以上的地区。

我国车用柴油标准见表 3-2。

表 3-2　普通柴油技术要求和试验方法（GB 252—2011）

项目		技术指标							试验方法
		10 号	5 号	0 号	-10 号	-20 号	-35 号	-50 号	
色度、号	不大于	3.5							GB/T 6540
氧化安定性总不溶物密度 /(mg/100mL)	不大于	2.5							SH/T 0175
硫含量①(质量分数)/%	不大于	0.2(2013 年 6 月 30 日以前) 0.035(2013 年 7 月 1 日开始)							SH/T 0689
酸度/[mg(KOH)/100mL]	不大于	7							GB/T 258
10%蒸余物残碳②(质量分数)/%	不大于	0.3							GB/T 268
灰分(质量分数)/%	不大于	0.01							GB/T 508
铜片腐蚀(50℃,3h)/级	不大于	1							GB/T 5096
水分③(体积分数)/%	不大于	痕迹							GB/T 260
机械杂质③		无							GB/T 511
运动黏度(20℃)/(mm²/s)				3.0~8.0		2.5~8.0	1.8~7.0		GB/T 265
凝点/℃	不高于	10	5	0	-10	-20	-35	-50	GB/T 510
冷滤点/℃	不高于	12	8	4	-5	-14	-29	-44	SH/T 0248
闪点(闭口)/℃	不低于	55				45			GB/T 261
着火性④(应满足 要求之一)	十六烷值　不小于	45							GB/T 386
	十六烷指数　不小于	43							SH/T 0694
馏程	50%回收温度/℃　不高于	300							GB/T 6536
	90%回收温度/℃　不高于	355							
	95%回收温度/℃　不高于	365							
密度(20℃)⑤/(kg/m³)		报告							GB/T 1884 和 GB/T 1885

① 测定方法也包括用 GB/T 380、GB/T 11140、GB/T 17040。结果有争议时，以 SH/T 0689 方法为准。

② 若普通柴油中有小酸酯型十六烷值改进剂，10%蒸余物残留的测定，应用不加硝酸酯的基础燃料进行。柴油中是否含有小酸酯型十六烷值改进剂的检验方法见附录 B。可用 GB/T 17144 方法测定。结果有争议时，以 GB/T 268 方法为准。

③ 包括用目测法，即将试样注入 100mL 玻璃量筒中，在室温（20℃±50℃）下观察，应透明，没有悬浮和沉降的水分及机械杂质。结果有争议时，按 GB/T 260 或 GB/T 511 测定。

④ 由中间基或环烷基原油生产的各号普通柴油的十六烷值或十六烷指数允许不小于 40（有特殊要求者由供需双方确定），对于十六烷值指数的测定也包括用 GB/T 11139。结果有争议时，以 GB/T 386 测定结果为准。

⑤ 也包括用 SH/0604 方法，结果有争议时，以 GB/T 1884 和 GB/T 1885 方法为准。

3.1.2　汽油和柴油性能差异对发动机工作模式的影响

汽油和柴油性质上的差异是造成汽油机与柴油机在混合气形成与燃烧方式上不同的主要原因。

1. 混合气形成和负荷调整方法的不同

与柴油相比，汽油挥发性强（从 40℃ 开始至 200℃ 左右蒸发完毕），因而可在较低温度下以较充裕的时间在气缸外部进气管中形成均匀的混合气。通过节气门开度控制进入气缸的混合气量，而混合气的热值基本不变（因混合气含量基本保持不变），由此调节汽油机的功率输出，这种负荷的调节方法称为"量调节"。

柴油的蒸发性差（180℃ 开始馏出至 350℃ 结束），黏性比较好，不易在低温下形成混合气。所以，用喷油泵和喷油器的形式以高压直接向气缸内喷油，使柴油强制雾化后再与燃烧室内一定量的空气形成混合气。对于柴油机，吸入气缸的空气量基本保持不变，而通过喷油量的调节，改变混合气的热值，由此控制柴油机的功率输出，这种负荷的调节方法称为"质调节"。

2. 着火和燃烧方式的不同

汽油的自燃温度高，但点燃温度低，即汽油蒸气在外部引火条件下即使环境温度较低也很容易着火。因而其着火方式不适宜压燃，而采用利用外部能源（点火系）在特定的局部地区进行点燃的方式。点火后，以火焰传播方式燃烧燃烧室内的均匀混合气。因此，这种燃烧方式的放热规律取决于火焰传播速度。为了防止火焰传播过程中燃烧室内末端混合气的自燃而引起爆燃，汽油机的压缩比不宜过高。

对于柴油，则利用其自燃点低的特点，采用压缩自燃的方式。为了可靠自燃，压缩比不宜过低，且在接近压缩上止点时直接向气缸内喷入燃油。这种燃烧方式，混合气形成时间短，且极不均匀，常伴随边喷射边燃烧现象，因此燃烧过程也包括预混合燃烧和扩散燃烧两个过程，即开始喷射的燃料在气缸内高温高压空气的作用下预混合燃烧，而后续喷射的燃料则在已燃气体、空气和燃料之间相对扩散过程中，边混合边燃烧，因而燃烧时间较长。这种燃烧方式的放热规律主要取决于燃料的喷射规律和扩散燃烧速度。

3.2　发动机代用燃料

目前为止，大多数汽车发动机还在使用传统燃料——汽油和柴油。出于节能减排及其他方面的原因考虑，积极探索使用代用燃料，目前较为广泛地使用的代用燃料按其物态分为气体燃料（天然气、液化石油气、二甲醚）和液体燃料（甲醇、乙醇）两类。

3.2.1　气体燃料

1. 天然气

天然气可以用压缩天然气 CNG（Compressed Natural Gas）、液化天然气 LNC（Liquefied Natural Gas）和吸附天然气技术 ANG（Adsorbed Natural Gas）或水合物（Hydrate）的方式在汽车发动机中加以利用，其中 CNG 的利用方式采用最多。

天然气以甲烷为主要成分，随产地不同，甲烷含量不同，一般为 83%～99%。由于组成变化，理论混合比、发热量也将产生差异，故与常温下处于液态的汽油与柴油的运输和储存方法有很大差异。由于天然气的密度低于汽油，使吸入发动机的新鲜空气质量减少，发动机的输出功率将会下降，只为液体燃料的 90% 左右。

天然气的研究法辛烷值为 130，十六烷值为零，只能点燃不能压燃。由于常温常压下呈气态，容易形成混合气，为实现稀薄燃烧提供了条件，便于应用稀燃技术降低 CO、碳氢化合物排放量。由于天然气是气体燃料，容易与空气混合均匀，故冷启动后，有害排放物碳氢化合物和 CO 的量很少。

2. 液化石油气

液化石油气（LPG）分为油田液化气和炼油厂液化气两种。液化石油气的主要成分是丙烷（C_3H_8 和丁烷 C_4H_{10}）。油田液化气来自油田，不含烯烃，可直接用作车用燃料。炼油厂液化气主要是催化裂化过程和延迟焦化炼油过程的产物，含有大量丁烯（C_4H_8）、丙烯（C_3H_6）以及少量乙烷及异丁烯。因烯烃类为不饱和烃，燃烧后结胶严重，对发动机的火花塞、气门、活塞环等零件损坏较大，不适于直接用作车用燃料、一般要使烯烃含量低于 6％ 才能用作车用燃料。

3. 天然气、液化石油气使用特性

（1）热值 天然气的体积低热值和质量低热值略高于汽油，但理论混合气热值比汽油低，甲烷含量越高，相差越大。纯甲烷理论混合热值比汽油低 10％ 左右，液化石油气则介于汽油和天然气之间，但都会使发动机功率有所下降。

（2）抗爆性 二者都具有较高的辛烷值，天然气的研究法辛烷值为 130，液化石油气为 100～110。可采用高压缩比，燃用天然气和液化石油气的发动机采用的合理压缩比为 12，允许压缩比可达 15，从而可大幅度提高发动机的动力性和经济性，设计得当时燃烧效率可相当于柴油机。

（3）着火性能 天然气和液化石油气比汽油的着火温度高，传播速度慢，因此需要较高的点火能量。天然气与空气的混合气有很宽的着火界限，其过量空气系数的变化范围为 0.6～1.8。

（4）排放 天然气和液化石油气比汽油和柴油燃烧更"清洁"。二者燃烧温度都低，NO_x 的生成量少；与空气同为气相，混合均匀，燃烧较完全，碳氢化合物、CO 和微粒的排放量很低。燃料分子中的碳原子数少，单位发热量的 CO_2 排出量比较少，这对减少地球温室效应有利。未燃烧的甲烷等成分性质稳定，在大气中不易形成有害的光化学烟雾。

（5）安全性 汽油具有良好的挥发性，随气温的升高，挥发性加强。汽车的燃油系统从构造上看，并无十分严密的封闭措施，尤其是在加油时，油箱附近空气中易形成可燃混合气，加上汽油的燃点在 430℃ 以内，遇微小火花即可着火，汽车经碰撞、倾覆或漏油而发生火灾是常见的事故。压缩天然气（CNG）和液化石油气（LPG）在车辆上是储存在专门设计加工的高强度气瓶内，传输和加气均在严格密闭的管道内进行，气瓶不易破坏，管路不会泄漏，即使发生泄漏，由于天然气比空气密度小，在空中遇微风就被吹散，加上天然气的燃点高（537℃ 以上），不易形成可燃性混合气，所以车用天然气不易产生火灾事故，比汽油更安全。

（6）使用性能 用天然气和液化石油气为燃料的发动机，冷启动性能好，运转平稳，不含汽油、柴油中存在的产生胶质的成分，硫的含量和机械杂质也远低于汽油，对气缸、活塞、活塞环、气门等零部件的危害较小，且气体燃料不会稀释机油，可提升发动机寿命。

（7）携带性 液化石油气在较低的压力下（690 kPa）就可完全液化，几乎和汽油、柴油同样便于车辆携带。但天然气极难液化，常温下无论如何加压也不会液化，只有采用先进的膨胀制冷过程将其冷却到 −162℃ 才能液化，无论是液化设备还是车上储罐，造价都会很高。目前广泛采用压缩天然气高压（20～25MPa）存储在气瓶内，会导致汽车自重加大，空间减小，且其容量有限，也限制了汽车的续驶里程。

4. 二甲醚

二甲醚 DME（dimethyl ether）是重要的化工原料，化学分子式为 $CH_3—O—CH_3$。它与甲醇（CH_3OH）和乙醇（C_2H_5OH）一样是含氧燃料，即分子结构中含有氧原子。含氧燃料燃烧时需要的空气少，易充分燃烧，基本不产生碳烟。

二甲醚是最简单的醚类化合物，常温常压下为气体，只有 C—H 和 C—O 键，没有 C—C 键，又是含氧（含氧量为 34.8%）燃料，容易完全燃烧，在燃烧时不会像柴油那样产生碳烟，即有利于减少燃烧生成的烟度和微粒。同时，还可使用更大的废气再循环（EGR），降低 NO_x 排放。二甲醚的十六烷值为 55～60，一般柴油的只有 40～55，二甲醚的着火温度为 235℃，低于柴油的 250℃，着火性能优于柴油。在柴油机上燃用二甲醚不需采用助燃措施。二甲醚不发生光化学反应，对人体无毒，当体积分数超过 10% 时，才会产生轻微的麻醉作用，因此对环境和人体无害。二甲醚的低热值只有柴油的 64.7%，为达到柴油机最佳动力性，必须增大二甲醚的循环供应量。二甲醚在常温、常压下的饱和蒸气压为 0.5MPa。随着温度的升高，其饱和压力增大，为防止气阻现象发生，燃料供给系统的压力远高于柴油机燃料供给系统的压力。

二甲醚是一种可再生燃料，不仅可以从石油及天然气中提取合成，而且可从煤、植物、生活垃圾中提取合成。

5. 天然气、液化石油气在发动机上的使用方案

天然气或液化石油气发动机分为单燃料、两用（可切换）燃料及双燃料（气体燃料和柴油）三类。单燃料指发动机的燃料供给系统专为燃用气体燃料而设计，其结构保证气体燃料能有效利用。两用燃料是可在两种燃料中进行转换使用，设有两套燃料供给系统，无论是使用气体燃料还是汽油、柴油，发动机都能正常工作；利用选择开关实现发动机从一种燃料转换到另一种燃料，但两种燃料不允许同时混合使用。双燃料是指同时使用两种燃料的发动机，一般用压燃的少量柴油引燃气体燃料与空气的混合气而实现燃烧（这种发动机也可用纯柴油工作）。因此，该系统有同时供给汽车两种燃料的装备，配备两个供给系统及两个独立的燃料储存系统，依据发动机的运行工况、燃料品质和发动机参数，按一定比例同时向发动机供给气体燃料和柴油。

6. 二甲醚在柴油机上的使用方案

柴油机的冒烟问题是很难克服的一个致命缺点。由于 DME 的特殊的物化性质，使它具有优良的低污染燃烧特性，因此 DME 在柴油机上的应用受到了高度重视。DME 在柴油机的应用主要有以 DME 和柴油机掺烧与直接燃用纯液态 DME 两种方式，这里只介绍后者。

利用燃油喷射装置直接向气缸内喷射液态 DME，靠发动机的活塞压燃着火的方式是最常见的 DME 在发动机上的应用方法。直喷式涡轮增压柴油机上进行的燃用 DME 的研究表明，在未改变原有供油系统的情况下，就可获得低的 NO_x 排放和无烟运行，在所有的工况点，微粒排放量为零。就经济性而言，能量的消耗与燃用柴油时相当。

在改进了喷油器，安装了降低进气温度的中冷器后，在各种转速和负荷下，甚至在过量空气系数小于 1 的情况下，发动机可实现无微粒排放。无微粒排放意味着可以采用大比例的 EGR，使得 NO_x 排放降到很低的水平。由于 DME 沸点低，容易形成良好的可燃混合气，DME 的喷射无需很高的压力，采用峰值为 22MPa 的压力即可获得无烟运行等好的排放指标。

二甲醚的排放特性与燃烧特性有关。其放热规律与柴油燃烧时有明显区别。二甲醚的着火落后期明显短于柴油，初始燃烧速率及放热峰值低于柴油，扩散燃烧部分放热速率大于预混合燃烧部分，整个燃烧持续期和柴油机相当。发动机缸内温度比柴油机低，NO_x 排放明显降低，二甲醚含氧，快速的扩散燃烧抑制了碳烟的生成，二甲醚发动机的 CO 和碳氢化合物的排放量比柴油机低，这与二甲醚含氧、低沸点、易蒸发混合等特性有关。

另外，发动机燃用二甲醚在中低负荷下的效率高于柴油机，而在高负荷时则稍低于柴油机，这是由于高负荷时循环喷油量增加，喷油持续期长的缘故。

7. 二甲醚实用化应解决的问题

二甲醚作为压燃式发动机的燃料，实用上还存在一些亟待解决的问题。

(1) 二甲醚的沸点是 −25℃，在常温下呈气态，在室温 20℃ 条件下，加压到 0.53MPa 以上可使其液化，这就使供油系统，包括油箱必须密封，并保持一定压力，造成供油系统成本高，且需专门的加油站。

(2) 二甲醚的黏度低，润滑性差，容易造成油泵柱塞和喷油器针阀等精密偶件磨损、卡死和泄漏，难以直接使用柴油机的燃油供给系统。

(3) 喷油量难以保证，其原因主要是 DME 的黏度低，通过柱塞间隙的泄漏量大；且 DME 的压缩性受温度的影响大，当柱塞间隙等处的温度提高后，DME 供给量难以满足发动机运转要求。

(4) 二甲醚对金属无腐蚀，其储存使用不需特殊材料，但长时间接触会使橡胶制品老化。

(5) 用共轨（蓄压式）燃油系统代替传统的柱塞泵供油系统。

3.2.2 液体燃料

目前使用较为广泛的代用液体燃料主要为醇类燃料，包括甲醇（CH_3OH）和乙醇（C_2H_5OH），它们都是相对分子质量较小的单质，燃烧产物中基本没有碳烟，NO_x 的排放浓度也很低，是一种低污染性燃料。甲醇可以由一氧化碳和氢气合成，因此它可以较方便地由天然气、油页岩及煤制取，乙醇可利用发酵的方法，从甘蔗、玉米、薯类等农作物及木质纤维素中提取，这些原料不仅储量较大，而且大都可以再生，这就保证了醇类燃料的稳定生产。

1. 醇类燃料的使用特性

(1) 化学成分及燃烧产物　醇类燃料含氧及 C、H 比较多，化学当量比汽油和柴油低，完全燃烧时产生较多的水及较少的 CO_2。在启动、暖机期间及缸内温度不高时，容易在缸壁上形成冷凝物，促使酸性物质的生成及磨损的增加。醇类燃料燃烧后，混合气的分子变更系数增大。

(2) 沸点及凝点　相对于汽油来说，醇类燃料的沸点低，这有助于燃料-空气混合气的形成，但因其中缺乏高挥发性组分，对启动不利。醇类燃料的凝点很低，在环境温度较低时无需担心结冰。

(3) 热值　甲醇的热值是优质汽油的 47%，乙醇为 64.5%，在理论空燃比下单位质量的醇类燃料——空气混合气的热值与石油燃料混合气的热值基本一样，相应调整供油系统，增加供油量，不影响发动机的输出功率。

（4）汽化潜热　醇的分子间有强氢键，汽化潜热大，混合气形成后温降也较大。当过量空气系数为 1 时，在绝热条件下，汽油的温降约 20℃，而纯甲醇的温降为 122℃。高汽化潜热产生的冷却效应妨碍了在运行温度下的完全汽化，使甲醇的雾化、汽化困难，难以形成良好、均匀的混合气。压缩终了缸内温度降低，使压燃着火延迟期变长，还会影响启动性能。但高的汽化潜热可降低压缩负功，提高充气效率。

（5）辛烷值　醇类燃料的辛烷值高，是点燃式内燃机好的代用燃料，也可作为提高汽油辛烷值的优良添加剂。

（6）十六烷值　醇类燃料的十六烷值很低，在压燃式内燃机中使用醇类燃料很困难。

（7）着火极限　醇类燃料的着火上下限都比石油燃料宽，能在稀混合气区工作，有利于排气净化和降低油耗，也利于空燃比控制。

（8）着火延迟期　由于醇类燃料的十六烷值低，故着火性差，着火延迟期长。

（9）火焰传播速度　醇类燃料的火焰传播速度比汽油高，这对醇类燃料的使用十分有利。

2. 醇类燃料在汽车发动机上的使用

点燃式内燃机掺烧醇类燃料，与燃烧纯汽油相比有如下优点：

（1）提高辛烷值，在无铅汽油中加入醇类燃料，可达到含铅汽油所具备的抗爆能力。

（2）可扩大混合气着火界限，燃用稀混合气，提高燃油经济性能。

（3）可提高压缩比，从而提高内燃机的动力性能和经济性能。

（4）减少燃烧室表面的燃烧沉积物。

（5）改善排放性能。

目前，研究较多的掺烧甲醇是 M15（燃料中甲醇体积分数为 15％），这是发动机稍作变动可接受的最高掺烧比极限。在较高压缩比实验中，使用 M30 对发动机性能几乎没有什么影响。采用 M40 在压缩比为 9.7、过量空气系数为 1 进行实验时，其动力性能和经济性能接近汽油机，而排放则在使用汽油和纯甲醇之间。添加乙醇可提高汽油的辛烷值，以提高抗爆性，E22 可完全代替含铅汽油。

3. 醇类燃料在应用中的主要问题

（1）对金属腐蚀性　甲醇和乙醇对汽车燃料系统的许多金属都有腐蚀性，它们可以腐蚀铜、铁、铝、铅、锌、镁及它们的许多合金。混合燃料中即使含有 3％ 的醇也使燃料腐蚀性大大增强，醇含量越高，腐蚀性越大。防止醇燃料腐蚀发动机金属的基本途径有两个：一是改变发动机金属材料，使用耐腐蚀的金属制造发动机；二是在燃料中加防腐蚀添加剂。相比之下，前者成本高，且只适用于新发动机的制造；而后者则更简便，而且成本低，效果好。实践证明，在燃料中加入少量防腐剂就能有效防止金属腐蚀。

（2）对其他材料的影响　醇燃料还对橡胶和塑料部件有腐蚀作用，发动机燃料系统中的许多零部件都是由橡胶、塑料等材料制成的。在醇燃料中会溶胀、变黏或皴裂；燃油泵隔膜和燃油软管是橡胶制品，在醇燃料中会发生溶胀、变硬、变脆或软化等现象，纤维垫片会逐渐软化而导致漏油。

当使用混合燃料，或用汽油作为改善醇燃料冷启动性能的添加剂时，对橡胶和塑料部件的腐蚀性更强。这是由于混合燃料中的醇能增强燃料在橡胶和塑料表面的润湿作用，从而有利于汽油组分向其内部渗透的缘故。

应该注意的是，不同橡胶或塑料在汽油、混合燃料和纯的甲醇或乙醇中的溶胀作用有明显的差异，因此在使用醇燃料或混合燃料时，应选择合适的橡胶或塑料材料作为燃料系统部件。据研究氟橡胶、氟硅橡胶、聚硫橡胶、改性丁腈橡胶、氯丁橡胶、氯磺化聚乙烯和均聚氯醇橡胶等耐醇、汽油和混合燃料的能力较好。

（3）发动机磨损 醇类燃料发动机在使用中，气缸和活塞环的磨损加重。这被认为是由于甲醇或乙醇能够将这些部位的润滑油膜洗掉。另外，醇燃烧时会生成有机酸（甲酸或乙酸），能直接腐蚀金属，造成腐蚀磨损。进入润滑油中的甲酸或乙酸还能与润滑油中的抗氧防腐剂发生反应而使其失效，从而增大各摩擦部位的腐蚀与磨损。

3.3 燃烧热化学

3.3.1 燃烧值和发热值

车用发动机主要是以汽油和柴油为基本燃料。汽油和柴油的可燃成分主要是 C、H、CO、C_mH_n（碳氢化合物）、S。它们确定了燃料所含有的能量，这些能量由高位燃烧值（H_0）和低位燃烧值（H_u）表示。燃烧过程的热力状态（定容、定压等）对燃烧值和发热值的影响很小，不超过 1%。

单位量（对于固体和液体燃料用 1kg，对于气体燃料用 1m³）的燃料完全燃烧时所发出的热量，叫高位燃烧值。完全燃烧是指某化合物被氧气全部氧化，其中 C 生成 CO_2、H 生成 H_2O（液态），其他元素生成高级氧化物。

低位燃烧值是指燃料在完全燃烧时，生成的水为气态时所发出的热量，简称低热值。高位燃烧值比低位燃烧值小，其差值为水蒸气的汽化潜热：

$$H_u = H_0 - wr \tag{3-1}$$

式中，H_0 是高位燃烧值，kJ/kg；H_u 是低位燃烧值，kJ/kg；w 是单位质量燃烧产物中水的含量，%；r 是水蒸气的汽化潜热，kJ/kg。

在发动机工作过程中，由于温度较高，通常使用低热值，并常以摩尔发热值表示：

$$H_{uM} = H_u \mu \tag{3-2}$$

式中，H_{uM} 是摩尔低热值，kJ/kmol；μ 是燃料的摩尔质量，kg/kmol。

对于气体燃料来说，通常采用标准容积 V_{Mn}（在标准状态下，1kmol 气体的标准容积为 22.4m³）为单位量，其低热值为：

$$H_{un} = H_{uM}/V_{Mn}$$

单位为 kJ/m³。

3.3.2 燃料燃烧所需空气量

对于汽油和柴油来说，由于 S 和气体组分不多，可以视为只含有 C、H、O。如以 g_C、g_H、g_O 分别表示每千克燃料中碳、氢、氧的质量成分（%），则 $g_C + g_H + g_O = 1$。

1kg 燃料完全燃烧时所需的最少空气量，称理论空气量。

汽油的平均质量成分：$g_C = 0.855$；$g_H = 0.145$；$g_O = 0.000$

柴油的平均质量成分：$g_C = 0.870$；$g_H = 0.126$；$g_O = 0.004$

如 1kg 燃油中含有氧为 $g_O$kg 或 $g_O/32$kmol，则每千克燃油完全燃烧时需要的理论氧气量为

$$g_C/12 + g_H/4 - g_O/32 \text{(kmol)} \text{或} 2.667g_C + 8g_H - g_O \text{(kg)}$$

　　燃料所需的氧气来自空气，以容积成分计，空气中氧占 21%，氮占 79%；以质量成分计，氧占 23%，氮占 77%。1kg 燃油完全燃烧作需的理论空气量为

$$L_0 = \frac{1}{12} + \left(\frac{g_C}{12} + \frac{g_H}{4} - \frac{g_O}{32} \right) \tag{3-3}$$

此时 L_0 单位为 kmol/kg 燃油；或

$$L_0 = \frac{1}{0.23}(2.667 g_C + 8 g_H - g_O) \tag{3-4}$$

此时 L_0 单位为 kg/kg 燃油。

　　标准状态下体积表示的理论空气量为（m³/kg）

$$L_0 = \frac{22.4}{0.21} + \left(\frac{g_C}{12} + \frac{g_H}{4} - \frac{g_O}{32} \right) \tag{3-5}$$

　　将平均质量成分代入式（3-1）可得汽油的理论空气量为 14.9（kg/kg），柴油的理论空气量为 14.5（kg/kg）。

3.3.3　过量空气系数和空燃比

　　理论上使燃油完全燃烧，所需的空气量等于理论空气量。实际上，为了使燃料燃烧更充分，供给的空气量总是大于或小于理论空气量。为了评定发动机工作过程中所用空气数量的多少，常引入过量空气系数的概念。

　　发动机工作过程中，燃烧 1kg 燃油实际供给的空气量与理论空气量之比，称为过量空气系数，用 ϕ_a 表示，即：

$$\phi_a = \frac{L}{L_0} \tag{3-6}$$

　　过量空气系数是发动机工作过程的一个重要参数。过量空气系数可以大于 1（称为稀混合气），也可以小于 1（称为浓混合气），也可以等于 1（实际空气量与理论空气量相等称为标准混合气）。对于柴油机，由于燃油难与空气均匀混合，要多给气缸供气，过量空气系数总是大于 1。在柴油机气缸吸入空气量一定的情况下，若过量空气系数小，即意味着可向气缸多喷油，缸内的空气利用程度高，发出的功率大。所以，过量空气系数是反映混合气形成和完善程度及整机性能的一个重要标志，在保证完全燃烧的前提下，应力求使过量空气系数小。柴油机全负荷时的 ϕ_a 值一般为：高速柴油机的 $\phi_a = 1.2 \sim 1.5$；增压柴油机的 $\phi_a = 1.7 \sim 2.2$。

　　对于汽油机，在整个运行过程中，可以遇到 $\phi_a < 1$ 和 $\phi_a \geqslant 1$ 的所有情况。当要求产生最大功率时，往往要多供给燃料，此时混合气变浓，ϕ_a 小于 1，燃烧不完全，CO 和碳氢化合物的排量将会大大增加，汽油机的过量空气系数一般在 $\phi_a = 0.88 \sim 1.11$。

　　除了用过量空气系数表示混合气浓度以外，也可用燃烧时空气流量与燃料流量的比例，即空燃比，或燃料流量与空气流量的比例，即燃空比来表示

$$空燃比\ \alpha = \frac{空气流量}{燃料流量}；\quad 燃空比 = \frac{燃料流量}{大气流量} = \frac{1}{\alpha}$$

汽油理论上完全燃烧时的空燃比为 $\alpha \approx 14.9$。

　　应用空燃比直观方便，其数值即为每千克燃料燃烧时实际供给空气量的千克数。$\alpha < 14.9$ 为浓混合气，$\alpha > 14.9$ 的为稀混合气。

　　对于柴油机，当转速一定时，进入缸内的空气量基本保持不变，空燃比的大小取决于供油量的多少（质调节）。对于汽油喷射发动机，节气门的开度仅是控制进入气缸的空气量，电控单元根据进入气缸的空气量来调整喷油量。

3.4 燃料的着火和燃烧

发动机运转性能的优劣很大程度上取决于燃烧过程的完善程度。由于在燃烧过程中，工质的形成和燃烧的进行连在一起而又互相渗透，两者又都受燃烧室中局部的化学及物理参数变化的影响，因而增加了复杂性。燃烧过程是一个间断性的，又是在很短暂的时间内完成的过程，就目前所掌握的观察技术，很难对燃烧室中燃烧过程的各中间机理作出准确的测量和观察。在进行的一系列实验中，由于实验条件与发动机的实际运转条件相差太大，其结果也不能直接用于发动机。因此，在发动机的燃烧机理中，目前还存在着一些不同的意见，而且还有一些没有搞清楚的问题。下面就较为清楚的部分和公认的看法作一些简单的介绍。

一切燃烧过程都由着火和燃烧两个阶段组成。着火阶段是物质燃烧的准备阶段，是着火的物理和化学的准备过程。所谓物理准备过程是燃料经过雾化、受热蒸发并与空气形成可燃混合气等项准备；所谓化学准备过程则包括可燃混合气形成后，在自燃以前发生的焰前氧化过程，氧化反应的速度很低，压力和温度均无明显升高。在此缓慢氧化的过程中，可燃混合气逐渐积累起热量或活化中心，自身加速了反应进行的速度，最后出现火焰使混合物的燃烧转入第二阶段。

使可燃混合物进入燃烧的第二阶段，有两种方法。一是利用点火系向可燃混合物增加能量，迫使可燃混合物着火燃烧，这种着火方式称之为强迫着火或点燃。另一种是自燃着火，所谓自燃，即依靠自身缓慢的化学反应逐渐积累热量或活化中心完成着火的过程。着火后，可燃混合物释放出的能量足以使燃烧过程自行继续下去。

发动机内的燃烧过程和其他燃烧过程一样，一般说来，要经历三个基本步骤：

(1) 形成燃油与空气的可燃混合气；

(2) 点燃可燃混合气，或可燃混合气在温度和浓度适当的地区发生自燃，在一处或同时在数处着火；

(3) 火源扩大到整个可燃混合气，形成全面燃烧。

上述的第二个步骤，即自燃或点燃过程，统称为着火过程。点燃是在局部混合气（点火热源附近）内进行的，而自燃则是在全部混合气内同时发生。

3.4.1 着火机理

按化学动力学的观点，着火机理可分为热自燃机理和链锁自然机理两类。

1. 热自燃

在着火的准备阶段，混合气进行着氧化过程，放出热量。放热的同时，由于温差的原因，会对周围介质散热。若化学反应所释放出的热量大于所散失的热量，混合气的温度升高，进而促使混合气的反应速率和放热速率增大。这种相互促进，最终导致极快的反应速率而着火。这就是热自燃，或称热爆。

实际工况下，着火和燃烧都是在有限的容器内进行的，反应所放出的热量总有一部分要通过容器壁传给容器外的介质。这就不仅会使反应物的温度降低，而且造成容器内各处反应物的温差。由于各处的温度不同，各点的反应速率与浓度也不同。这样，在反应系统中的各部分，不仅有化学反应和热交换，而且有物质交换，这就使问题复杂化。

相同条件下的可燃混合物的发火点可以不相同，它不是一个固定值，而是随散热条件而异，若散热条件固定不变，就只有一个不变的自燃温度。若混合气体的温度达到或超过这个温度时，可燃混合物就会发生热爆现象。与此自燃温度相适应的外界温度和压力分别称为临界温度和临界压力。在一定的临界压力下，只要外界温度低于临界压力温度，混合物就不会发生热爆。当压力提高时，由于在同一反应温度下的放热量增加了，因而相应的自燃温度就较低，反之则较高。同样，在一定的临界温度下，只要压力低于临界压力，混合物就不会发生热爆，而压力高于该定值量则会发生热爆。

2. 链锁反应

按链锁理论的观点，认为使反应自动加速不一定要依靠热量的积累使大量分子活化，通过链锁反应逐渐积累活化中心的方法也能使反应自动加速，直至着火。

所谓链锁反应是这样的化学反应，其中一个活化作用能引起很多基本反应，即反应链。整个反应过程分为：

引导反应（发链反应）→反应链（链的继续反应或链的传递）→断链反应（链的中断即活化中心的死亡）。

以最简单的氢燃烧为例来说明链锁反应。化学反应方程为

$$2H_2 + O_2 =\!=\!= 2H_2O$$

实际上，其反应具有如下过程：

① $H_2 \longrightarrow 2H$

② $H + O_2 \longrightarrow OH + O$

③ $O + H_2 \longrightarrow OH + H$

④ $OH + H_2 \longrightarrow H_2O + H$

⑤ $H + H + M \longrightarrow H_2 + M$

⑥ $H + OH + M \longrightarrow H_2O + M$

⑦ $H + O + M \longrightarrow OH + M$（M——惰性气体分子）

上述反应中，①为发链反应；②～④为链反应，其中②、③为支链反应，④为延链反应。这种一环扣一环，借助活性银强的活性中心，如游离原子 H、O 和游离基 OH 发展的连续反应过程，称为链式反应。由于分子间碰撞等原因，由较不活性分子产生活性很强的活性中心，称为发链反应，如反应①，也可通过 $H_2 + O_2 \longrightarrow OH + OH$ 产生必需的活性物质。反应②、③所产生的 OH、O、H 多于消耗，使活性中心越来越多，活性中心按几何级数增加，反应速率随之剧增，可引起爆炸。这种通过链式反应引起的爆炸，称为链爆炸，在相对温度较低时也能实现。活性中心与惰性气体分子 M 的碰撞相对较慢，加上冷壁面的碰撞的作用等，导致活性中心减少或消灭的过程（活性中心的复合），称为断链反应，如反应⑤～⑦。

由于初始物比较稳定，引导反应进行较慢，只有在高温下才能自行着火。因此，在燃料链爆炸前，必然经过一个反应量逐渐积累的阶段，这个阶段称为诱导期或着火落后期（柴油机中称为滞燃期）。

燃烧是一个相当复杂的过程，至今还不能完全详细描述。实际燃烧过程中，不可能有纯粹的热自燃或纯粹的链锁自燃存在。事实上，二者是同时存在而且相互促进的。可燃混合气的自行加热不仅加强了热活化，而且也加强了每个链锁反应的基元反应；在低温时，链锁反应的进行则可使系统逐渐加热，从而也加强了分子的热活化。所以，不能用单一的着火机理来解释自燃着火，有些可用热自燃理论来说明，有些则需要用链锁理论来解释。一般来说，在高温下，热自燃是着火的主要原因，而在低温时则支链反应是着火的主要原因。

3.4.2 发动机着火和燃烧方式

1. 发动机混合气的着火

发动机中碳氢化合物的自燃，由于发火的条件不同，有高温单级着火和低温多级着火。

（1）高温单级着火

汽油机的着火为高温单级着火。混合气在压缩过程中，已经进行了一定的化学反应。当电火花跳火的瞬间，一方面在火花塞电极附近局部地区，可燃混合气温度急剧上升，可高达几千摄氏度以上；另一方面在高温作用下，燃油分子直接分裂成大量的自由原子和自由基，如 CH 等，作为发链反应的活化中心，并迅速开展自行加速的链反应，放热速度远大于散热速度，则温度迅速上升并达到热爆炸。因为划分不出由链反应引起的起始反应的自动加速和由热所引起的自动加温二者的界限，在火花塞跳火后经一短暂的着火延迟期即可出现明显的热火焰，故称为高温单级着火。

（2）低温多级着火

柴油机的着火为低温多级着火。在柴油机中，喷油时缸内温度约为 $500 \sim 700 \, ^\circ\!C$。在这种情况下，不可能直接得出链反应开始时所需要的自由原子和自由基。在着火落后期的短暂时间里，反应之所以能进展得这样迅速，是由于燃料和空气进行了低温多级反应的结果。在接近压缩终了时，将燃油喷入气缸而形成混合气，在温度较高处即开始氧化，但反应缓慢，压力没有明显变化；在经历一段时间后，由于热量积累，使反应加剧，产生醛类和有机化合物等中间产物，其浓度随链反应的扩展而逐渐增加，当过氧化物达到临界温度时，出现淡青色火焰，因其热量不多，只有约 $5\% \sim 10\%$，因此也称为冷焰，缸内温度升高，压力略有上升，此时的反应称为一级反应；经一段时间后，由于缸内温度、压力上升，生成 CO、O、H、OH 等活化中心，出现蓝色火焰。缸内温度、压力明显升高，并有热量积累，称为二级反应；然后，由于热量和活化中心的积累，反应将激烈进行，在极短时间产生热爆炸，出现橘黄色热火焰，即产生燃油自燃，温度和压力急剧升高，这种热火焰的出现叫做三级反应。着火过程与温度和浓度有关，整个焰前反应时间之和，称为着火延迟期或着火过程，这就是低温多级着火。

2. 发动机的燃烧方式

发动机的燃烧方式有以下三种。

（1）同时爆炸燃烧

均匀混合气在燃烧室内的燃烧前后一瞬间，燃烧室内只有一个相。燃烧前是正在进行焰前反应的可燃混合气相，燃烧后是燃烧产物相。

（2）预混合燃烧

均匀混合气的过量空气系数是一个常数，着火极限和火焰速度均与压力、温度和过量空气系数有关。由于火焰前锋的推移，使燃烧传播到整个燃烧室内，燃烧室内压力各处基本一致，而温度各不相同，在燃烧期间，燃烧室存在两个相：未燃混合气相和燃烧产物相。

（3）扩散燃烧

固体或液体的燃烧现象。燃烧室内产生自燃后，空气和燃料从各个方向连续导入，在反应过程通过扩散、混合，混合气各处的过量空气系数都不同。当燃料与空气混合，燃烧并产生了燃烧产物后，必须设法将燃烧产物带走，并防止它将燃料与空气隔开。所采用的方法是组织空气与燃料的相对运动，在柴油机燃烧室内通常采用各种措施造成空气涡流运动。在燃烧期间，燃烧室内将同时存在三个相：可燃气体（或可燃蒸气）相、空气相和燃烧产物相。

汽油机的点火燃烧就是预混合燃烧的典型例子。

柴油机的初始燃烧，由于在着火延迟期内部分混合气均匀混合，基本上属于预混合燃烧，燃烧后期属于扩散燃烧。

 复习思考题

1. 我国车用汽油和柴油的牌号分别按哪个指标来确定的？各有哪几种牌号？

2. 蒸发性不好和太好的汽油，在使用中各有什么优缺点？

3. 试述汽油辛烷值和柴油十六烷值的意义。

4. 什么是过量空气系数？它与混合气浓度有何关系？

5. 燃料的热值与发热值有何不同？

6. 简述汽油机和柴油机的着火机理和燃烧方式。

7. 简述汽车代用燃料的种类及各自特点。

8. 常用的汽油机的代用燃料有哪些？常用的柴油机代用燃料有哪些？各自在使用时应注意的问题有哪些？

第章
汽油机混合气形成与燃烧

无论是汽油机还是柴油机，在进行热功转换时，必须要解决好两大关键问题：一是如何将液态的燃料和空气在气缸内快速地形成可燃混合气；二是使用何种方法使混合气着火燃烧。

4.1 汽油机混合气形成

汽油机混合气形成和着火燃烧方式是受汽油燃料使用特性所限制的。

根据汽油挥发性好的特点，一直以来汽油机采用外部形成混合气的方法。即在进气过程中，汽油燃料喷入进气歧管中，随气流一起进入气缸并压缩，在流动过程中充分混合形成可燃混合气。

为了保证均匀混合气在气缸内可靠着火燃烧，汽油机采用强制点燃的方式，形成了汽油机缸内均匀混合气，在某一固定点点燃并以火焰传播方式燃烧放热而推动活塞做功的独特的热功转换模式。这种混合气形成和燃烧模式决定了汽油机的动力性、经济性、排放特性和振动噪声等性能。

随着汽车电子技术和自动控制技术的发展，以及节能与排放控制的社会要求，汽油机的混合气形成方式由外部形成方式发展到缸内直喷的内部混合气形成方式。

4.1.1 汽油机混合气的形成方法

1. 电控汽油喷射（EFI）式混合气形成

汽油机的混合气形成方式，从化油器方式发展到机械式喷射方式和电控喷射式以后，液体燃料蒸发雾化已不成问题，电控汽油喷射有效地改善了液体燃料的雾化特性。所以，进入电控汽油喷射化以后，电控汽油喷射系统的主要问题，转化为如何根据不同工况下进入气缸的空气量，精确控制燃料喷射量，以控制适应该工况的最佳空燃比。电控汽油喷射系统的混合气形成特点是，根据不同工况，分别控制进入气缸的空气量和燃料量。

电控汽油喷射系统，需解决两个问题：一是确定发动机不同工况所需求的目标空燃比；二是为了精确确定不同工况下的燃料喷射量，需要精确测量每一工况下进入气缸的空气量。

电控汽油喷射系统对混合气的控制，主要体现在以下三个方面：

（1）事先根据发动机的台架试验，确定不同工况所对应的最佳空燃比及其影响因素，并制成空燃比的控制 MAP 图，存储在 ECU 的 ROM 中。

（2）在进气系统中设置专门的进气流量测量装置，如空气质量流量计，或进气压力传感器和温度传感器以及转速传感器等，由此测量每一工况进入气缸的空气量，作为控制喷油量的主要依据。

（3）由 ECU 根据来自各种传感器的信息，准确判断现行工况，并根据目标空燃比的控制 MAP 图，确定该工况的目标空燃比，并由进气流量的测量信息，计算燃油喷射量后，转换成控制信号（喷油器通电脉宽），控制喷油器按一定的喷射压力将一定燃料量（喷射脉宽）强制喷入到进气管，随空气流进入气缸并在压缩的过程中，完成混合气的形成。

2. 缸内直喷式混合气形成

随着节能与排放法规要求的日趋严格，电控汽油喷射技术从进气道多点喷射向缸内直喷（GDI）发展。但是由于控制目的不同，缸内直喷式电控汽油喷射系统混合气形成的特点也有所不同。从利用三元催化转化器降低排放的角度考虑出发，以均质理论混合气控制为目的的情况下，要根据实际进入气缸的空气量和目标空燃比计算得到一定的燃料量，在进气过程的某一时刻进行喷射，并利用缸内的适当气流形成均匀的可燃混合气。而以节能为目的组织稀薄燃烧过程时，需要在气缸内形成空燃比的梯度分布。为此，通过进气道及燃烧室形状组织气缸内的定向气流（滚流等）运动，并与喷射时刻相配合。为了控制喷雾，采用喷射压力为 $2\sim5MPa$ 的高压旋流式喷油器。

缸内直喷的混合气形成方式的特点是，避免了进气道喷射方式在进气道黏附油膜现象，这种油膜的蒸发，不仅导致额外耗油，而且对发动机快速启动、瞬时响应特性及其精确控制空燃比都不利。

4.1.2　汽油机混合气浓度与发动机性能的关系

发动机可燃混合气浓度通常采用过量空气系数来衡量，理论上，当过量空气系数 $\phi_a=1$（理论混合气）时燃料可完全燃烧。但实际上由于在气缸内混合气形成不可能绝对均匀，而且残余废气等对混合气有稀释作用并直接影响燃烧过程。

（1）当 $\phi_a=1.05\sim1.1$ 时，此时混合气浓度为稍稀混合气，因氧气充足，燃料与氧气充分结合，使燃料完全燃烧。而且此时燃烧速度也较快，所以热效率最高，使燃油消耗率最低。因此，称此浓度混合气为经济性混合气。同时，在此经济性混合气下，由于氧和氮气的含量较丰富，且燃烧温度高，所以 NO_x 排放也最多。

（2）当 $\phi_a>1.05\sim1.1$ 时，虽然混合气中氧气丰富，燃料可完全燃烧，但由于燃烧区域内燃料密度小，燃烧放热量少，燃烧压力和温度低，燃烧速度减慢。所以发动机的动力性、经济性下降，NO_x 排放也降低。

（3）当 $\phi_a=1.3\sim1.4$ 时，由于混合气过稀，燃料分子之间距离增大，即使是与氧进行氧化反应，燃烧放热量也少，而向周围易散热，所以热量不能积累，反应温度得不到提高，使火焰难以传播而熄火，称该浓度混合气为着火下限。

（4）当 $\phi_a=0.8\sim0.9$ 时，混合气比理论混合气稍浓，混合气中相对空气燃料密度较高，而且氧气含量也足够，所以燃烧速度最快，热损失最小，因此发动机的动力性最好。称此浓度混合气为功率混合气。但是在功率混合气下，部分燃料得不到完全燃烧，所以热效率有所降低，同时 CO 和碳氢化合物排放也偏高。

（5）当 $\phi_a < 0.8 \sim 0.9$ 时，由于混合气过浓，氧气不够，更多的燃料不能完全燃烧，所以燃烧放热量减少，燃烧速度降低，使发动机动力性下降、经济性恶化。同时缸内容易积炭，CO 排放增多，冒烟加重。

（6）当 $\phi_a = 0.3 \sim 0.5$ 时，混合气严重缺氧，绝大部分燃料不能燃烧，使得火焰不能传播而熄火，称该浓度混合气为着火上限。

由此可见，这种液体燃料的混合气形成和燃烧方式，所对应的最佳动力性和最佳经济性的过量空气系数是不一致的，而且存在混合气浓度的着火界限范围。可燃混合气浓度与发动机动力性和经济性关系如图 4-1 所示。

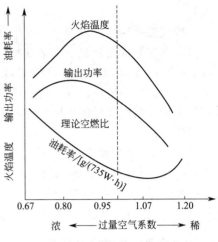

图 4-1　混合气浓度与发动机动力性和
经济性关系

4.1.3　汽油机各工况下的理想混合气浓度

发动机在实际运行过程中，其工况在工作范围内是不断变化的，且在工况变化时，发动机对可燃混合气空燃比的要求也是不同的，现分述如下：

1. 稳定工况对混合气的要求

发动机的稳定工况是指发动机已经完全预热，进入正常运转，且在一定时间内转速和负荷没有突然变化的情况。稳定工况又可分为怠速、小负荷、中等负荷、大负荷和全负荷等几种。

（1）怠速工况　怠速工况是指发动机对外无功率输出且以最低稳定转速运转。此时，混合气燃烧后所做的功，只用于克服发动机内部的阻力，并使发动机保持最低转速稳定运转。在怠速工况下，节气门处于关闭状态，因而进气管内的真空度很大。在进气门开启时，气缸内的压力可能高于进气管压力，废气膨胀进入进气管内。在进气行程中，把这些废气和新混合气同时吸入气缸，结果气缸内的混合气含有比例较大的废气，为保证这种经废气稀释过的混合气能正常燃烧，就必须供给很浓的混合气，如图 4-2 中的 A 点，$\phi_a = 0.8$。

（2）小负荷工况　随着节气门开度增大，稀释将逐渐减弱，所以小负荷工况下要求混合气如图 4-2 中的 AB 段所示。也就是说，发动机在小负荷运行时，供给混合气也应加浓，但加浓的程度随负荷的增加而减小，$\phi_a = 0.8 \sim 1.1$。

（3）中等负荷工况　汽车发动机的大部分工作时间都处在中等负荷状态。在中等负荷运行时，节气门已有足够的开度，废气稀释影响已不复存在，因此要求供给发动机稀的混合气，以获得最佳的燃油经济性，这种工况如图 4-2 中的 BC 段，$\phi_a = 1.08 \sim 1.15$。

（4）大负荷　在大负荷时，节气门开度已超过 3/4，此时应随着节气门开度的开大而逐渐地加浓混合气以满足发动机功率的要求，如图 4-2 中的 CD 段，$\phi_a = 1.15 \sim 0.85$。但实际上，在节气门尚未全开之前，如果需要获得更大的转矩，只要把节气门进一步开大就能实现，没有必要使用功率空燃比来提高功率，而应当继续使用经济混合气来达到省油的目的。因此，在节气门全开之前所有的部分负荷工况都应按经济混合气配制。只是在全负荷工况时，节气门已经全开，此时为了获得该工况下的最大功率必须供给功率混合气，如图 4-2 中的 D 点。在从大负荷过渡到全负荷工况的过程中，混合气的加浓也应该是逐渐变化的。

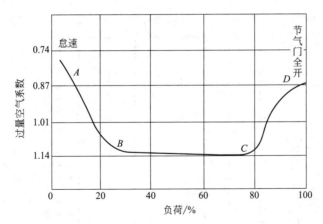

图 4-2　汽油机负荷变化时所需的混合气浓度

2. 过渡工况对混合气的要求

汽车在运行中的主要过渡工况可分为冷启动、暖机、加速和减速等形式，分述如下。

（1）冷启动工况　冷车启动时，由于发动机的转速和燃烧室壁面温度低、空气流速慢，导致汽油蒸发和雾化条件不好，因此要求发动机供给很浓的混合气。为保证冷启动顺利，要求供给的混合气过量空气系数 $\phi_a = 0.4 \sim 0.6$。

（2）暖机工况　暖机过程中，尽管发动机温度随着转速的提升也在逐步上升，但发动机温度仍然较低，气缸内的废气相对较多，混合气受到稀释，对燃烧不利，为保持发动机稳定的运行也要求浓的混合气。暖机的加浓程度，应在暖机过程中逐渐减小，一直到发动机能以正常的混合气在稳定工况下运转为止。

（3）加速工况　汽车在加速时，节气门突然开大，进气管压力随之增加。由于液体燃料流动的惯性和进气管压力增大后燃料蒸发量减少，大量的汽油颗粒沉积在进气管壁上，形成厚油膜，这样会造成实际混合气成分瞬间被稀释，使发动机转速下降。为防止这种现象发生，要向进气管喷入附加燃料，才能获得良好的加速性能。

（4）减速工况　汽车急减速时，驾驶人迅速松开加速踏板，节气门突然关闭，此时由于惯性作用，发动机仍保持很高的转速。因为进气管真空度急剧升高，进气管内压力降低，促使附着在进气管壁上燃油加速气化，造成混合气过浓。为避免这一情况发生，在发动机减速时，供给的燃料应减少。

4.2　电控汽油喷射系统

4.2.1　电控汽油喷射系统概述

1. 电控汽油喷射系统基本组成

尽管车用汽油机电控系统的种类与型号很多，但结构与原理大同小异，一般均由传感器、控制器与执行器三部分，如图 4-3 所示。

图 4-3 左方所示为各种传感器与开关，可以将驾驶员的意图、汽油机的工况与环境信息

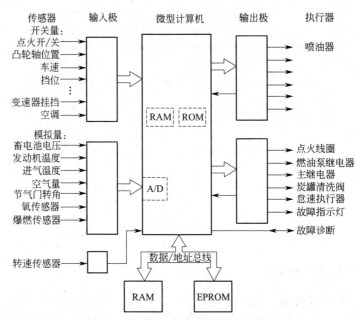

图 4-3　电控汽油喷射系统组成示意图

传输给 ECU，ECU 根据来自各个传感器的输入信号及其他开关信号，用控制软件并结合存储的各种标定数据与图表进行分析运算，决定应如何控制，并以相应的电信号向执行器发出各种控制指令，执行器产生相应的动作以实现所要求的控制。

在所有的传感器输入量中，发动机转速和表示发动机负荷的空气流量（或进气管绝对压力）是两个最基本的输入量。ECU 根据两者来决定点火提前角和喷油时间的基本值，而冷却液温度、进气温度等都是用来对基本点火提前角和喷油时间进行修正的条件参数。曲轴（或凸轮轴）转角位置信号用来确定相对于各缸上止点的点火时刻和喷油时刻。节气门开度传感器信号用于判断急速工况、过渡工况的喷油量补偿等。

在所有执行器中，点火线圈连同火花塞、喷油器和急速控制执行器（或节气门开度控制）是三个最基本的执行器；在 ECU 的控制下，点火线圈为发动机适时提供点火高电压，电磁阀控制的喷油器则适时保证精确计量的汽油喷射。进气量的控制仍采用人工控制节气门开度，而对冷启动、热机急速和减速工况则用急速控制来调节，通过急速旁通阀的空气流量以保证发动机稳定运转。但有的电控喷射系统采用了电控节气门来实现上述控制功能。

2. 几种电控汽油喷射系统

（1）D 型电控汽油喷射系统　D 型电控汽油喷射系统是根据进气管压力和发动机转速推算每次循环吸入的空气量，再根据推算的空气量计算出需要喷射的燃料量，并控制喷油器工作。由于进气管压力和空气流量呈非线性关系，且管内空气压力波动，所以影响进气量的测量精度。图 4-4 所示为 D 型电控喷射系统的简图。

（2）L 型电控汽油喷射系统　L 型电控汽油喷射系统是根据空气流量计直接测量进气歧管的空气量，再根据测量的空气量和发动机转速计算出需要喷射的燃料量，并控制喷油器工作。由于空气量为直接测量，所以测量准确程度高于 D 型。图 4-5 为 L 型电控喷射系统的简图。

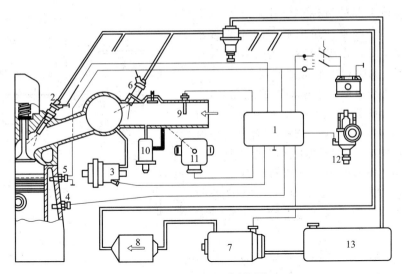

图 4-4　D 型电控喷射系统

1—电子控制单元；2—喷油器；3—进气歧管绝对压力传感器；4—冷却液温度传感器；
5—温度开关或温度时间开关；6—冷启动喷油器；7—电动燃油泵；8—燃油滤清器；9—燃油压力调节器；
10—辅助空气阀；11—节气门开关；12—带喷油脉冲触发触点的分电器；13—油箱

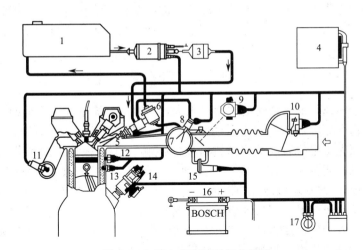

图 4-5　L 型电控喷射系统的简图

1—燃油箱；2—电动燃油泵；3—燃油滤清器；4—电子控制单元 ECU；5—喷油器；
6—燃油分配管（油轨）和燃油压力调节器；7—进气总管；8—冷启动喷油器；9—节气门开关；
10—阻流板式空气流量传感器；11—氧传感器；12—温度时间开关；13—冷却液温度传感器；
14—分电器；15—辅助空气阀；16—蓄电池；17—点火-启动开关

（3）Mono 系统　Mono 系统如图 4-6 所示。该系统是一种低压中央喷射系统，即单点喷射系统，在原来安装化油器的部位仅用一只电磁喷油器进行集中喷射，与化油器相比，其能迅速输送燃油通过节气门，在节气门上方没有或很少有燃油附着壁面现象，因而消除了由此而引起的混合与燃烧的延迟，缩短了供油和空燃比信息反馈之间的时间间隔，提高了控制精度，从而使排放效果得以改善。

4.2.2　电控汽油喷射系统燃料喷射量的控制

电控汽油喷射系统喷油量的控制是 ECU 根据发动机不同工况所测量的实际进入气缸的

空气量和对应该工况的目标空燃比，计算出该工况下所必需的燃油喷油量之后，向喷油器发出相应的控制指令，即喷油器开启持续喷射时间（喷射脉宽）来完成喷油量的控制。

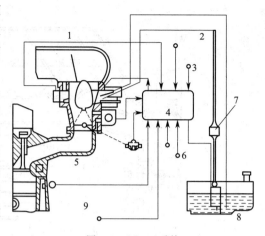

图 4-6　Mono 系统

1—中央喷射组件；2—启动电动机；3—点火装置；
4—电子控制器；5—温度传感器；6—转速/触发传感器；
7—燃油滤清器；8—电动燃油泵；9—氧传感器

喷油器的喷油量取决于喷油器的喷孔直径、孔数、喷油器针阀升程、喷射压力和喷油器的开启持续时间。当喷油器的结构已确定，并通过燃料供给系统中设置的调压器保证喷射压力为常数以后，喷油器的喷射量就单值地与喷油器的喷射脉宽成正比，所以，实际上 ECU 根据发动机工况的变化通过调节喷射脉宽来完成喷射量的控制。

除冷启动、暖机、加速和减速等过渡工况以外，喷油器的喷射脉宽是在标准的台架实验条件下，根据进入气缸的空气质量和目标空燃比确定的基本喷射时间后，再根据实际工作条件相对标准试验条件差别进行修正而得到的。

发动机在实际工作中，由于在不同工况下所需的混合气浓度也不同，因此对于喷油量的控制根据不同工况采用不同的控制方式，主要有启动控制、运转控制、断油控制和反馈控制等几种。

1. 启动控制

启动时，由于转速很低，转速的波动也很大，这时空气流量计所测得的进气量信号有很大的误差。基于这个原因，在发动机启动时，ECU 不以空气流量计的信号作为喷油量的计算依据，而是按预先给定的启动程序来进行喷油控制。ECU 根据启动开关及转速传感器的信号，判定发动机是否处于启动状态。当启动开关接通，且发动机转速低于某一转速（如 300r/min）时，ECU 按发动机冷却液温度、进气温度和启动转速计算出一个固定的喷油量，这一喷油量能使发动机获得顺利启动所需的浓混合气。

冷车启动时，发动机温度很低，喷入进气道的燃油不易蒸发。为了保证发动机在低温下也能正常启动，需进一步增大喷油量。一般采用以下两种方法。

（1）通过冷启动喷油器和冷启动温度开关控制冷启动加浓　这种控制方式在冷车启动时，除了通过 ECU 延长各缸喷油器的喷油持续时间来增大喷油量之外，还在进气总管的中间位置上安装一个冷启动喷油器，用以喷入一部分冷车启动所需的附加燃油。

冷启动喷油时，喷油器是连续喷射的，冷启动温度开关根据启动时的发动机温度来控制冷启动喷油器的喷油持续时间，在发动机冷却液温度超过 50℃时，冷启动温度开关触点断开。因此在热车启动时冷启动喷油器不工作。

（2）通过 ECU 控制冷启动加浓　通过增加各缸喷油器的喷油持续时间或喷油次数来增加喷油量。所增加的喷油量及喷油持续时间由 ECU 根据进气温度传感器和冷却液温度传感器测得的温度来确定。发动机冷却液温度或进气温度越低，喷油量就越大，喷油持续时间也就越长。

2. 运转控制

在发动机运转过程中，ECU 根据进气量和发动机转速来计算喷油量。此外，还要参考节气门开度、发动机冷却液温度与进气温度、海拔高度以及怠速工况、加速工况、全负荷工况等运转参数来修正喷油量，以提高控制精度。由于 ECU 要处理的运转参数很多，为了简化 ECU 的计算程序，通常将总喷油量分成基本喷油量、修正油量和增加油量三个部分。

（1）基本喷油量　基本喷油量是根据发动机每个工作循环的进气量，按理论空燃比 14.7 计算出的喷油量。基本喷油量与进气量成正比，与发动机转速成反比。

空气流量计和发动机转速传感器是电子控制汽油喷射系统中最重要的两个传感器。特别是空气流量计，其测量精度将直接影响喷油量计算的精度。

（2）修正油量　修正油量是根据进气温度、大气压力等实际运转条件，对基本喷油量进行的修正，使发动机在各种不同的运转条件下都能获得最佳浓度的混合气。

修正油量主要包括以下几项内容。

① 进气温度修正　空气的密度与其温度有关，由于多数空气流量计只能测量进气的体积流量，在相同的进气量信号下，进入发动机的空气质量随空气温度的增加而减少。为了补偿这个误差，在空气流量计内常装有进气温度传感器，通常是以 20℃时的进气温度为基准。当进气温度低于 20℃时，修正系数大于 1，应适当增加喷油量；当进气温度高于 20℃时，修正系数小于 1，应适当减少喷油量。

② 大气压力修正　海拔高度变化会引起大气压力和空气密度的变化，这个误差由 ECU 根大气压力传感器测得的大气压力进行适当的修正。

③ 蓄电池电压修正　当 ECU 控制的喷油电脉冲到达喷油器时，由于喷油器电磁线圈具有感阻抗，延缓了电磁线圈内电流的增大，使喷油器针阀的开启滞后于电脉冲到达的时刻，而喷油器针阀关闭的时刻和电脉冲消失的时刻则基本上一致，因此导致实际的喷油持续时间小于电脉冲宽度。这样，在同样宽度的喷油电脉冲控制下，当蓄电池电压不同时，会引起实际喷油量的变化，即电压下降时，喷油量也会下降。ECU 在蓄电池电压变化时，自动对油电脉冲的宽度加以修正。

（3）增加油量　增加油量是在一些特定工况（暖机、加速等）下，为加浓混合气而增加的喷油量。加浓的目的是为了使发动机获得良好的使用性能（如动力性、加速性、平顺性等）。

增加油量主要包括以下几项内容。

① 启动增量　发动机冷车启动后，由于低温下混合气形成不良以及部分燃油在进气管道壁上沉积，造成混合气变稀。为此，在启动后下段短时间内，必须增加喷油量，以加浓混合气，保证发动机稳定运转。

② 暖机增量　在冷车启动结束后的暖机过程中，发动机的温度一般不高。喷入燃油与空气的混合较差，结果造成气缸内的混合气变稀。因此，在暖机过程中必须增加喷油量。暖机增量的大小取决于冷却液温度传感器所测得的发动机温度，并随着发动机温度升高而逐渐减小。

③ 加速增量　在加速工况时，ECU 能自动按一定的比例适当增加喷油量，使发动机能产最大转矩，从而改善加速性能。ECU 是根据节气门位置传感器测得的节气门开启的速率来鉴别发动机是否处于加速工况的。加速增量的大小及增量作用时间取决于加速时发动机的冷液温度，冷却液温度越低，加速增量与持续时间越长。

④ 大负荷增量　部分负荷工况是汽车发动机的主要运行工况。在这种工况下的喷油量应能保证供给发动机化学计量空燃比的混合气。但在大负荷工况下，要求发动机能发出最大功率，因而应加大喷油量，以提供稍浓于理论空燃比的功率混合气。大负荷信号由节气门位置传感器测得的节气门开度来决定。通常当节气门开度大于 70%时，按功率混合气要求供给油量。

3. 断油控制

断油控制是指 ECU 在某些特殊工况下暂时中断燃油喷射，以满足发动机运转中的特殊要求。它包括以下两种断油控制方式。

（1）超速断油控制　当发动机转速超过允许的最高转速时，由 ECU 控制自动中断喷油，以防止发动机超速运转而造成机件损坏，这样有利于降低油耗，减少有害排放物。

（2）减速断油控制　当汽车在高速行驶中突然松开加速踏板减速时，发动机仍在汽车惯性的带动下高速旋转。由于节气门已关闭，进入气缸的空气数量很少，若继续正常喷油，则会造成燃烧不完全及废气中有害排放物增多的不良现象。减速断油控制就是在汽车突然减速时，由 ECU 自动控制中断燃油喷射，直到发动机转速下降到设定的低转速时再恢复喷油。这样有利于控制急减速时的有害排放物，降低燃油消耗量，促使发动机转速尽快下降，便于汽车减速。

减速断油控制过程是由 ECU 根据节气门位置、发动机转速、冷却液温度等运转参数，作出综合判断后，在同时满足以下 3 个条件时执行减速断油控制，切断喷油脉冲。

① 节气门位置传感器中的怠速开关接通。

② 发动机冷却液温度已达正常温度。

③ 发动机转速高于某一数值，该转速称为减速断油转速，其值根据发动机冷却液温度、负荷等参数确定。通常，冷却液温度越低，发动机负荷越大（如使用空调时），该转速越高。

当上述 3 个条件只要有 1 个不满足（如发动机转速已下降至低于减速断油转速）时，ECU 就立即停止减速断油而恢复喷油。

4. 反馈控制

反馈控制又称为闭环控制，利用反映混合气浓度的传感器对每一瞬间进入发动机的混合气浓度进行检测，并将检测结果输入 ECU。ECU 根据这一反馈信号，不断修正喷油量，使混合气浓度始终保持在理想范围内。这种控制方式可以进一步提高喷油量的控制精度，并可避免由于元件制造误差或使用老化带来的影响。

目前，用于电控汽油喷射系统反馈控制的传感器是氧传感器。它安装在发动机的排气管上，用来检测排气中的氧浓度，并将其转换成电压或电阻信号。根据燃烧化学反应方程式可知，排气中的氧浓度取决于混合气的空燃比。当空燃比小于 14.7 时，在燃烧过程中氧全部耗尽，排气中没有氧；当空燃比大于 14.7 时，在燃烧过程中氧未能全部耗尽，排气中含有氧。混合气越稀，排气中氧浓度就越大。因此，氧传感器发出的信号间接地反映了混合气空燃比的大小。ECU 按照氧传感器的反馈信号，对喷油量的计算结果进行修正，使混合气的空燃比更接近于理论空燃比。

氧传感器通常和三元催化转化器一同使用，应用氧传感器进行反馈控制的目的也在于保证三元催化转化器的排气净化效果。

在发动机运行中，并不是所有时刻和任何工况下，氧传感器和反馈控制系统都起作用。ECU 是通过开环和闭环两种方式对喷油量进行交替控制的。发动机在启动、大负荷（节气门全开）及暖机运转过程中，需要较浓的混合气，此时 ECU 处于开环控制状态，氧传感器不起作用。另外，因为氧传感器只有在高温状态下（一般需加热至 350℃）才能产生可靠的信号，因而发动机启动后，在氧传感器未达到一定温度之前，ECU 也是处于开环控制状态下工作的。只有在发动机达到正常工作温度后，ECU 才进行闭环控制，氧传感器才发挥反馈控制的作用。当氧传感器出现故障，输出信号异常时，ECU 会自动切断氧传感器的反馈作用，进入开环控制状态。

4.3 汽油机燃烧过程

汽油机的燃烧过程是指从火花塞点火开始到燃料基本上烧完为止所经历的过程。

汽油机的燃烧为预混合燃烧，具有定容燃烧的性质。燃烧持续期比较短，约为 $25°\sim40°$ 曲轴转角（柴油机的燃烧过程持续期约为 $50°\sim70°$ 曲轴转角）。由于接近定容燃烧，因此燃烧的最高温度较高，同时过量空气系数较小，变化范围较窄，易出现不完全燃烧现象。同时，为防止燃烧室远端（离火花塞远）混合气自行着火燃烧，在燃烧室远端设计成狭窄缝隙，形成了燃烧室内的激冷区。上述特点都会使 NO_x、CO、碳氢化合物等的排放增高。另外，由于汽油的挥发性好，挥发排污较多，故汽油机的燃烧过程排气污染比柴油机严重（除碳烟外）。

此外，由于爆燃的限制，汽油机的压缩比不能过高，一般为 $7\sim9$，采用分层燃烧技术时，压缩比可达 12.5。与柴油机相比其压缩比的值低很多，这就导致了汽油机燃烧过程的热效率较低、排气温度较高。

汽油机燃烧过程分为正常燃烧、不规则燃烧和不正常燃烧。

4.3.1　正常燃烧过程

汽油机正常燃烧过程是由定时的火花点火开始，且火焰前锋以一定的正常速度传遍整个燃烧室的过程。

研究燃烧过程的方法很多，为了分析方便，采用发动机示功图进行分析研究，按压力变化特点，将汽油机燃烧过程分成着火落后期、明显燃烧期和后燃期三个阶段。汽油机的正常燃烧过程如图 4-7 所示。

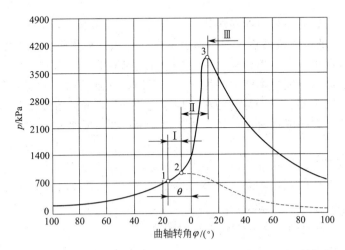

图 4-7　汽油机正常燃烧过程

Ⅰ—着火落后期；Ⅱ—明显燃烧期；Ⅲ—后燃期；

1—点火点；2—形成火焰中心；3—压力最高点

（1）着火落后期　着火落后期是指从火花塞点火到火焰核心形成的阶段，如图 4-7 中 1~2 段所示，即从火花塞点火（图 4-7 中 1 点）至气缸压力线明显脱离压缩线而急剧上升时（图 4-7 中 2 点）的时间或曲轴转角，这段时间占整个燃烧时间的 15％左右。火花塞放电时两极电压可达 10～35kV，击穿电极间隙的混合气，造成电极间电流通过。电火花能量点燃电极附近的混合气，形成火焰中心。在着火落后期，气缸压力线较压缩压力线无明显变化。

着火落后期的长短与混合气成分、开始点火时缸内气体温度和压力、缸内气体流动、火花能量及残余废气量等因素有关。它对每一循环都可能有变动，有时最大值可达最小值的数倍。为了提高效率，应尽量缩短着火落后期。为了发动机运转稳定，着火落后期应该保持稳定。

（2）明显燃烧期　明显燃烧期是指火焰由火焰中心烧遍整个燃烧室的阶段，因此也可称为火焰传播阶段，如图 4-7 中 2～3 段所示。在示功图上指气缸压力线脱离压缩线开始急剧上升（图 4-7 中 2 点，图中虚线是压缩线）到压力达到最高点（图 4-7 中 3 点）止。明显燃烧期是汽油机燃烧的主要时期。

在均质混合气中，当火焰中心形成之后，火焰向四周传播，形成一个近似球面的火焰层，即火焰前锋，从火焰中心开始层层向四周未燃混合气传播，直到连续不断的火焰前锋扫过整个燃烧室。因为绝大部分燃料在这一阶段燃烧，此时活塞又靠近上止点，在这一阶段内，压力升高很快，压力升高率为 $dp/d\varphi = 0.2\sim0.4$ MPa/(°)。一般用压力升高率表示发动机工作粗暴程度。压力升高率越高，表明燃烧速度越快，这对动力性和经济性是有利的，但同时会使燃烧噪声和振动增加，导致工作粗暴。火焰传播速率与压力升高率密切相关，火焰传播速率高的可燃混合气会促使压力升高率增加，同样火花塞位置、燃烧室形式对压力升高率也有影响。

图 4-7 中最高燃烧压力点 3 到达的时刻，对发动机的功率、经济性有重大影响。如压力最高点 3 到达时间过早，则混合气必然过早点燃，从而引起压缩过程负功的增加，压力升高率增加，最高燃烧压力过高。相反，如压力最高点 3 到达时间过迟，则膨胀比将减小，同时，燃烧高温时期的传热表面积增加，也是不利的。压力最高点 3 的位置可以用调整点火提前角来调整。

（3）后燃期　后燃期相当于明显燃烧期终点 3 至燃料基本上完全燃烧为止，如图 4-7 中 3 点以后。图 4-7 上的压力最高点 3 表示燃烧室主要容积已被火焰充满，混合气燃烧速度开始降低，加上活塞向下止点加速移动，使气缸中压力从最高点 3 开始下降，在后燃期中主要是湍流火焰前锋后面没有完全燃烧掉的燃料，以及附在气缸壁面上的混合气层继续燃烧。此外，汽油机燃烧产物中 CO_2 和 H_2O 的离解现象比柴油机严重，在膨胀过程中温度下降后又部分复合而放出热量，一般也看作后燃。为了保证高的循环热效率和循环功，应使后燃期尽可能短。

通过对汽油机正常燃烧的分析可以得出，为保证汽油机工作柔和、动力性能良好，通过调整点火提前角、喷油时刻等参数，保证汽油机燃烧过程中形成火焰中心点 2 在上止点前 12°～15°，最高燃烧压力点 3 在上止点后 12°～15°到达，压力升高率在 $dp/d\varphi = 0.175\sim0.25$ MPa/(°)，整个燃烧持续期在 40°～60°曲轴转角。

4.3.2　不规则燃烧

汽油机不规则燃烧是指在稳定正常运转的情况下，各循环之间的燃烧变动和各气缸之间的燃烧差异。前者为循环变动，后者称为各缸工作不均匀。

（1）循环变动　燃烧循环变动是点燃式发动机燃烧过程的一大特征，是指发动机以某一工况稳定运行时，这一循环和下一循环燃烧过程的进行情况不尽相同，具体表现在压力曲线、火焰传播情况及发动机功率输出均不相同。图 4-8 所示为汽油机典型的气缸压力循环变化情况。

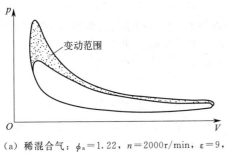
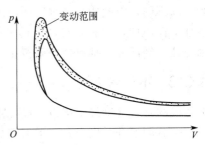

（a）稀混合气：ϕ_a＝1.22，n＝2000r/min，ε＝9，节气门全开，p_i 变动±4.5%，p_z 变动±28%

（b）浓混合气：ϕ_a＝0.8，n＝2000r/min，ε＝9，节气门全开，p_i 变动±3.6%，p_z 变动±10%

图 4-8　汽油机循环变动情况

由于存在循环变动，对于每一循环，点火提前角和空燃比等参数都不可能调整到最佳值，因而使发动机油耗上升，功率下降，性能指标差。随着循环变动的加剧，燃烧不正常甚至失火的循环数逐渐增多，碳氢化合物等不完全燃烧产物增多，动力性、经济性下降。同时，由于燃烧过程不稳定，也使振动及噪声增大，零部件寿命下降。当采用稀薄燃烧时，这种循环的变动会加剧。所以循环变动也是汽油机实施稀薄燃烧的难点所在。

导致点燃式发动机燃烧循环变动的原因很多，目前，火花塞附近混合气成分波动和气体运动状态波动这两个因素被认为是最重要的。

① 混合气成分波动，尽管汽油机的燃烧方式被称为预制均匀混合气燃烧，但这只是相对于柴油机燃烧来说的，其宏观是均匀的，实际上，气缸内燃料、空气及残余废气不可能在短时间内完全混合均匀，所以混合气成分微观上并不均匀，火花塞附近的混合气成分是随时间不断变化的，这会导致着火落后期的长短和火焰中心初始生长过程随循环产生变动。

② 气体运动状态波动，燃烧室内气体的流场特别是湍流强度分布是极不均匀的，火花塞附近微元气体的运动速度和方向，影响火花点火后形成的火焰中心的轨迹以及火焰的初始生长速率，其后的火焰向整个燃烧室发展的进程，如火焰与壁面的关系、火焰前锋面积的变化以及燃烧速率等，也受燃烧室内微元气体的运动速度和方向的影响。气体运动状态波动加剧了循环变动。

下列因素或措施影响或改善循环变动：

a. 一般 ϕ_a＝0.8～1.0 时循环变动最小，过浓或过稀都会使循环变动加剧。可见过量空气系数对循环变动的影响很大。

b. 适当提高气流运动速度和湍流程度可改善混合气的均匀性，进而改善循环波动。

c. 残余废气系数过大，则循环变动加剧。

d. 发动机在低负荷、低转速时，循环变动加剧。

e. 多点点火有利于减少循环变动。

f. 提高点火能量、优化放电方式、采用大的火花塞间隙，有助于减小循环波动。

（2）各缸工作不均匀　各缸工作不均匀是针对多缸发动机而言的，各缸间燃烧差异称为各缸工作不均匀。产生各缸工作不均匀的主要原因是各缸进气充量的不均匀、混合气成分不均匀等。由于汽油机是外部混合，在汽油机进气管内存在空气、燃料蒸气、各种浓度的混合气、大小不一的油颗粒以及沉积在进气管壁上厚薄不均的油膜，即进气管内的油气分布是多相和极不均匀的，要想让它们均匀分配到各个气缸是很困难的。另外，由于进气系统设计不当、进气管动态效应以及各缸进气重叠干涉等原因，使得各缸的实际充气系数不均匀，而汽油机进的是油气混合气，因而进入各缸的燃料绝对量不同。这些原因造成进入各缸的混合气的质和量都不同，由此造成各缸工作不均匀。

各缸工作不均匀性的存在，使得难以找到对各缸都是最佳的点火提前角和过量空气系数，动力性、经济性、排放性等整机指标难以优化，振动及噪声也会增加。

4.3.3 不正常燃烧

汽油机的不正常燃烧是指设计或控制不当，汽油机偏离正常点火的时间及地点，由此引起燃烧速率急剧上升、压力急剧增大等异常现象。不正常燃烧可分爆燃和表面点火两种。

（1）爆燃　爆燃是汽油机最主要的一种不正常燃烧，常在压缩比较高时出现。图4-9所示为正常燃烧与爆燃时压力和压力升高率的比较，爆燃时，缸内压力曲线出现高频大幅度波动（锯齿波），同时发动机会产生一种高频金属敲击声，因此也称爆燃为敲缸。轻微敲缸时，发动机功率上升，严重敲缸时，发动机功率下降，转速下降，工作不稳定，机身有较大振动，同时冷却液过热，润滑油温度明显上升。

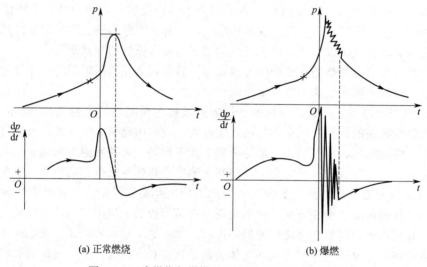

(a) 正常燃烧　　　　　　　　　　　(b) 爆燃

图 4-9　正常燃烧与爆燃时压力和压力升高率比较

当火花塞点火后，火焰前锋面呈球面波形状以正常传播速度（30~70m/s）向周围传播，气缸内压力和温度都急剧升高。混合气燃烧产生的压力波迅速向四周传播，在火焰前锋面之前先期到达燃烧室边缘区域，该区域的可燃混合气（即末端混合气）在压缩终点温度的基础上进一步受到压缩和热辐射，加速其先期反应，并放出部分热量，使本身压力和温度不断升高，燃前化学反应加速。一般来说，这些都是正常现象，但如果这一反应过于迅速，以致在火焰锋面到达之前末端混合气即以低温多阶段方式开始自燃，则引发爆燃。

爆燃着火方式类似于柴油机，同时在较大面积上多点着火，所以放热速率极快，局部区域的温度、压力急剧增高。这种类似阶跃的压力变化，形成燃烧室内往复传播的激波，猛烈撞击燃烧室壁面，使壁面产生振动，发出高频振音（即敲缸声），这就是爆燃。爆燃发生时，火焰传播速度可陡然高达 100~300m/s（轻微爆燃）或 800~1000m/s（强烈爆燃）。

爆燃会给汽油机带来很多危害。发生爆燃时，最高燃烧压力和压力升高率都急剧增大，因而相关零部件所受应力大幅度增加，机械负荷增大。爆燃时压力波冲击缸壁破坏了油膜层，导致活塞、气缸和活塞环磨损加剧。爆燃时剧烈无序的放热还使气缸内温度明显升高，热负荷及散热损失增加。爆燃还使汽油机动力性和经济性恶化。

根据末端混合气是否易于自燃来分析，影响爆燃的因素如下：

① 辛烷值高的燃料，抗爆燃能力强。

② 末端混合气的压力和温度增高，则爆燃倾向增大。例如，提高压缩比，则气缸内压力、温度升高，易发生爆燃。

③ 提高火焰传播速度、缩短火焰传播距离，都会减少火焰前锋传播到末端混合气的时间，有利于避免爆燃。

由以上的分析可以得出结论：发动机工作是否有爆燃现象，一方面取决于所用燃料；另一方面取决于发动机的运转条件和燃烧室的设计。

（2）表面点火　在汽油机中，凡是不靠电火花点火而由燃烧室内炽热表面（如排气门头部、火花塞绝缘体或零件表面炽热的沉积物等）点燃混合气的现象，统称表面点火。表面点火的点火时刻是不可控制的。

早燃是指在火花塞点火之前，炽热表面点燃混合气的现象。由于它提前点火而且热点表面比火花大，使燃烧速率快，气缸压力、温度增高，发动机工作粗暴，并且由于压缩功增大，向缸壁传热增加，致使功率下降，火花塞、活塞等零件过热。图 4-10 所示为汽油机早燃示功图。早燃会诱发爆燃，爆燃又会让更多的炽热表面温度升高，促使更剧烈的表面点火，两者互相促进，危害可能更大。

与爆燃不同，表面点火一般是在正常火焰烧到之前由炽热物点燃混合气所致，没有压力冲击波，敲缸声比较沉闷，主要是由活塞、连杆、曲轴等运动件受到冲击负荷产生振动而造成。

凡是能促使燃烧室温度和压力升高以及促使积炭等炽热点形成的一切条件，都能促成表面点火。几种非正常燃烧过程的压力变化图如图 4-11 所示。

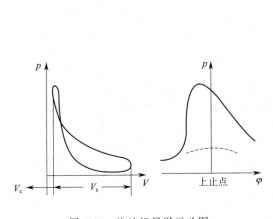

图 4-10　汽油机早燃示功图

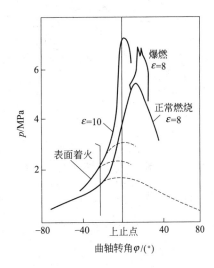

图 4-11　几种非正常燃烧过程的压力变化图

4.3.4　运行参数对燃烧过程的影响

1. 点火提前角

点火提前角是从发出电火花到上止点间的曲轴转角。其数值应视燃料性质、转速、负荷、过量空气系数等很多因素而定。

当汽油机保持节气门开度、转速以及混合气浓度一定时，汽油机功率和耗油率随点火提前角改变而变化的关系称为点火提前角调整特性，如图 4-12 所示。对应于每一工况都存在一个最佳点火提前角，这时汽油机功率最大，耗油率最低。已经确定，最佳点火提前角相当于使最高燃烧压力在上止点后 12°～15°时到达，这时实际示功图与理论示功图最为接近（时间损失最小）。

不同点火提前角的压力变化如图 4-13 所示。点火过迟，则燃烧延长到膨胀过程，燃烧最高压力和温度下降，传热损失增多，排温升高，热效率降低，但爆燃倾向减小，NO_x 升高，功率、排放量降低。

点火提前角对汽油机的经济性影响较大。根据实验统计，如果点火提前角偏离最佳值 5°曲轴转角，热效率下降 1%；偏离 10°曲轴转角，热效率下降 5%；偏离 20°曲轴转角，热效率下降 16%。影响最佳点火提前角的因素较多，如大气压力、温度、湿度、缸体温度、燃料辛烷值、空燃比、残余废气系数、排气再循环等，且传统的真空和离心调节装置只能随转速、负荷的变化对点火提前角做近似控制。

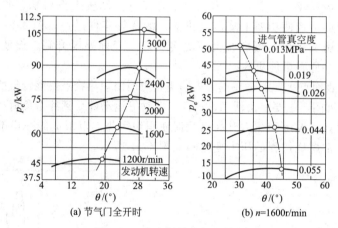

(a) 节气门全开时　　　(b) n=1600r/min

图 4-12　点火提前角调整特性

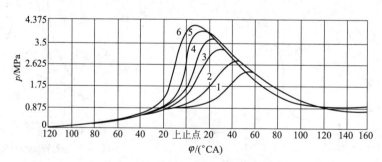

图 4-13　不同点火提前角的压力图
1～6 分别为 10°、20°、30°、40°、50°、60°点火提前角

传统的点火控制装置只考虑了影响最佳点火提前角的两个因素，为实现点火提前角的精确控制，近年来发展了一种点火时刻电子控制，其大体上分成两类。一类是计算机开环控制，它是一种预定顺序控制，根据转速传感器和负荷传感器测得的信号，在存储器中预定的点火 MAP 图上找出对应于该工况的近似最佳点火提前角来控制点火系统点火。点火 MAP 图是事先通过试验得到的近似最佳点火提前角与转速和负荷的三维曲线图或表格，存储在存储器中，若多加几个传感器还可监控更多的参数。另一类是闭环控制，闭环控制根据发动机

实际运行的反馈信息来控制点火提前角,所以又称为反馈控制。反馈控制所用的反馈信息是发动机的爆燃信号。在实际应用中,一般都是开环控制和闭环控制并用的混合控制方式。

2. 混合气浓度

在汽油机的转速、节气门开度保持一定并点火提前角为最佳值时调节供油量,记录功率、燃油消耗率、排气温度随过量空气系数的变化曲线,称为汽油机在某一转速和节气门开度下的混合气浓度调整特性,如图 4-14 所示。

混合气浓度对汽油机动力性、经济性是有影响的,当 $\phi_a = 0.8 \sim 0.9$ 时,由于燃烧温度最高,火焰传播速度最大,所以 p_e 达到最大值,但爆燃倾向增大;当 $\phi_a = 1.05 \sim 1.1$ 时,由于燃烧完全,所以 b_e 最低。当 $\phi_a < 1$ 时,由于会产生不完全燃烧,所以 CO 排放量明显上升。当 $\phi_a < 0.8$ 及 $\phi_a > 1.2$ 时,火焰速度缓慢,部分燃料可能来不及完全燃烧,因而经济性差,碳氢化合物排放量增多且工作不稳定。可见,在均质混合气燃烧中,混合气浓度对燃烧影响极大,必须严格控制。

3. 负荷

在汽油机中,转速保持不变,通过改变节气门开度来调节进入气缸的混合气量,以达到不同的负荷要求。当节气门关小时,充量系数急剧下降,但留在气缸内的残余废气量不变,使残余废气系数增加,滞燃期增加,火焰传播速率下降,最高爆发压力、最高燃烧温度、压力升高率均下降,冷却水散热损失相对增加,因而燃油消耗率增加。因此,随着负荷的减小,最佳点火提前角要提早,如图 4-15 所示。

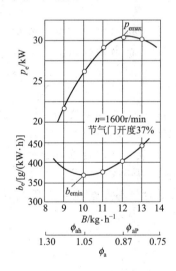

图 4-14 汽油机混合气浓度调整特性

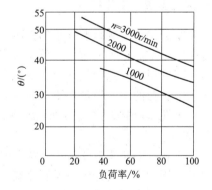

图 4-15 最佳点火提前角随负荷的变化

4. 转速

当转速增加时,气缸中湍流增加,火焰传播速率大体与转速成正比例增加,因而最高爆发压力、压力升高率随转速的变化不大。此外,在转速升高时,一方面由于散热损失减少,进气被加热,使气缸内混合得更均匀,从而有利于缩短滞燃期;但另一方面,由于残余废气系数增加,因而气流吹走电火花的倾向增大,又促使着火落后期增加。以上两种因素使以秒计的着火落后期与转速的关系不大,但是按曲轴转角计的着火落后期却随转速的增加而增大。因此，当转速增加时，应增大点火提前角。

4.4 汽油机燃烧室

4.4.1 对燃烧室的基本要求

燃烧室结构直接影响发动机充量系数、火焰传播速率及放热率、传热损失及爆燃的发生，从而影响发动机的性能。为了使汽油机动力性高、经济性好、工作平稳、噪声小、排气污染小，对燃烧室的要求有以下几点：

1. 结构紧凑

面容比 A/V（燃烧室表面积与容积之比）常用于表示燃烧室的紧凑性。它与燃烧室型式以及汽油机的主要结构参数有关，例如，侧置气门燃烧室的 A/V 大，而顶置气门燃烧室的 A/V 要小得多；即使都是顶置气门，不同形状燃烧室的 A/V 值也是有差别的。

一般来说，A/V 大，火焰传播距离长，容易爆燃，碳氢化合物排放高，相对散热面积大，热损失大。面容比值较小，则燃烧室紧凑，其具有的优点为：火焰传播距离小，不易爆燃，可提高压缩比；相对散热损失小，热效率高；熄火面积小，碳氢化合物排量少。几种燃烧室 A/V 与碳氢化合物生成量之间的关系如图 4-16 所示。

2. 具有良好的充气性能

发动机进气系统应允许有较大的进、排气门流通截面，这样可以提高充气系数，降低泵气损失，燃烧室壁面与气门头部要有足够的间隙，以避免壁面的遮蔽作用。

3. 火花塞位置安排得当

火花塞的位置直接影响火焰传播距离的长短、火焰面积扩大率和燃烧率，从而影响抗爆性，也影响火焰面积扩展速率和燃烧速率。在布置火花塞时必须考虑以下因素。

（1）能利用新鲜混合气充分扫除火花塞间隙处的残余废气，使混合气易于着火。这一点对暖机和低负荷的运转稳定性更为重要，但气流不能过强，以免吹散火花。

（2）火花塞应靠近排气门处，使受灼热表面加热的混合气尽早燃烧，以免发展为爆燃燃烧。

（3）火花塞的布置应使火焰传播距离尽可能短。

（4）不同的火花塞位置对燃料辛烷值要求也不同。

如图 4-17 所示为一种顶置气门燃烧室火花塞位置对辛烷值的要求。

4. 燃烧室形状合理分布

不同的燃烧室形状实际上反映混合气气体的分布情况，与火花塞位置相配合，也就决定了不同的燃烧放热率和火焰传播到边缘可燃混合气的距离，从而影响抗爆性、工作粗暴性、经济性和平均有效压力。在特制形状的燃烧室中的试验结果表明，在圆锥形底部点火时，开始燃烧速率大，后期缓慢。在圆锥形顶部点火时则正好相反，开始缓慢，后期快速燃烧。而圆柱形介于两者之间。楔形燃烧室与圆锥形底部点火类似，浴盆形燃烧室与圆柱形类似。燃烧室形状对燃烧放热率的影响如图 4-18 所示。

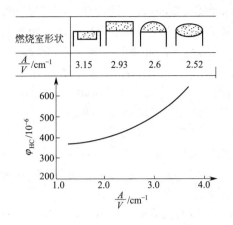

图 4-16 几种燃烧室的 A/V 与碳氢化合物排放

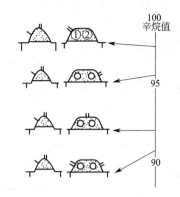

图 4-17 顶置气门燃烧室火花塞位置对辛烷值的要求
（$n=1000r/min$，$\varepsilon=9.0$）
①—进气门；②—排气门

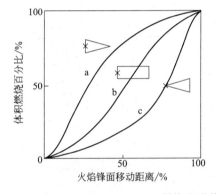 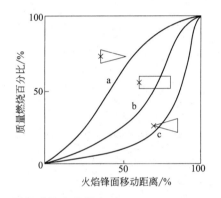

图 4-18 燃烧室形状对燃烧放热率的影响

合理的分布应使燃烧初期压力升高率小，工作柔和，中期放热量最多，获得较大的功，后期补燃较少，有较高的热效率。

5. 要产生适当的气体流动

在燃烧室内形成适当强度的气体流动有以下优势：增加火焰传播速度；扩大了混合气体的着火界限，可以燃烧更稀的混合气；降低了循环变动率；降低了碳氢化合物排量。需要注意的是过强的气流会使热损失增加，还可能因吹熄而失火。

6. 适当冷却末端混合气

末端混合气要有足够的冷却强度，以降低燃烧终了混合气温度，减轻爆燃倾向。但又不可使激冷层过大，以免增加碳氢化合物的排放。

4.4.2 燃烧室内气流特性

为适应日趋严格的节能与排放法规要求，汽油机燃烧室形状也呈现出多样化发展。燃烧室内部结构应能充分利用喷注特性和燃烧室内气流特性，以便于形成理想的可燃混合气，保证可燃混合气燃烧更彻底，从而提高发动机动力性和经济性。为了便于分析与评价燃烧室内的气流特性，我们通过定义燃烧室内宏观气流运动来评价燃烧室内气流特性，即在进气过程中绕气缸中心线（z 轴）旋转的气流称为涡流，而绕着垂直于气缸中心线且与缸心距连线平行的 y 轴旋转的气流，和绕着垂直于气缸中心线同时垂直于缸心距连线的 x 轴旋转的气流统称为滚流，后者亦可称为侧滚流，如图 4-19 所示，

　　达到所需的燃烧室内气流的方式，主要有通过进气系统和燃烧室形状配合进气涡流方式，以及在压缩过程中通过燃烧室的结构形状在燃烧室内形成挤流的方式两种。

　　进气涡流是通过进气口和进气道形状（如螺旋进气道或切向进气道）的导向作用或多气门的控制方式来组织的，在进气过程中在气缸内形成螺旋状的进气涡流，但是这种涡流在压缩过程中，随压缩程度其强度逐渐衰弱。由于进气涡流加强了对喷雾的搅拌和蒸发，促进混合气的形成和均匀化，从而缩短着火延迟期，有助于提高其火焰传播速度。但这种进气涡流强度是通过螺旋进气道等相应的措施来实现，所以以增加进气道的气流阻力，降低充气效率为代价。因此，汽油机在大负荷时为了保证足够的充气效率，一般不组织强的进气涡流［图 4-20（b）所示的两个进气门全开］，但在节气门开度小的中小负荷区，为了改善燃烧速度，往往通过多气门机构对气门的控制方式，如图 4-20（a）所示，即关闭一个进气门，组织气缸内较强的进气涡流。

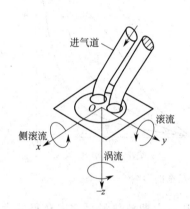

图 4-19　燃烧室内的宏观气流运动

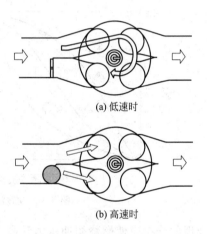

(a) 低速时

(b) 高速时

图 4-20　多气门进气涡流

　　挤流是通过在燃烧室设计时留有的挤气面积，在压缩过程中利用活塞顶部将挤气面（挤气间隙）上的混合气挤入燃烧室内形成的燃烧室纵剖面上的滚流。随着压缩过程挤流强度的增加，在压缩上止点前达到最大值，上止点后随活塞的下移形成反向挤流。所以，加强挤流强度可以明显提高燃烧期内的火焰传播速度，缩短燃烧时间，有利于提高动力性和经济性。同时挤流强度不会引起充气效率的降低，因此是汽油机组织气缸内湍流的主要途径。但是如果挤气面设计得过大，虽能提高挤流强度，但会使燃烧室的面容比 A/V 增加，挤气面缝隙处的混合气受到强烈冷却，容易产生熄火而产生大量的碳氢化合物。所以，在设计挤气面时，要考虑在尽可能减小燃烧室面容比的前提下有效组织挤流。

4.4.3　典型燃烧室

　　随着汽油机电控技术的普及，燃烧、排放控制技术的不断完善，汽油机燃烧室的结构有了很大的变化。但是这些变化也离不开前述的燃烧室设计的基本要求是在改善燃烧速度并尽可能降低排放的要求下，针对传统燃烧室结构所存在的特点，结合混合气形成方式而改进的。所以分析典型的燃烧室结构特点，有利于正确理解燃烧室结构形状对汽油机混合气形成

及燃烧过程的影响，并对燃烧室结构的设计具有重要意义。

传统的典型燃烧室有楔形燃烧室、浴盆形燃烧室、半球形燃烧室和碗形燃烧室等几种。

1. 楔形燃烧室

楔形燃烧室如图 4-21 所示。这种燃烧室结构较紧凑，火焰传播距离较短。气门倾斜 $6°\sim30°$，使得气道转弯小，且这种燃烧室气门直径较大，所以充气性能较好。楔形燃烧室有一定的挤气面积，并且末端混合气冷却作用较强，故压缩比可达 $9.5\sim10.5$。这种燃烧室有较高的经济性、动力性。火花塞布置在楔形高处，对着进、排气门之间，有利于新鲜混合气扫除火花塞附近的废气，且低速、低负荷性能稳定。但由于混合气过分集中在火花塞处，因而使得初期燃烧速度大、压力升高率较高、工作粗暴、NO_x 排出量较高。由于挤气面积内的熄火现象，废气中碳氢化合物的含量也较多，故需控制挤气面积。

楔形燃烧室曾是车用汽油机采用比较广泛的一种，过去我国 CA-72 型小客车汽油机及 486（3Y）、491（4Y）、489（GM2.0）型汽油机均采用此种燃烧室。由于楔形燃烧室进、排气门只能单行排列，采用多气门机构困难，故现在高性能轿车汽油机上较少应用。

2. 浴盆形燃烧室

浴盆形燃烧室如图 4-22 所示，这种燃烧室高度是相同的，宽度允许略超出气缸范围来加大气门直径。从气流运动考虑，希望在气门头部外径与燃烧室壁面之间保持 $5\sim6.5mm$ 的壁距，这样使气门尺寸所受的限制比楔形大。浴盆形燃烧室的特点是：具有一定的挤气面积，但挤流效果差；火焰传播距离较长，燃烧速度较低，使整个燃烧时间长、经济性、动力性不高，碳氢化合物排量多；压力升高率低，工作柔和，NO_x 的排量较少，工艺性好。我国 6100Q 汽油机、BJ212 汽油机采用此种燃烧室。随着节能与排放法规的日趋严格，这种燃烧室因其结构上的缺陷而逐渐被淘汰。

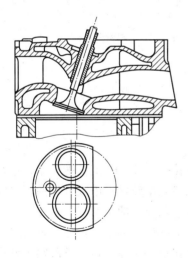

图 4-21　楔形燃烧室

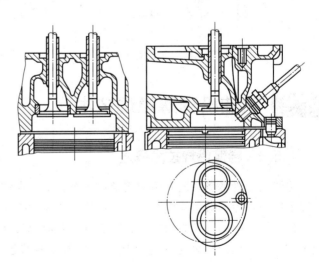

图 4-22　浴盆形燃烧室

3. 半球形燃烧室

半球形燃烧室如图 4-23 所示，这种燃烧室结构紧凑，且由于火花塞位于中间，故火焰传播距离也是最短的。进排气门倾斜布置，使气门直径较大、气道转弯较小、充气效率高，且对转速变化不敏感，最高转速在 6000r/min 以上的车用汽油机几乎都采用此类燃烧室。因此半球形燃烧室有较好的动力性和经济性，由于面容比较小，故碳氢化合物排放量低。其缺点是由于火花塞附近有较大容积，因而使燃烧速率大，压力升高率大，工作粗暴；NO_x 排放较多，末端混合气冷却较差，气门驱动机构也较复杂。

半球形燃烧室受结构特点的限制，一般缸内不组织挤流，所以湍流强度较弱，因此在低速大负荷时容易引起爆燃。为了改善这种发动机中低速燃烧问题，采用四气门机构，且两个进气道设计成不同形状，由此组织气缸内的涡流，以提高燃烧速度。

4. 碗形燃烧室

碗形燃烧室如图 4-24 所示，它是设在活塞顶上的一个回转体，而气缸盖采用平底结构。这种燃烧室的特点是结构很紧凑，火焰传播距离短，挤气效果好，有助于提高燃烧速度。而且压缩比可高达 9～13，使着火落后期缩短。因此，可适当推迟点火提前角，以利于降低排放。

但与平顶活塞相比，这种燃烧室的面容比较大，散热损失增加。而且其挤流效果与燃烧室口径、深度和顶隙等有关，所以在设计时需要优化这些燃烧室结构参数。

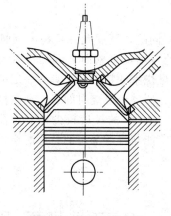

图 4-23　半球形燃烧室

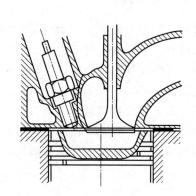

图 4-24　碗形燃烧室

4.5　汽油机稀薄燃烧技术

4.5.1　稀薄燃烧技术概述

传统汽油机燃烧系统采用均质变量调节，一般在空燃比 $\alpha=12.6～17$ 范围内工作。它存在以下缺陷：为了防止发生爆燃，采用较低压缩比，这导致热效率较低；浓混合气的比热容低，使热效率降低；只能用进气管节流方式对混合气充量进行调节，即量调节，这使得泵气损失较大；在理论空燃比附近燃烧，其有害排放特别是 NO_x 排放较高。总之，常规汽油机，特别是用三元催化剂的汽油机，过量空气系数必须控制在 $\phi_a=1$ 左右，这就限制了发动机性能进一步提高。

采用稀混合气，可提高热效率。如采用空燃比 20 和 27，热效率将比空燃比为 14.8 时分别提高 8% 和 12%。与常规汽油机相比，采用稀薄燃烧技术的汽油机在保证动力性的基础上，同时兼顾了燃油经济性和低排放特性。所以稀薄燃烧已经成为现代汽油机努力发展的新技术。

稀薄燃烧是一个范围很广的概念，只要 $\alpha > 17$，就可以称为稀薄燃烧。汽油机稀薄燃烧包括进气道喷射稀燃系统（PFI，Port Fuel Injection）、直接喷射稀燃系统（GDI，Gasoline Direct Injection）和均质混合气压燃系统（HCCI，Homogenous-Charge Compression Ignition）。

1. 稀薄燃烧的优缺点

（1）稀薄燃烧的优点

稀薄燃烧系统能使有效的燃油发挥出最大的效率，使汽油机燃烧室内的燃烧更加完全，不但大大地降低了汽油机的燃油消耗率，也大大地改善了汽油机的尾气排放。缸内直喷式汽油机（GDI）超稀薄空燃比的利用和工作方式的改变有不少优点，如取消节流降低了泵气损失，燃油蒸发引起了缸内温度的降低，提高了汽油机可工作的压缩比；燃油在进气行程中对进气的冷却，提高了充气效率等。这些优点可以使发动机的燃油经济性提高 25% 左右，动力输出也比进气道喷射的汽油机增加了将近 10%。GDI 发动机除了温室气体 CO_2 排放较少外，由于其冷却启动迅速快捷，很少需要冷启动加浓，因而可以大幅度降低冷启动时未燃碳氢的排放。稀薄燃烧汽油机与传统汽油机性能的比较如图 4-25 所示。

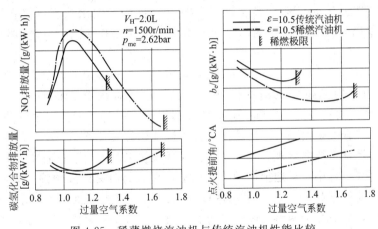

图 4-25 稀薄燃烧汽油机与传统汽油机性能比较

（2）稀薄燃烧的缺点

① 成本高 由于稀薄燃烧系统的结构较为复杂，对喷油系统的要求也相当严格，使喷油系统的结构也较为复杂，由此使制造成本明显增加。

② NO_x 排放量增加 虽然采用了较稀的空燃比，NO_x 因气缸内的反应温度较低而降低，但由于分层混合气由浓到稀将不可避免地出现过量空气系数为 1 附近的偏浓区域，会导致这些地方的 NO_x 生成增加。另外，较高的压缩比和较快的反应放热率也会引起 NO_x 的升高。一般来说，缸内直喷式汽油机在稀空燃比工作条件下造成的富氧气氛使得传统的三元催化转换器的转化效率降低，同时排气温度较低也不利于它的起燃，限制了它在缸内直喷汽油机上的应用。稀燃催化剂的开发将直接影响到 GDI 发动机 NO_x 排放问题的解决。

2. 稀薄燃烧的实现

传统的汽油机在空燃比达到 15，甚至更高以后，就可能出现点火困难或不点火现象，反而使发动机各项性能指标降低、排放恶化。为了实现稀薄燃烧，必须使燃烧室内形成分层气流，使火花塞周围形成较浓的混合气，在远离火花塞处则形成较稀的混合气，为了达到上述要求，不同品牌的车会进行不同方面的改造，三菱公司在 1996 年应用传统涡旋式喷油器和逆向滚流技术，成功地开发了第一套商业用 GDI 系统对传统汽油机进行如下改动：

（1）进气道由传统形状改为螺旋式，在进气口处设置蝶形涡流阀，使气流形成较强的涡流，流动更为合理，有利于火花塞点火及火焰的迅速传播。

（2）采用无级调节气门定时系统 VVT-i，可改变进气门定时角以满足不同工况、不同转速下的进排气效应，从而保证汽油机在各种工况下都能稳定地工作。

（3）加装燃烧压力传感器。汽油机的压缩比在提高到 10 以上时，为了防止汽油机出现爆燃现象，在燃烧室内加装了燃烧压力传感器，使燃烧室内的燃烧状态及时反馈给 ECU，ECU 根据预先设定的数据对喷油及点火进行调整，使汽油机各项性能指标均保持在最佳状态。

（4）采用大口径喷油器，通过提高燃油系统压力，使燃油能在设定时刻准确无误地充分喷入燃烧室内。

（5）氧传感器的重新研究开发。为了保证燃烧的稳定性，稀薄燃烧系统对进气涡流的组织、喷油定时和各工况下的空燃比控制都提出了严格的要求。

目前，安装有三元催化转换器的车用汽油机一般采用氧传感器进行闭环反馈控制，即将发动机的空燃比控制在当量空燃比附近，来保证三元催化转换器的正常工作。而稀薄燃烧要求对各工况下的目标空燃比进行调节，其目标空燃比并不仅仅在当量空燃比附近，因而必须采用测量范围较宽的新型氧传感器，通过 PID 调节来对空燃比进行闭环反馈控制。

（6）日本丰田、三菱、本田，美国福特，德国大众等许多国外汽车公司和研究机构都开发了比较成熟的缸内直喷式汽油机机型和产品。这些缸内直喷机型，除了福特、Fiat、ISUZU 等生产的少数机型仍采用单一的均质预混燃烧模式外，大都根据汽油机的不同工况而采用了不同的混合燃烧模式。广泛使用的是内开式螺旋喷油器，中小负荷区域，通过压缩行程后期喷油和燃烧系统的合理配合，形成分层稀薄快燃的混合气；而在大负荷和全负荷工况下，通过在进气行程中较早地把燃油喷入气缸，在点火时刻形成预混燃烧的均质混合气。也有如丰田、三菱的某些 GDI 机型采用两段喷射技术，即把燃油分 2 次分别在进气和压缩行程中喷入气缸，形成介于两者之间的混合气，可以实现负荷从中小区域向大负荷区的平稳过渡，并可以降低缸内的气体温度，从而抑制了爆燃的发生，增加了功率的输出。

近年来，国外各大汽车厂商都在积极研究开发缸内直喷汽油机技术 GDI。其中日本三菱公司于 1996 年应用传统涡旋式喷油器和逆向滚流技术，成功地开发了第一套商业用 GDI 系统；德国大众于 2000 年向市场投放了（FSI Fuel Stratified Injection）型缸内直喷汽油机；2001 年标致雪铁龙开发了 Hpi 缸内喷射系统，丰田公司推出 D-4 型直喷式火花点火发动机。相比而言，国内对汽油机缸内直接喷射技术的研究起步晚，目前还存在较大的差距。

4.5.2　进气道喷射稀燃系统（PFI）

普通汽油机工作时保证可靠点火所对应的空燃比为 10～20，与此相比，稀燃汽油机的空燃比要大得多。为了保证可靠点火，点燃式稀燃汽油机在点火瞬间火花塞周围必须形成易于点燃的空燃比为 12.0～13.5 的混合气。这就要求混合气在气缸内非均质分布。而要实现混合气的非均质分布，必须使混合气在气缸内分层。

混合气分层主要依靠气流的运动结合适时的喷油实现。进气道喷射稀燃系统根据进气流在气缸内的流动形式不同，可分为涡流分层和滚流分层两种。

1. 涡流分层稀燃系统

这种燃烧方式一般是通过对进气系统的合理配置，使缸内产生强烈的涡流运动。该涡流的轴线与气缸中心线大体一致，形成沿气缸轴线的涡流运动，也称为轴向分层燃烧系统，其工作原理如图 4-26 所示。

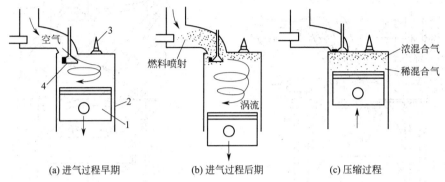

图 4-26　涡流分层稀燃系统工作原理
1—活塞；2—气缸体；3—火花塞；4—进气门

在进气冲程初期，随着活塞向下运动，缸内形成较强的涡流。通过控制喷油时刻使喷油器在进气后期喷油，进入气缸的燃油大部分就保持在气缸的上部，气缸内的强涡流起到维持混合气分层的作用，气缸内将形成上浓下稀的分层效果，火花塞周围有较浓的混合气。这样形成的涡流在压缩后期虽然随着活塞的上行逐渐衰减，但涡流的分层效果仍可大体一直保持到压缩上止点，有利于点火燃烧。不难看出，在这种燃烧系统中影响稀燃效果的主要因素是缸内涡流的强度和喷油定时。一般说来，涡流越强，缸内混合气上下混合的趋势就越弱，分层效果保持得就越好。喷油定时和喷油速率决定了缸内混合气在流场中的空间分布以及浓度梯度。稀燃极限与喷油定时关系很大，只有在进气行程的某一区间内结束喷油，才能得到理想的混合气分层。

当前的稀燃汽油机普遍采用多进气门结构，在空气运动方面，即使以涡流为主的稀燃发动机也不采用单纯的涡流运动，而是在中高负荷时采用涡流，在低负荷时采用涡流控制阀等可变进气技术在缸内形成斜轴涡流。这种稀燃发动机的代表是丰田公司的进气道喷射第三代稀燃系统、本田公司的 VTCE-E 以及马自达公司的稀燃系统。丰田第三代稀燃系统和马自达稀燃系统的共同特点是都采用涡流控制阀（SCV）来调节涡流的强度，采用 1 个直气道和 1 个螺旋气道组织空气运动。在低负荷时，SCV 阀关闭获得强的涡流；在高负荷时，SCV 阀打开获得斜轴涡流，促进燃油与空气的混合。

（1）CVCC（compound vortex controlled combustion）燃烧系统

由本田公司提出的 CVCC 燃烧系统如图 4-27 所示。它实际上是一种分区燃烧方式，有主、副两个燃烧室。当工作时，向主燃烧室供给较稀混合气，而向副燃烧室供给少量浓混合气，而在压缩过程中，副燃烧室内形成的是易于着火的混合气。火花塞首先点燃副燃烧室中的混合气，再由副燃烧室喷出的火焰点燃主室的稀混合气。

CVCC 燃烧系统主燃烧室不组织涡流，加上主、副燃烧室之间的火焰孔面积较大，不可能引起强烈的燃烧紊流，因此燃烧速度低，过后燃烧严重，而且 CVCC 燃烧系统的 NO_x 排放量仅为一般汽油机的 1/3。同时由于富氧和燃烧较慢的原因，排气温度高且处于氧化性气氛，加之装有热反应器，因而使排气中的碳氢化合物和 CO 进一步氧化。

（2）丰田 TGP 燃烧系统

丰田 TGP 燃烧系统也称为紊流发生罐（TGP，turbulence generating pot）燃烧系统，因其预燃室的作用相当于紊流发生罐而得名，如图 4-28 所示。

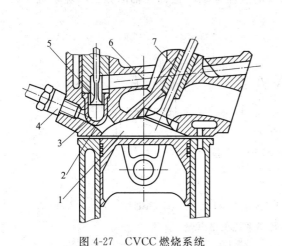

图 4-27　CVCC 燃烧系统

1—主燃烧室；2—火焰通道；3—副燃烧室；4—火花塞；

5—辅助进气门；6—副进气道；7—主进气门

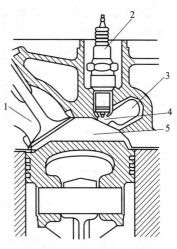

图 4-28　TGP 燃烧系统

1—进气门；2—火花塞；3—紊流发生器；

4—孔道；5—主燃烧室

在 TGP 燃烧室中的预燃室，其容积与主燃烧室容积之比小于 20%，火花塞位于通道中。在压缩过程中，新鲜混合气进入预燃室，产生适当的涡流，并对火花塞间隙进行扫气，促进着火。火焰中心进入预燃室，引起迅速燃烧，结果形成火焰束喷入主燃烧室，使主燃烧室气体产生强烈紊流，促进了主燃烧室燃烧。TGP 燃烧室与传统燃烧室放热率、NO_x 的比排放量的比较分别如图 4-29 和图 4-30 所示。

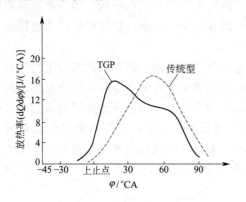

图 4-29　TGP 燃烧室与传统燃烧室放热率比较

（$n=2000r/min$，$\alpha=15$，排量：四缸，2L）

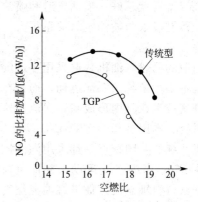

图 4-30　TGP 燃烧室与传统燃烧室 NO_x

的比排放量比较

（$n=2400r/min$，$\alpha=15$，排量：四缸，2L）

（3）射流式燃烧系统

天津大学刘友钧在 20 世纪 80 年代提出并建立了汽油机射流式燃烧理论，其射流燃烧室示意图如图 4-31 所示。在 492 汽油机上应用时，发动机压缩比达到 11 以上，燃油经济性大幅度改善。最低比油耗堪比分隔式燃烧室的柴油机。根据该理论，活塞上行时产生的挤流经射流孔直抵火花塞附近，可在该处形成微涡流，能提高点火率。火花跳火后，点着的混合气形成火焰，通过射流孔将远端可燃混合气点燃，从而实现快速燃烧。

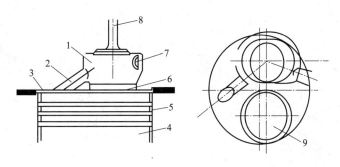

图 4-31　射流式燃烧室示意

1—燃烧室；2—射流孔；3—主室；4—活塞；5—气缸；6—主通道；7—火花塞；8—排气门；9—进气门

2. 滚流分层稀燃系统

滚流是指气流的旋转中心线与气缸的轴线垂直。滚流分层多用于进气道对称布置的多气门发动机，尤其是蓬顶形燃烧室、对称进气的 4 气门发动机。通过合理配置进气系统，可以促使滚流运动的形成。当进气门升程较小时，进气流在缸内的流动紊乱，有规律的流动不明显。此时存在两个旋转轴相互平行而垂直于气缸轴线的涡流团，一个在进气门下方靠近进气道一侧，另一个在进气道对侧，大致位于排气门下方，此为非滚流期。当气门升程加大时，位于进气道对侧的涡流团突然加强，进而占据整个燃烧室，与此同时另一个涡流团逐渐消失，此为滚流产生期。随着气门升程的加大和活塞下移，滚流不断加强。在进气行程下止点附近滚流达到最强，此为滚流发展期。压缩行程属滚流的持续期。在压缩行程后期，由于燃烧室空间扁平，不适于滚流发展而遭破坏。在上止点附近，滚流几乎被压碎而成为小尺度的湍流，此为破碎期。滚流的生命周期短，点火后将很快在燃烧过程中消失。正是由于滚流在上止点附近破碎为湍流，将进气流动的动能转化为湍动能，才有利于发动机性能的提高。

（1）三菱滚流（纵涡）分层稀燃系统

如图 4-32 所示为三菱公司在 1991 年开发成功的纵涡分层稀燃系统（MVV, mitsubishi vertical vortex）。在进气道中设置两块薄的垂直隔板，使进气在气缸内形成三股独立的滚流，外层的两股涡流仅由空气组成，中间的一股是浓的混合气，这样强的空气和燃料线型气流，大大抑制了水平涡流的形成，同时防止它们彼此混合，使燃料和空气在压缩过程维持分层，保证在火花塞附近形成浓混合气，并向缸壁逐渐稀化。

（2）四气门分层稀燃系统

AVL 公司在 1990 年提出的四气门高压缩快速燃烧系统（HCFB, high compression fast bum）如图 4-33 所示。在进气系统中有一个切向进气道 1 和一个中性进气道 2 分别独立地通往各自的进气门。切向进气道产生绕气缸中心线旋转的进气涡流；同时，中性进气道末端与气缸中心线的夹角较小而产生向下的气流，该气流与活塞运动相配合，产生一种其旋转轴线平行于曲轴中心线的滚流。安置在中性进气道中的涡流控制阀 3 控制着两个进气道中的流量比，进而决定缸内充量运动的涡流比。涡流控制阀下游的进气道上开有一个"窗口"，双束喷油器 4 通过这个"窗口"将两支油束分别喷入两个进气道。两支油束的燃油流量相等，持续时间相同。当涡流控制阀 3 不是完全开启时，中性进气道的混合气较浓，切向进气道的混合气较稀，造成分层充气。如果配以恰当的燃烧室形状，便能使上述充气的分层保持到点火时刻。涡流控制阀的开度由 ECU 根据发动机负荷和转速确定。

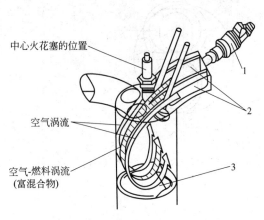

中心火花塞的位置
空气涡流
空气-燃料涡流
（富混合物）

图 4-32　三菱滚流分层稀燃系统
1—燃料喷射器；2—进气口隔板；
3—翻滚控制活塞

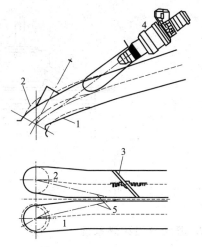

图 4-33　AVL 四气门高压缩快速燃烧系统
1—切向进气道；2—中性进气道；3—涡流控制阀；
4—双油束喷油器；5—双油束

4.5.3　直接喷射稀燃系统（GDI）

进气道喷射稀燃系统是利用特殊复杂的进气系统，控制进入气缸内气流运动来实现分层稀薄燃烧，发动机转速、负荷等工况的变化对其分层稀燃效果影响较大，如不采用助燃方法组织稀燃时，其空燃比较难提高。而缸内直接喷射稀燃系统就可克服这个缺点，与缸外进气道喷射稀燃汽油机相比，缸内喷射稀燃汽油机具有泵气损失小、传热损失小、充气效率高、抗爆性好及动态响应快等特点。缸内直喷式汽油机一般可在 $25 \leqslant \alpha \leqslant 50$ 范围内稳定工作，从而燃油耗率得到进一步改善。

缸内直喷发动机混合气的模式有分层混合气、均质稀混合气、均质混合气三种，在不同的工况采用不同的模式。

1. 分层燃烧与缸内直喷

采用缸内直喷技术，通过燃油喷射系统的控制，能在发动机转速、负荷等工况变化的条件下，较为容易实现分层燃烧技术，达到降低油耗和排放的目的。汽油分层燃烧是实现稀薄燃烧的手段，而缸内直喷技术正是实现这一手段较为有效的一种特殊技术。

进气道喷射稀燃系统主要是采用特殊的进气系统结构，形成强大的下沉气流，再配以独特弯曲顶面活塞，在气缸内形成纵向涡旋转流，利用高压旋转喷油器，在压缩过程后期喷射燃料形成浓密的喷雾，喷雾在弯曲顶面活塞的顶面空间中不是扩散而是气化。这种混合气被纵向涡旋转流带到火花塞附近，在火花塞四周形成较浓的层状混合状态。这种混合状态虽从燃烧室整体来看十分稀薄，但由于呈现从浓厚到稀薄的层状分布，因此能保证点火并实现稳定燃烧。但是这种分层方式需要设计较好的活塞顶面，从而引导气流运动。

缸内喷射技术主要通过采用燃油喷射器二次喷施的技术，进气冲程中随着活塞下行，燃油喷射器第一次喷射出少量燃油，使燃油随着活塞的运动在汽缸中形成均匀的稀混合气。在压缩冲程中当活塞快上行至上止点时，燃油喷射器第二次喷油，这时使火花塞附近形成较浓混合气，此时火花塞跳火点燃其附近的浓混合气，火面逐步向外扩散点燃稀混合气，从而实现分层燃烧。

2. GDI 与 FSI 的区别

目前的缸内直喷发动机主要分为两大阵营，一个是三菱的 GDI，一个是大众的 FSI。三菱的 GDI 是最早的缸内直喷汽油发动机。其实无论是 GDI 还是 FSI，或者其他的缸内直喷稀薄燃烧发动机，它们的设计理念都是想借鉴柴油发动机节油的先天优势，来实现对汽油发动机的优化，所以它们在结构上有一定的相似性。柴油机是缸内喷射，这些发动机也是，柴油机的压缩比很高，这些发动机的压缩比也相对较高，一般都在 12∶1 左右，但是，在这种压缩比下，还是不可能实现压燃，而且汽油这种燃料的稳定性要比柴油差很远，注定不能压燃，还是要依靠火花塞来点燃。所以稀薄燃烧技术就成为了这类直喷发动机的独门秘方，以提高燃烧效率来实现节油环保的目的。

三菱的 GDI 采用的是真正的直接喷射，设计师将喷油器布置在气缸顶部离火花塞和进气门都很近的地方，在发动机进气行程中，它也会喷油，但喷油量非常少，在活塞向下运动到底部并向上压缩时，气缸内的空气已经得到完全混合，这就如同缸外喷射的道理一样。但这时的混合气是不能被点燃的，因为浓度实在是太低了，预先达到这种浓度，只是为第二次喷油，点燃缸内气体并充分燃烧做准备。当活塞即将达到上顶点，喷油器开始第二次喷油，因为喷出的燃油是漏斗形，越是靠近喷油器的地方，浓度就越高，而火花塞离喷油器很近，显然，此时在火花塞附近的燃油浓度是很高的，比其他部位的混合气要高，从而实现了不同区域出现不同混合气，也就是所谓分层。由于火花塞附近的混合气较浓，很容易被点燃，这部分点燃的气体会继续引燃剩余的混合气，从而达到分层点火燃烧的目的。

大众的 FSI 喷油是间接式的。它把喷油器安放在进气门附近，同样是两次喷油，但喷油对象是对准活塞，而且在活塞上有个 U 形槽，燃油喷射出来后，会随着凹槽转变方向，目的地也是火花塞附近。因此也会在火花塞附近形成较浓的混合气，达到燃油分层的目的。大众 FSI 的目的似乎很单纯，就是想要节油，活塞上的 U 形槽有助于产生更多的缸内涡流，使混合更充分。其实 FSI 中的很多部件都是科技含量很高的，像油泵、喷油器、活塞等，没有过硬的技术，分层燃烧是不可能实现的。

3. 缸内直喷发动机的优缺点

（1）缸内直喷发动机的优点

由于燃油被精确地喷射到气缸燃烧室内，因此具有节省燃油、减少废气排放、提升动力性能、减少发动机振动、提升喷油的准确度、延长发动机寿命等优点。

① 节省燃油　缸内直喷技术可以大大提升燃油与空气混合的雾化程度与混合的效率，达到节约燃油的目的。采用缸内直喷技术的车型，油耗水平较其他车型可下降 3% 以上。允许采用较迟的点火时间，进而可进一步推迟喷油时间，有利于油气在高温下的快速蒸发和分层。晚喷方式喷油定时的设计原则是使喷油结束到点火之间的时间间隔尽可能短，以避免燃油蒸气的过度扩散，维持分层的稳定性。但时间过短会造成燃油颗粒不能较好地雾化蒸发，导致发动机不能可靠地点火。

为此，喷油时间和点火正时都需要随着工况改变而进行优化。在某些过渡工况进行两段喷射被实验证明是保证平稳过渡的有效方法，如丰田第一代 D-4 GDI 机型，在从中负荷向大负荷的过渡时采用了两段喷射技术，把燃油分两次分别在进气和压缩行程中喷入气缸。在全负荷下采用两段喷射技术，把燃油分两次分别在进气和压缩行程中喷入气缸，第一次喷入的燃油蒸发可以提高发动机的充气系数，第二次蒸发的燃油可以降低压缩终了的气体温度，进而抑制了爆燃的发生，可增加功率 $2\% \sim 3\%$。

三菱公司开发的 4G15 型缸内直喷汽油机在冷启动时采用在做功行程后期补充喷油的方法，可以使催化器快速起燃，以降低碳氢化合物和 NO_x 排放。

② 减少废气排放　缸内直喷发动机的高压燃油泵能提供高达 12MPa 的压力，确保燃料充分燃烧，最大限度地减少废气中的有害杂物。冷启动时的碳氢化合物降低，温室效应气体 CO_2 减少，稀薄燃烧使发动机排出的 NO_x 降低，并且允许采用更高的废气再循环率来降低 NO_x 排放。

③ 提升动力性能　由于燃料的混合更充分，燃烧更彻底，也带来了燃料转化为动能的效率提升，进而直接推动了发动机动力性能的增加，同排量下，最大功率可提高 15%。

④ 减少发动机振动　由于缸内直喷技术允许更高的压缩比，缸内爆燃情况大大减少，因此对降低发动机低速情况下的振动也有明显的效果。

⑤ 提升喷油的准确度　缸内直喷技术的关键就是电子控制系统的精确控制。由于电子控制系统会感知发动机缸内的实际工作情况，并会在瞬间完成对喷油量、喷油时间和压力的微调，因此可以保障发动机始终处于精确的喷油状态。

⑥ 发动机更耐用　新技术不但可提升效率，减少排放，更对发动机寿命的延长起到了积极的作用。燃油直接喷射于气缸内并迅速转化为能量，大大降低了传统发动机燃油依附于进气歧管而带来的损害。

⑦ 改善各缸工作不均匀性　由于燃油直接喷入气缸，可以对各缸的空燃比进行精确并相对独立的控制。

⑧ 良好的瞬态响应　GDI 方式没有 PFI 方式所形成的壁面油膜，因此燃油计量精确，加速响应快，减速断油及时，冷启动迅速，冷启动加浓要求低。

（2）缸内直喷发动机的缺点

缸内直喷发动机具有柴油机的经济性并保持了汽油机的特点，相对于技术成熟的 PFI 发动机具有显著优点，但是排放、燃烧稳定性等方面的问题限制了其普遍应用，目前，缸内直喷技术完全替代 PFI 技术仍然存在一些技术挑战。

① 排放控制　分层混合气浓度非均匀分布，使得某些区域存在较浓的混合气，在这些区域中局部燃烧温度仍然较高，导致 NO_x 排放较多，然而总体混合气较稀不能有效利用三元催化转化器；分层混合气外边界较稀的部分易发生火焰熄灭现象，同时缸内喷油湿壁现象会使活塞顶部和气缸壁混合气过浓的区域燃烧不好，使得小负荷时碳氢化合物排放相对较高；分层燃烧工况由于混合气浓度分布不均匀，使得 GDI 发动机增加了微粒排放。

② 稳定燃烧控制　GDI 发动机分层充气稀薄燃烧区域的稳定燃烧控制难度较大，部分负荷分层稀薄燃烧和大负荷均质燃烧模式转变时的控制也非常复杂。为了降低 NO_x 排放，GDI 发动机采用较高的废气再循环率，且喷油器上的沉积物增加，这些都增加了稳定燃烧控制的难度。

③ 燃油经济性　燃油缸内直喷需要较高的供油压力，提高喷油压力和燃油泵回流增加了发动机机械损失，喷油器、燃油泵驱动额外增加了电能消耗，三元催化转化器快速起燃和再生补偿也增加了燃油消耗。

④ 性能和可靠性　相对 PFI 发动机，GDI 发动机喷油器沉积物和积炭增多，并且由于提高了系统压力，就降低了燃油的润滑性，增加了供油系统的磨损；由于使用较稀的混合气，也使得缸套的磨损增加，进气门和燃烧室的沉积物也增加。

⑤ 控制复杂性　GDI 发动机从冷启动到全负荷各种工况需要复杂的供油和燃烧控制，并需要复杂的排放控制系统和控制策略，同时也增加了系统优化的标定参数。GDI 发动机要求复杂的供油系统硬件，需要高压燃油泵和更复杂的控制系统，由于三元催化转化器在 GDI 发动机上不能有效地得到使用，因此目前 GDI 发动机面临的重要问题就是 NO_x 的排放控制。虽然 GDI 发动机稀薄燃烧能够降低 NO_x 的排放，但是达不到三元催化转化器降低 NO_x 排放 90％ 的水平。近年来，世界范围内正在开发稀薄燃烧催化器，但目前在整个发动机工作区域的 NO_x 转化效率仍低于三元催化转化器，小负荷时碳氢化合物排放增加的问题也仍待解决。

4. 缸内直喷发动工作特点

缸内直喷发动机工作原理如图 4-34 所示。相比于常规发动机工作情况，其具有如下特点：

(1) 气缸内涡流的运动

在进气过程中，通过直立式进气管，在气缸吸力的作用下，产生强大的下降气流，使充气效率得到提高。又在顶面弯曲活塞的作用下，形成比传统汽油机更强大的滚动涡流，这个滚动涡流将压缩后期喷射出的旋转油雾，带到燃烧室中央的火花塞附近，然后及时点火燃烧。

(2) 高压旋转油雾的产生

高压旋流喷油器，在压缩行程的后期（此时气缸内压力为 0.8～1.5MPa），以 5～5.5MPa 的高压喷射出旋转的油雾，卷入滚动涡流中，迅速吸热气化，以层状混合状态

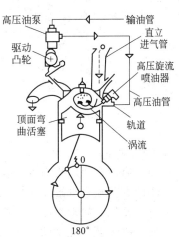

图 4-34　缸内直喷发动机
工作原理图

被卷到火花塞附近。此时，火花塞附近为高浓度混合气，极易点燃，气缸内的燃气呈"稀包浓"状态（O_2 分子包围碳氢化合物分子），形成一个绝热层，提高了热效率，使功率提高，油耗降低。

(3) 高速强燃烧涡流的产生

"稀包浓"的强燃烧涡流，因未燃物和已燃物温度、密度和离心力的差异，在旋转中会逐层地换位和剥离（未燃物温度低、密度大和离心力大，向外移动；已燃物温度高、密度小和离心力小，向内移动），并从内向外稳定地、彻底地分层燃烧，如图 4-35 所示。"稀包浓"状态的燃气涡流，与气缸壁间产生绝热层，从而提高了热效率。因高压缩比和高速强涡流及涡流分层高效率燃烧的结果，即进气涡流、压缩涡流、燃烧涡流如图 4-36 所示的综合效果，与传统的电喷汽油机相比，输出功率和输出转矩提高了 10％。超稀薄的混合气空燃比可达

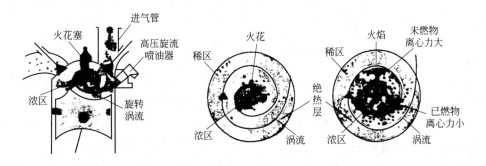

图 4-35　分层燃烧过程

30～40，与传统的汽油机相比，因燃烧过程和燃烧温度控制的合理，节油率可达 40％，还可使排气中的 CO、碳氢化合物、NO_x 等有害物质大幅度降低。

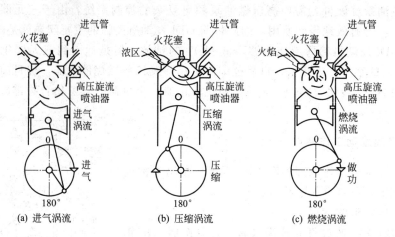

图 4-36　三种涡流的产生

（4）启动性能的提高

燃油直接喷入气缸，无燃油的黏结损耗，又因火花塞处为高浓度混合气，与传统的均质混合方式相比，启动性能得到提高，发动机在 1～2 个循环内即可启动运转。而传统的均质混合发动机需要十几个循环才能启动运转。

（5）中小负荷工况时的喷油特点

由于轿车在市内行驶占有的时间为 75％～85％，且发动机多在中、小负荷工况下工作，应在压缩行程后期喷油，以超稀薄混合气成分为主，为分层燃烧的混合气。

图 4-37　两次喷油方式

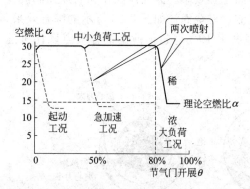

图 4-38　空燃比的变化

（6）大负荷工况时的喷油特点

为了获得大负荷工况时的功率值（包括其他工况），应加浓可燃混合气，以动力性为主，采用两次喷油方式，如图 4-37 所示。第 1 次是在进气行程，喷入适量燃油形成均质燃烧混合气，此时，还可利用燃油的气化吸热，来降低进气温度，提高充气效率。第 2 次是压缩行程的后期喷油，形成浓稀不均的层状混合气，再点火燃烧。因此，在大负荷工况时，一个工作循环中，喷油器发生两次脉冲信号，脉冲宽度各不相同。应该说明：两次喷油的功能，也会在启动工况、急加速工况时出现，用来调节空燃比的大小，改善使用性能，如图 4-38 所示。

（7）高压缩比的实现

要提高汽油机的功率输出，一是加大进气量，二是提高压缩比，三是控制燃烧过程。传统的电控喷射系统，因受燃油质量的制约，压缩比已难突破 10：1 的大关，且还需要使用 97 号汽油。而缸内直喷式汽油机却能突破这个界限值，使压缩比提高到 12～13，对汽油的辛烷值无过高要求。其原因如下：

① 因吸入气缸内的空气量大幅度增加，进气冷却效果较好，所以对爆燃的抑制作用加大；

② 因直接喷入气缸内的超稀薄混合气燃料的气化热可降低气体温度和增大空气密度，所以不易产生爆燃；

③ 因缸内直喷本来就具有不易产生爆燃的特性，又在压缩行程后期喷油，燃油在燃烧室内滞留时间极短，使大幅度提高压缩比（12～13）成为可能。

（8）缸内直喷发动机的控制

① 按工况模式控制　现代 GDI 通常是根据大、小负荷区域不同的要求，采用不同的混合燃烧模式来改善其燃油经济性的。在中小负荷区域，要求有良好的燃油经济性，通常采用压缩行程中喷油实行分层燃烧的控制模式；在高负荷区域，要求提高发动机转矩和功率，故采用均质燃烧的控制模式。

② 按喷油定时控制　喷油定时决定了混合气的均质程度，也就决定了是均质模式还是分层燃烧模式。GDI 可根据不同的工况区域来确定不同的混合气生成方式，而不同的混合气生成方式对油束的要求也不相同。故此时应将喷油推迟到压缩行程的后期进行（但必须在喷油和点火之间留下足够的间隔时间，以便实现混合气的分层）。当发动机处于高负荷工况时，采用的是变量调节和均质充量，此时应尽可能减少油束沾湿活塞和气缸壁面的情况发生，否则会导致碳氢化合物排放增加，并且活塞壁面会向燃油提供气化热，从而丧失利用气化热冷却缸内充量以提高容积效率的机会。故此时应将喷油时刻提早到吸气行程的前期。

5. 几种典型缸内直喷发动机稀燃系统

（1）大众 FSI 缸内直喷稀燃系统

大众公司的燃油分层直接喷射（FSI，Fuel Stratified Injection）发动机在 2000 年开始应用在批量生产的车型上，先后搭载在大众高尔夫、路波、宝来、波罗、帕萨特、奥迪等不同型号的车型上。FSI 发动机有分层充气、均质稀混合气、均质混合气三种混合气工作模式，如图 4-39 所示，发动机在不同的混合气条件下都可以得到较好的发动机性能。FSI 发动机是将燃油直接喷入燃烧室，达到发动机需要的混合气浓度，以增加发动机的扭矩和功率，同时也提高了燃油经济性、降低油耗。但是 FSI 技术对于燃油的品质要求比较高。

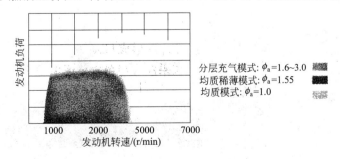

分层充气模式：$\phi_a=1.6～3.0$
均质稀薄模式：$\phi_a=1.55$
均质模式：$\phi_a=1.0$

图 4-39　三种工作模式

① 分层充气模式

a. 进气过程。如图 4-40 所示，在分层充气模式时，节气门打开，以减少节流损失。进气歧管翻转阀工作，封住各进气歧管的下进气道，使空气运动加速，此时气缸处于进气行程。

b. 压缩过程。如图 4-41 所示，在压缩过程中，被吸进来的空气在活塞顶部的特殊形状的作用下，产生了强烈的涡流运动，加速了气体的运动。

c. 喷油过程。如图 4-42 所示，当活塞处于压缩行程，喷油开始于约上止点前 60℃CA（曲轴转角）时，于约上止点前 45℃CA 处结束喷油，喷油器喷射的燃油被喷射到活塞的凹坑内。

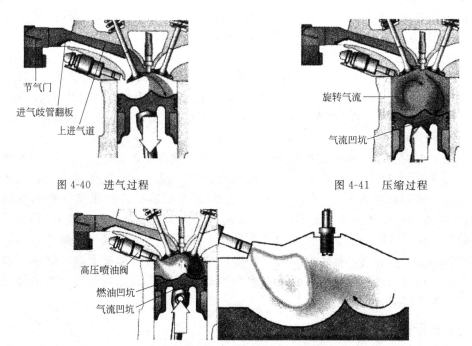

图 4-40　进气过程　　　　　　　　　　　图 4-41　压缩过程

图 4-42　喷油过程

喷油时刻对混合气的形成有很大影响。在到达点火时间之前的很短时间里，喷油器以 5～10MPa 的压力向火花塞附近喷射燃油，燃油喷射角非常小（平），燃油雾气不与活塞顶部接触。

d. 混合气形成过程。如图 4-43 所示，混合气形成只发生在 40°～50℃A 之间，如果曲轴转角小于这个范围，则无法点燃混合气；如果曲轴转角大于这个范围，则混合气就变成均质充气了，过量空气系数为 1.6～3。

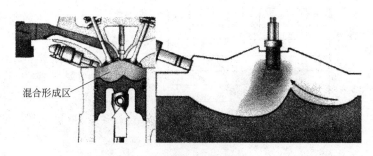

图 4-43　混合气形成过程

  e. 燃烧做功过程。如图 4-44 所示，当混合气形成分层时，即火花塞处混合气较浓，远离火花塞处混合气较稀，火花塞点火，使混合好的气雾点燃做功。混合好的气雾周围的气体起到隔离作用，气缸壁热损耗小，发动机热效率提高。节气门不能完全打开，因为总是得保持一定的真空（用于活性炭罐装置和废气再循环装置）。发动机产生的转矩可以通过喷油量来调节，进气量和点火角度对于转矩影响很小。

  ② 均质稀混合气模式

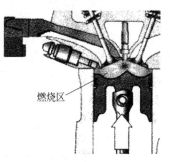

图 4-44　燃烧做功过程
（分层充气模式）

  a. 进气过程。均质稀混合气模式的进气过程与分层充模式相似，此时，节气门打开，进气歧管翻转关闭各进气歧管的下进气道，使空气加速运动，并呈旋转状进入气缸，如图 4-45 所示。

  b. 喷油过程。均质稀混合气模式的喷油始点是在进气行程进行的，喷油在点火上止点前 300℃A 时喷入（吸气行程），且控制过量空气系数为 1.55，如图 4-46 所示。

  c. 混合气形成。均质稀混合气模式的混合气形成有足够的时间，且混合均匀，易形成较稀的均质混合气，如图 4-47 所示。

  d. 点燃做功过程。对于均质稀混合气模式，点火时刻有较大的范围进行优化控制，可自由选择，燃烧发生在整个燃烧室内，如图 4-48 所示。

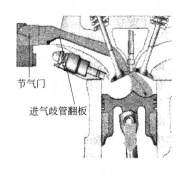

图 4-45　进气过程（均质稀混合气模式）

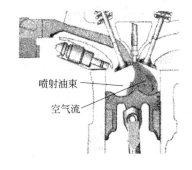

图 4-46　吸气过程

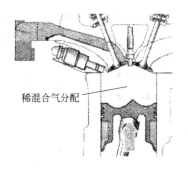

图 4-47　形成较稀的均质混合气

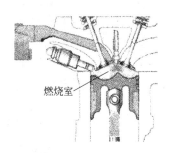

图 4-48　燃烧做功（均质稀混合气模式）

  ③ 均质混合气模式

  a. 进气过程。在均质混合气模式，节气门的开度是按加速踏板位置传感器的信号来控制的。进气歧管翻转阀是根据发动机的负载和转速来控制的，可打开、关闭、部分关闭进气歧管的下进气道，如图 4-49 所示。

  b. 喷油过程。均质混合气模式的喷油时刻与均质稀混合气模式相同，即在点火上止点前 300℃ A 时喷入燃油，如图 4-50 所示，但此模式的过量空气系数为 1。

　　c. 混合气形成。均质混合气模式的混合气形成时间也较长，使混合气能充分混合，从而形成均质混合气，如图 4-51 所示。

　　d. 点燃做功过程。对于均质混合气模式，点火时刻也有较大的范围，根据发动机的负荷、转速以及其他传感器信号来进行精确控制，如图 4-52 所示。

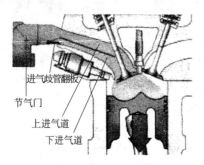

图 4-49　进气过程（均质混合气模式）

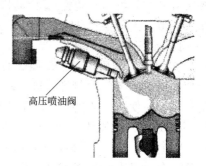

图 4-50　喷油过程

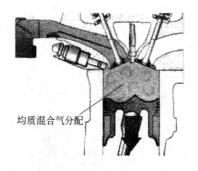

图 4-51　形成均质混合气

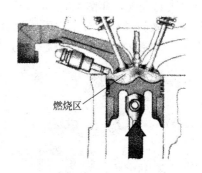

图 4-52　燃烧做功过程（均质混合气模式）

（2）三菱 GDI 缸内直喷稀燃系统

三菱汽车公司经过 10 年的潜心研究，开发出了以 GDI 作为注册商标的 4G93 型 GDI 直喷式汽油机，并于 1996 年 8 月开始批量生产。这是世界上第一款量产的现代缸内直喷式汽油机，首先搭载于 Galant 轿车和 Legnum 旅行车上，曾在 1997 年北京国际汽车、摩托车及工艺装备展览会上展出过。三菱 GDI 直喷式汽油机的问世在当时引起了世界汽车工业界的高度关注，被认为对未来汽油机技术的发展与变革具有划时代意义，开创了汽油机节能减排的新篇章。

　　① 混合气形成和燃烧控制策略　三菱 4G93 型 GDI 直喷式汽油机是以批量生产的 4G93 型进气道喷射汽油机为基础开发而成的，如图 4-53 所示。

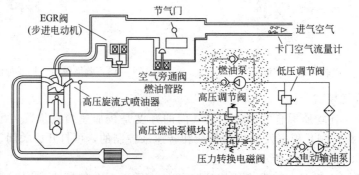

图 4-53　三菱 GDI 直喷发动机结构示意图

三菱 GDI 直喷式汽油机为了在部分负荷时能获得比柴油机更好的燃油经济性，而在高负荷时又能达到比传统多点进气道喷射汽油机更好的动力性能，在混合气形成和燃烧过程组织方面采用了如下的控制策略，见表 4-1。

表 4-1　GDI 直喷发动机混合气形成控制策略

特　点	低油耗	高功率
负荷区域	部分负荷	高负荷（＞50％负荷）
喷油定时	压缩行程	进气行程
油束特性及混合气形成	紧凑油束，燃烧室壁面导向火花塞周围分层混合气	扩散油束，不湿壁面均匀扩散混合气
性能	以超稀薄分层燃烧（空燃比 30～40）降低油耗 35％	利用燃油气化冷却进气空气的效果提高充气效率达到高性能化（空燃比 13～35），功率和转矩提高 10％

a. 部分负荷工作特点。在部分负荷时采用在压缩行程后期的晚喷油模式，以获得稳定而明显分层的充量，实现超稀薄混合气（空燃比 30～40）分层燃烧，可显著地降低燃油耗。在空燃比超过 30 的情况下，燃油经济性的改善效果与空燃比的关系并不明显，因此空燃比被控制在 30～40 范围内，完全能够达到足够的节油效果。

三菱 GDI 直喷式汽油机首次采用喷油器与火花塞远距离布置形式，如图 4-54 所示，燃油喷束不是紧靠着而是远离火花塞，向活塞顶面喷射，并在撞击到活塞顶球形燃烧室凹坑后在滚流的带动下再转向火花塞，使得喷油终了与火花塞点火之间的时间间隔较长，足以促进燃油的蒸发，并实现与周围空气的有效混合，因此早期直喷式汽油机因液体燃油或火花塞周围过浓混合气所引起的那些问题得以解决。活塞顶部独特的凹坑使油束或气态混合气在撞击到壁面上发生了转向，有助于可燃油气的混合，这种方法与用涡流控制油气混合的方法不同，这种方法几乎不受发动机转速的影响，这就保证了在宽广的转速范围内都能获得满足工况要求的油气混合。

b. 高负荷（＞50％负荷）工作特点。当负荷超过 50％时，即使在无节流运行的情况下，分层燃烧也会像柴油机燃烧一样生成碳烟，因此这时就应及时地转换到

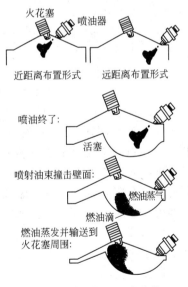

图 4-54　三菱 GDI 喷油器
与火花塞位置布置

早喷油模式，形成预混合理论空燃比均质混合气，这样就能获得与进气道喷射一样的燃烧特性，即高动力性能，无碳烟，并能通过传统的三元催化转化器充分地降低 NO_x 排放。

在该区域的绝大多数负荷下，发动机均以理论空燃比均质混合气运行，但在全负荷时则

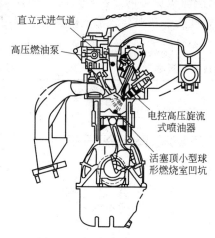

图 4-55 三菱 GDI 主要技术

以略浓的均质混合气运行,以充分发挥汽油机高升功率的优势;而在这个区域的低负荷区段,为了进一步改善燃油经济性,发动机以空燃比为 20～25 的稀均质混合气运行。

② 三菱 GDI 采用的主要技术 三菱 GDI 直喷式汽油机为了有效而稳定地实现上述混合气形成和燃烧过程的控制策略,采用了直立式进气道,可产生强烈的反向滚流,即旋转方向与传统的卧式(水平)进气道产生的滚流方向相反的滚流,这对分层充量燃烧的稳定性起着重要作用。在活塞顶部加工出小型球形燃烧室凹坑,有助于混合气形成。采用高压燃油泵和电控旋流式电磁喷油器,抑制了油束的贯穿度,并能对油束的扩散度可以按工况需求进行可控,提高了燃油的雾化特性。三菱 GDI 采用的主要技术,如图 4-55 所示,其他主要技术见表 4-2。

表 4-2　三菱 GDI 直喷发动机主要技术

主要技术			目　标	方　法
空气流动	反向滚流		①将燃油蒸气输送到火花塞 ②高的气道流量系数	采用直立式进气道产生反向滚流,提高气体动力学效率
喷油	①较低的喷油压力 ②发动机直接驱动燃油泵		①较低的泵损失 ②较低的驱动耗能	①旋流式喷油器 ②启动电动输油泵
负荷	较高负荷	①均质混合气(早喷油) ②不润湿缸壁 ③充量空气冷却	①减少化学计量比 ②抑制爆燃 ③较高的充气系数	①抑制油束贯穿度 ②油束广泛扩散 ③增强反向滚流
	部分负荷	①充量空气(晚喷射) ②增强蒸发	①稳定的稀燃 ②高负荷的较低的碳烟排放	
点火	确认可靠性的传统点火系统			
排放	高 EGR 率		降低分层空气量的 NO_x	电控 EGR 阀 电控空气控制阀
进气	快速而精确的空气控制		①平稳运行 ②宽广的 EGR 区域	

(3) 凯迪拉克 CTS 缸内直喷发动机

全新凯迪拉克 CTS 搭载的 3.6L SIDI(spark ignition direct injection,点燃式缸内直喷技术)全铝双模智能直喷发动机,汇集了德国、美国、瑞典和澳洲最精湛的技艺和创造力倾力打造而成,在全球各种路况进行实地测试和精细调校,性能表现得到了充分的验证。

SIDI 系统将汽油直接喷入发动机缸内,与空气混合,然后由火花塞点燃混合气,这种喷射方式可以使用更稀的空燃比和更高的压缩比(11.3),从而提高了燃油经济性,使得发动机的功率高且排放低(尤其在冷启动时)。SIDI 系统由低压燃油系统和高压燃油系统组成,低压燃油系统与传统的燃油系统相同,高压燃油系统由下列部件组成:高

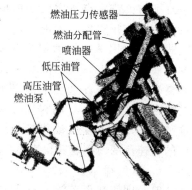

图 4-56　高压燃油系统

压燃油泵、油轨压力调节器、高压油管、油轨和燃油压力传感器、喷油器。如图 4-56 所示。

高压燃油泵位于缸盖后方,是一个机械式单体泵,由排气凸轮轴上的凸轮驱动,如图 4-57 所示。在高压燃油泵上集成了电子油轨压力(FRP)调节器,它是一个由电极控制

模块 ECM 控制的电磁阀，ECM 以脉冲宽度调制 PWM 的方式控制油压调节器，油压调节器控制着高压燃油泵的进口阀，从而控制燃油压力。高压燃油压力在怠速时为 3.5MPa，在高负荷下最高可产生 12MPa 的压力，ECM 通过 PWM 的控制，来获得所需要的油压，当驱动线路失效时，高压燃油泵进入低压模式。燃油分配管用于向各喷油器分配燃油，燃油压力传感器安装在燃油分配管上，用于向 ECM 反馈燃油压力信息。

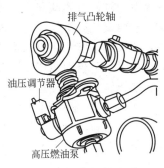

图 4-57 高压燃油泵

喷油器采用高压直接将高压燃油喷射到燃烧室内。喷油器有 6 个精细的机械孔，可以喷射出圆锥形的雾状燃油。喷油器末端细长，可以进行充分冷却，发动机 ECM 内部有 DC/DC 变压调节器将 12V 转换成 65V，通过 65V 电压来驱动喷油器，电容将通过喷油器放电，来使喷油器开启；之后，喷油器将利用系统的电压 12V 来维持开启的状态，同时电容将再次充电来供下一次喷油器开启使用。

SIDI 直喷发动机使用了高压、无回油系统，由发动机驱动的高压燃油泵可提供最高达 12MPa 的压力。系统可在怠速状态下将燃油压力调低至 3.5MPa 左右，并在气门完全开放的状态下升高压力。该发动机采用了分层稀薄燃烧和均质燃烧两种燃烧模式交替工作，燃烧效率高，输出功率大，同时降低了冷启动时的废气排放量。SIDI 发动机可以在节气门半开状态下，自动采用分层注油稀薄燃烧的模式。因为这时仅在火花塞周围才需要富含汽油可触发的油气混合物，而在燃烧室的其他地方只需注入含高比例空气的油气混合物，因此可充分发挥燃料的燃烧效率。SIDI 直喷发动机之所以能够实现分层注油，是因为它可控制燃烧室内的注油过程，并在完成触发之前直接注入燃油。这样就可以大幅度减少燃烧所需的燃油，这是实现这款发动机经济效益最重要的先决条件。3.6L SIDI 发动机的压缩比为 11.3，使其燃烧更充分，对减少油耗也具有积极的意义。

（4）丰田 D-4S 缸内直喷发动机

丰田新系统 D-4S（D：直接喷射；4：四冲程汽油机；S：高挡方案）是在 D-4 的基础上发展起来的，缸内直喷采用纵向双扇形喷雾，提高了缸内混合气的均质性，进气道采用高流量气道，提高了进气流量，这就使得缸内直喷提高全负荷性能的优势得到充分发挥。在此基础上，进气道又配置了 1 个喷油器，以组合喷射方式运转，进一步提高了缸内混合气的均质化，形成了理想的混合气，降低了燃烧波动和燃油消耗。组合喷射使发动机启动及三元催化转化器暖机过程中的碳氢化合物得以降低。

① 丰田 D-4S 缸内直喷发动机结构特点　丰田 D-4S 缸内直喷发动机采用汽油直喷和进气道喷射两种喷油系统，如图 4-58 所示，将两者的优点集成于一体，根据功率需求，或采用单纯的缸内直接喷射运行，或采用两种系统组合运行。在低负荷和中等负荷范围内由进气

理论空燃比混合气

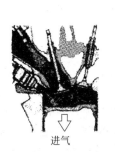
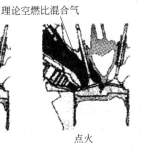
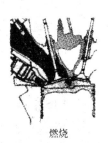

进气　　　　　　压缩　　　　　　点火　　　　　　燃烧

图 4-58　D-4S 发动机进气道喷射和缸内直喷组合

道喷射和缸内直喷共同实现了可能是迄今为止最好的混合气形成，而在全负荷范围内，由单纯的缸内直喷获得尽可能最高的功率。同时，缸内直喷燃油气化的冷却效果又能降低爆燃倾向，这样就能够采用更高的压缩比。原则上，这种新型汽油机采用均质混合气运行，仅仅在冷启动以后，借助于压缩行程期间附加的缸内直喷形成分层充量，以便提高废气温度和缩短三元催化转化器的预热时间。

D-4S系统缸内喷油器采用横向单扇形狭缝喷孔，为提高喷雾的分散性，D-4S系统采用纵向双扇形狭缝喷孔（双扇形喷孔），系统结构如图4-59所示，喷雾形状示如图4-60所示。这种喷雾在燃烧室内纵向呈扇形喷射，为提高前、后方向的扩散性，喷雾向前、后两个方向喷出。进气道采用新的高流量气道，充分发挥直喷技术在高速区域的优势，流量系数比高滚流气道高20%，但滚流比要低1/3。此外，不使用SCV（涡流控制阀），进气阻力得以降低，在进气道上搭载1个喷油器，以改善部分负荷时的不完全燃烧，实现低油耗和低排放。缸内喷油器喷油压力：4～13MPa，双孔；进气道喷油器喷油压力：400kPa，12孔。

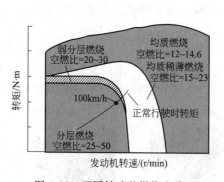

图 4-59　直喷系统的结构

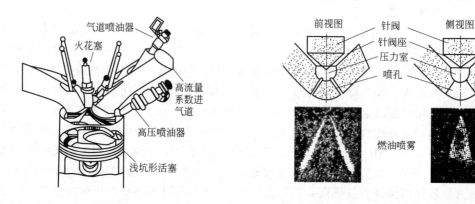

图 4-60　双扇形喷雾形状

纵向双扇形喷雾以改善缸内混合气的均质性为目的，纵向双喷雾的两个扇形雾面垂直于活塞顶面，混合气被活塞顶的凹坑导向排气门附近，横向单喷雾的扇面与活塞顶平行，被活塞导向后向排气侧的分散较弱，纵向双扇形喷雾缸内混合气的均质性更好。所以，即使采用缸内流动较弱的高流量气道也能满足混合气均质性的要求。

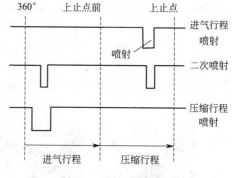

图 4-61　不同转速的燃烧方式

图 4-62　喷油控制特性

② 丰田D-4S缸内直喷发动机燃烧特点　D-4S发动机在各个不同转速范围内的燃烧方式如图4-61所示。在中转速与中负荷区域之前就进行分层燃烧；而在高转速、高负荷区域中，在进气行程时则进行喷油，由此实现均质燃烧。此外，这种均质燃烧区域，可以分为稀薄燃烧区域与原来发动机相同的理论空燃比及更浓空燃比区域。在分层燃烧与均质燃烧相关

的区域中，分为进气行程与压缩行程二次喷油。图 4-62 所示为喷油控制特性，由图可知，利用与负荷及转速相适应的最佳燃烧形态，可最大限度地提高燃油经济性，并同时确保转矩连续性。

a. 小负荷时（强分层燃烧）。当节气门全开时，发动机燃烧仍处于稳定状态。在分层燃烧时，即使在稀薄空燃比场合，在火花塞附近的 A/F 空燃比仍较浓。所以，NO_x 排放的峰值比通常的均质燃烧发动机更偏向较稀薄空燃比一侧。由于废气再循环逐渐增加，NO_x 降低，在这种条件下，当废气再循环率达到 35％时，NO_x 可减少约 90％。

b. 中负荷时（弱分层燃烧）。压缩行程喷射、2 次喷射、进气行程喷射的燃烧特性如图 4-63 所示。在分层燃烧中，当增加燃油、节气门全开、过浓空燃比区域存在时，容易产生烟雾。另一方面，在逆气行程中，喷射而形成均质混合气时，在分层燃烧所要求的节气门开度不变情况下，空气量过多，则容易熄火。这种节气门开度差，成为压缩行程喷油与进气行程喷油之间转矩不连续的原因。

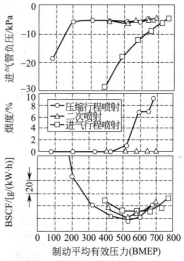

图 4-63 中等负荷时燃烧特性

为此，把燃油分为进气行程与压缩行程进行 2 次喷射，形成弱分层混合气，可以防止黑烟产生，处于均质燃烧区域中。

c. 高负荷时（均质燃烧）。在高负荷时，在进气行程时进行喷油，由此实现均质燃烧。如前所述，根据不同负荷，可以分为稀薄燃烧/理论空燃比燃角/浓空燃比燃烧。

4.5.4 均质混合气压燃系统（HCCI）

1. HCCI 工作原理

早在 20 世纪 30 年代，人们就认识到在汽油机上存在均质混合气压缩自燃的燃烧方式，HCCI 燃烧方式的出现，有效地解决了传统均质稀薄点燃燃烧速度慢的缺点，是有别于传统汽油机的均质点燃预混燃烧、柴油机的非均质压缩扩散燃烧和 GDI 发动机的分层稀薄燃烧的第四种燃烧方式。

HCCI 发动机与传统的汽油发动机一样，都是向气缸里面注入均匀的空气和燃料混合气，但传统的汽油发动机是通过火花塞点火，点燃可燃混合气。而 HCCI 发动机的点火过程同柴油发动机相类似，即通过活塞压缩混合气使之温度升高至一定程度时自行燃烧。提高缸内混合气温度和压力的方式有提高压缩比、采用废气再循环、进气加温和增压等。在压燃时气缸内可形成多点火核，有效维持了着火燃烧的稳定性，并减少了火焰传播距离和燃烧持续期，解决了传统均质稀薄点燃燃烧速度慢的缺点。

2. 汽油 HCCI 与柴油机燃烧方式的区别

汽油 HCCI 与柴油机燃烧方式的不同在于：柴油机在着火时刻燃油还没有完全蒸发混合，进行的是扩散燃烧方式，燃烧速率主要受燃油蒸发以及与空气混合速率的影响。而汽油机 HCCI 燃烧的混合气在着火前已经均匀混合，它进行的是预混燃烧模式。HCCI 既保留传统汽油机比功率高的特点，又由于节流损失小，压缩比高，采用多点同时着火的燃烧方式，使得能量释放率较高，其燃烧放热接近于理想的等容燃烧，故热效率较高，改善了部分负荷下燃油经济性。另外，它还能利用废气再循环控制均质稀混合气。

3. HCCI 的主要优点

（1）可同时保持较高的动力性和燃油经济性

汽油机 HCCI 在保证较高的动力性的基础上，也能具有较高的燃油经济性。一方面，它采用均质燃烧混合气，保持了传统汽油机比功率高的特点；另一方面，它取消了节流损失，设计的压缩比高，采用多点同时着火的燃烧方式使得能量释放率较高，接近于理想的等容燃烧，热效率较高，保持了柴油机部分负荷下燃油经济性好的特点。如 1996 年丰田汽车公司研究的 HCCI 汽油机，压缩比可提高到 17.4，空燃比设计值为 33～44。研究表明，它的缸内平均指示压力与 GDI 汽油机和柴油机相当，如图 4-64 所示。其燃油消耗率水平甚至超过直喷柴油机水平 ［180～200g/（kW·h）］，并且随着进气温度的提高，HCCI 的燃烧稀薄燃烧界限可拓宽至空燃比为 80 以上。

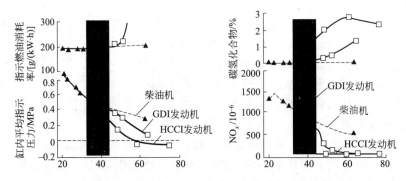

图 4-64　HCCI 发动机、GDI 发动机和柴油发动机性能对比

（2）可同时降低 NO_x 和碳烟

HCCI 燃烧方式可以同时降低 NO_x 和碳烟。它通过设计较稀的混合气空燃比或利用再循环的废气控制把燃烧温度降低在 1800℃ 以下，并且由于它以均质稀薄燃烧混合气方式工作，有效地抑制了 NO_x 和碳烟的生成，因此它几乎做到了无烟燃烧。

（3）可简化发动机结构设计

由于 HCCI 只与本身的物理化学性质有关，它的着火和燃烧速率只受燃油氧化反应的化学反应动力学控制，受缸内流场影响较小，同时均质预混的混合气组织也比较简单，因此，在发动机上实施 HCCI 燃烧模式可以简化发动机燃烧系统和喷油系统的设计。HCCI 发动机设计的难点在于对 HCCI 燃烧速率和着火时刻的控制。由于车用发动机的工况多变，要想在各工况点都获得较好的燃烧和排放特性，则必须对 HCCI 燃烧进行控制。如果 HCCI 燃烧控制得较好，则发动机可在拓宽的大空燃比范围内进行高效稳定的燃烧，循环波动压力小，工作柔和；如果 HCCI 燃烧组织得不好，则容易出现爆燃或失火，使发动机的性能变差。

4. 控制 HCCI 燃烧的方法

HCCI 燃烧的着火时刻主要受到混合气本身化学反应动力学的影响，受负荷、转速的影响较小，因此不能通过常规的负荷、转速等反馈信号来加以控制，只能通过试验手段间接测量，获取经验。着火始点的控制策略如图 4-65 所示，目前还没有单独的切实可行的方法控制 HCCI 燃烧始点，需要综合采用两种或多种控制方法。还有学者通过数值模拟方法进行 HCCI 燃烧始点控制的研究，但由于燃油火焰前的氧化反应机理还未完全清楚，这类工作只是定性地与试验取得了一致，还无法实际应用于指导 HCCI 燃烧始点的控制。对于 HCCI 燃烧速率的控制策略，由于 HCCI 燃烧反应较快，因此一般采用较大的空燃比或较高的废气再循环率来减缓燃烧率，以防爆燃的发生，但同时使得发动机缸内的平均指示压力难以达到较高的水平，这就使 HCCI 发动机容易受到失火、爆燃、功率等的限制，可操作范围不宽。

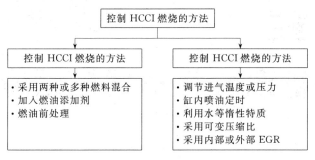

图 4-65　控制燃烧的方法

 复习思考题

1. 说明汽油机燃烧过程各阶段的主要特点，以及对它们的要求。

2. 爆燃燃烧产生的原因是什么？它会带来什么不良后果？

3. 爆燃和早燃有什么区别？

4. 爆燃的机理是什么？如何避免发动机出现爆燃？

5. 何谓汽油机表面点火？防止表面点火的主要措施有哪些？

6. 何谓汽油机燃烧循环变动？燃烧循环变动对汽油机性能有何影响？如何减少燃烧循环变动？

7. 提高汽油机压缩比对提高性能有何意义？如何保证在汽油机上使用较高的压缩比？

8. 分析使用因素对燃烧过程的影响。

9. 试说明汽油机燃烧室设计的一般要求。

10. 比较汽油机几种典型燃烧室的优缺点及适用场合。

11. 分析过量空气系数和点火提前角对燃烧过程的影响。

12. 何谓发动机稀燃技术？发动机稀燃技术分为哪几类？各自特点是什么？

13. 大众 FSI 直喷发动机、三菱 GDI 直喷发动机以及丰田 D-4S 直喷发动机各有何特点？

第5章
柴油机混合气形成与燃烧

柴油机具有热效率高、可靠性好、排气污染少和较大功率范围内的适应性等优点，在汽车上的应用越来越广泛。与汽油机相比，柴油机所用燃料的理化特性决定了燃料供给、着火与燃烧方式的不同。柴油机采用压燃，即在压缩行程接近终了时，把柴油喷入到气缸，使之与空气混合成可燃混合气，并利用空气压缩所形成的高温、高压使可燃混合气自行发火燃烧。

柴油机燃油供给系统的作用是根据柴油机各种工况的需要，将适量的柴油在适当的时间并以合理的空间形态喷入燃烧室，即对燃油喷入量、喷油时刻和油束的空间形态三方面进行控制。柴油机燃油供给、缸内气流运动和燃烧室的形状对于混合气的形成、燃烧过程的组织以及形成合理的燃烧放热规律具有重要作用，是对柴油机的动力性、经济性和排放以及噪声振动有重大影响的因素。

5.1 柴油机混合气形成

5.1.1 混合气形成方式

柴油机在进气过程中进入燃烧室的是纯空气，在压缩过程接近终了时柴油才喷入，经过一定准备后即自行着火燃烧。由于柴油机的混合气形成的时间比汽油机短得多，而且柴油的蒸发性和流动性都较汽油差，使得柴油难以在燃烧前彻底雾化蒸发并与空气均匀混合，因此柴油机不得不采用较大的过量空气系数，才能使燃烧室内的柴油燃烧得比较完全。

柴油机的混合气形成方式可分为两大类，即空间雾化混合与壁面油膜蒸发混合。

1. 空间雾化混合

将燃油喷射到空间进行雾化，通过燃油与空气之间的相互运动和扩散，在空间形成可燃混合气的方式称为空间雾化混合。这时，燃油与空气的相对运动速度是起主要作用的因素。相对运动速度越高，油粒与空气的摩擦和碰撞越激烈，分散后的油粒也越细小，混合气越均匀。混合气在这一过程中混有尚未蒸发气化的液态油粒，不完全是气相的。

直喷式柴油机的混合气形成方式如图5-1所示。一种方法是采用多孔喷油器（6～12

孔）以高压将燃油喷入燃烧室中的静止空气中，如图 5-1(a) 所示，通过燃油的高度雾化和多个油束均匀覆盖大部分燃烧室，形成可燃混合气。混合所需能量主要来源于油束，空气是被动参与混合的，因而是一种"油找气"的混合方式。由于不组织进气涡流，进气充量较高，但混合气浓度分布不均匀，在早期的柴油机和目前的大型低速柴油机中，一般过量空气系数较大，燃烧时间较长，故采用这种混合方式尚能达到满意的指标。而在车用高速柴油机中，由于转速高，燃烧时间短，故这种混合方式不能保证迅速和完全的燃烧。

图 5-1(b) 则表示油和气相互运动的混合气形成方法。用喷孔较少（3～5孔）的喷油器将燃油喷到空间中，由于组织进气涡流，在喷油能量和空气旋流的同时作用下，油束的扩散范围急剧扩大。这时，涡流强度与油束的匹配是十分重要的，在理想的涡流强度下，相邻油束几乎相接，以使油雾尽可能充

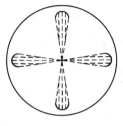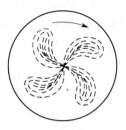

(a) 静止空气　　　　(b) 空气做旋转运动

图 5-1　直喷式柴油机的混合气形成方式示意图

满燃烧室。涡流太弱，油束扩散范围不够，涡流过强，上游油束的已燃气体又会妨碍下游油束前端部的燃烧，这种现象也称为过强涡流。

在分隔式燃烧室中，尽管也是空间混合方式，但采用的是两阶段混合方法，在第一阶段混合时，利用压缩涡流和较低压力油束双方的能量，在不十分均匀的混合状态下进行着火燃烧。然后利用高温高压的燃烧气体本身的能量，在主燃烧室内进行第二阶段的混合。

还有一种撞击喷射（将燃油高速喷向壁面产生撞击），基本上也是一种空间混合方式。通过油束对不同形状壁面的撞击和反弹，使油束的分布范围扩大，在涡流的作用下，快速形成混合气。

2. 壁面油膜蒸发混合

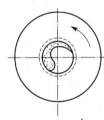

以球形燃烧室为代表的壁面油膜蒸发混合方式，如图 5-2 所示。燃油沿壁面顺气流喷射，在强烈的涡流作用下，在燃烧室壁面上形成一层很薄的油膜。在较低的燃烧室壁温控制下，油膜底层保持液态，表层油膜开始时以较低速度蒸发，加上喷射油束在空间的少量蒸发，形成少量可燃混合气。当着火后，随燃烧的进行，油膜受热逐层加速蒸发，使混合气形成速度和燃烧速度加速。这一混合方式中起主要作用的因素是燃烧室壁面温度、空气相对运动速度和油膜厚度。混合气在这一过程中完全是气相的。

3. 两种混合方式的对比

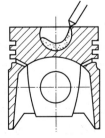

图 5-2　油膜蒸发
混合方式

在空间雾化混合中，燃油的喷雾特性对混合起决定性的作用。为提高混合气形成速度，往往要将燃料尽可能喷得很细，分布均匀。这样就会使较多的油滴受热蒸发，在着火延迟期内形成大量的可燃混合气，造成燃烧初期放热率过大，压力急剧升高，工作粗暴，NO_x 排放高。但如果减小着火延迟期内混合气生成量，则势必造成大量燃油在着火后的高温高压下蒸发混合，容易因空气不足而裂解成碳烟。因此，空间雾化混合方式尽管有较高的热效率，但碳烟、NO_x 和燃烧噪声均较高。

油膜蒸发混合的指导思想是利用燃油蒸发速率控制混合气生成速率，此时燃烧室壁面温度和空气旋流起了主要作用。在喷入燃烧室的燃油量相同的条件下，由于油膜受热蒸发所需

时间要比细小油滴长得多，加之燃烧室壁温控制较低，使油膜蒸发混合方式在着火延迟期内生成的混合气量远小于空间雾化方式。随着燃烧进行，在高温和火焰辐射作用下，油膜蒸发加速，使混合气生成速度加快。另外，大部分燃料是在蒸发后以气体状态与空气或高温燃气接触，可以避免空间雾化混合时常有的液态燃油高温裂解问题，使碳烟特别是大颗粒碳烟排放降低。

由于油膜蒸发混合方式存在一些难以解决的问题，所以在实际中应用不多，但它的提出打破了原来空间雾化混合概念的束缚，开阔了内燃机混合气形成和燃烧的思路，从而具有重要的理论意义。例如，有的缸内直喷式汽油机采用了这种壁面油膜蒸发混合方式。

5.1.2 燃油的喷射与雾化

柴油发动机的燃烧方式是将燃油喷入燃烧室中，并与燃烧室中空气混合来产生自燃。因此，为达到最大性能与平稳运行的情况，必须有适当的喷油量与喷油时机。同时，在喷入燃油时必须要让燃油以雾化形式来喷出，以获取平顺的燃烧效果。也就是说，柴油发动机的供油系统必须在喷油量、喷油时间及燃油雾化三方面有准确的控制。只有保证这三方面的精确控制，柴油机的动力性、经济性、排放性才能达到最佳。

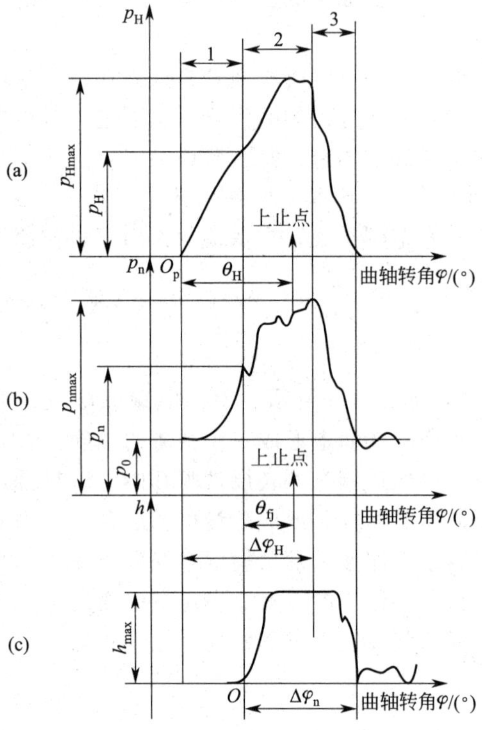

柴油机燃油喷射主要有两类特性指标，即喷油特性（规律）和喷雾特性。喷油特性包括喷油开始时间、喷油持续期、喷油速率变化和喷油压力。喷雾特性包括油束贯穿距离、喷雾锥角和喷雾粒径，以及油束中燃油浓度、速度和粒度的分布规律。

1. 喷油特性

（1）喷射过程

喷射过程是指从喷油泵开始供油直至喷油器停止喷油的过程，整个喷射过程在全负荷工况下占15°~40°曲轴转角。如图5-3所示为燃油喷射过程中喷油泵端压力 p_H、喷油器端压力 p_n 以及针阀升程 h 随曲轴转角的变化过程。整个过程分为三个阶段，即喷射延迟阶段、主喷射阶段和喷射结束阶段。

① 喷射延迟阶段 该阶段从喷油泵的柱塞顶封闭进回油孔的理论供油始点起到喷油器的针阀开始升起（喷油始点）为止。该阶段中在出油阀开启后，受压缩的燃油进入高压油管，沿高压油管向喷油器端传播，当喷油器端的压力超过针阀开启压力时，针阀升起，喷油开始。供油始点和喷油始点一般用供油提前角 θ_H 和喷油提前角 θ_{fj} 来表示，两者之差称为喷油延迟角。发动机转速越高以及高压油管越长，则喷油延迟角越大。

② 主喷射阶段 该阶段从喷油始点到喷油器端压力开始急剧下降为止。由于喷油泵柱塞持续供油，喷油泵端压力和喷油器端压力都保持较高而不下降，由于针阀上升让出容积以及一部分燃油喷入燃烧室内，喷油器端的压力有一短暂下降。当针阀刚刚开启时，最初因开

图 5-3 柴油机燃油喷射过程
(a) 喷油泵端压力曲线；(b) 喷油器端压力曲线；
(c) 针阀升程

度小有节流作用，喷油泵端压力并不立即下降，随着油孔逐渐打开，并由于出油阀落座过程中出油阀减压容积的作用，压力才急剧下降。

　　绝大部分燃油在主喷射阶段喷入燃烧室内，这一阶段持续的时间主要随喷油泵柱塞的有效行程，即柴油机负荷的变化而变化。

　　③ 喷油结束阶段　该阶段从喷油器端压力开始急剧下降到针阀落座停止喷油为止。由于喷油泵的回油孔打开和出油阀减压容积的卸载作用，泵端压力带动喷油器端压力急剧下降，当喷油器端压力低于针阀开启压力时，针阀开始下降。由于喷油压力下降，燃油雾化变差，因而应尽可能缩短这一阶段，减少这一阶段的喷油量，即喷油结束阶段应干脆、迅速。

　　(2) 供油特性与喷油特性

　　单位凸轮轴转角（或单位时间）由喷油泵供入高压油路中的燃油量称为供油速率，单位凸轮轴转角（或单位时间）由喷油器喷入燃烧室内的燃油量称为喷油速率。

　　供油特性是指供油速率随凸轮轴转角（或时间）的变化关系；喷油特性是指喷油速率随凸轮轴转角（或时间）的变化关系。

　　如图 5-4 所示为供油特性和喷油特性的图形。喷油特性虽然由供油特性决定，但两者之间存在明显不同，除了始点一般差别 8°～12° 凸轮轴转角之外，喷油持续时间较供油持续时间长，最大喷油速率较供油速率低，其形状有明显畸变，循环喷油量也低于循环供油量。

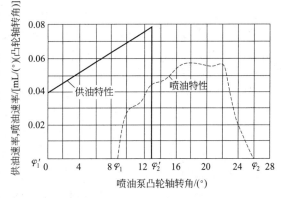

图 5-4　供油特性与喷油特性

　　两者的差别主要原因如下：

　　① 燃油的可压缩性　燃油在低压时可视为不可压缩流体，但高压（30～200MPa）时必须考虑其可压缩性。实验表明，如果开启喷油压力为 25MPa，则 1m 长高压油管（内径为 2mm）中的燃油体积缩减量相当于循环供油量的 24％。如果再计及开启喷油后压力急剧增高以及高压油路中还有不少高压容积，如出油阀室等，则压缩量会更多。

　　② 压力波传播滞后　尽管压力波在柴油机中的传播速度高达 1400m/s，但仍会造成明显的相位差。如 1m 高压油管在发动机转速为 3000r/min 时，相位差可达 10° 曲轴转角以上。

　　③ 压力波动　高压系统中压力波的往复反射和叠加会造成喷油规律与供油规律在形状上的显著差异。

　　④ 高压容积变化　高压容积变化是指高压油管的弹性变形以及出油阀和针阀两个弹性系统的影响。

　　由于喷油规律对燃烧放热规律有直接的影响，因而喷油规律一直是柴油机燃烧和性能优化中的重要内容。

2. 喷雾特性与雾化质量

　　燃油的雾化是指燃油喷入燃烧室内后被粉碎分散为细小液滴的过程。燃油的雾化可以增加与周围空气接触的蒸发表面积，加速从空气中的吸热过程和油滴的气化过程，对混合气的形成起到了重要的作用。油滴越细小，与空气接触表面积越大。

　　燃油在喷油泵中被压缩后，高压油管的压力高达 20～200MPa，速度可达 100～400m/s，在高度紊流状态下从喷油器的喷孔喷入燃烧室内。燃油在高速流动中，在与燃烧室内高压空气的相对运动中及紊流的作用下，被逐步粉碎分散为直径 $2\sim50\mu m$ 的液滴，由大小不同的液滴组成了油束。油束的几何形状主要包括油束射程（又称为贯穿距离）L 和喷雾锥角 β、油束的最大宽度 B，如图 5-5 所示。此外，贯穿率也是常用的参数之一。贯穿率为相对值，是指油束的贯穿距离与喷孔沿轴线到燃烧室壁面距离的比值。贯穿率若大于 1，则意味着有一部分燃油喷射到了燃烧室的壁面上。

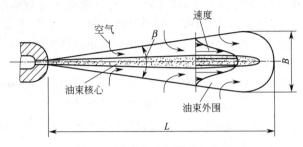

图 5-5　油束的几何形状和参数

柴油机燃烧时，希望油束尽可能到达燃烧室壁面附近，以使燃料分布区域扩大，特别是高负荷时，由于喷油过程一般要持续到着火以后，易产生"火包油"现象，这时希望油束有足够的贯穿力，穿透火焰到达周围空气区。

对于直喷式柴油机，在静止气流或弱涡流条件下，一般贯穿率可小于 1，以避免大量燃油喷到壁面上。但在强涡流时，油束偏转，呈不规则的阿基米德螺线形，为保证油束仍能到达燃烧室壁面附近，应使贯穿率大于或等于 1。

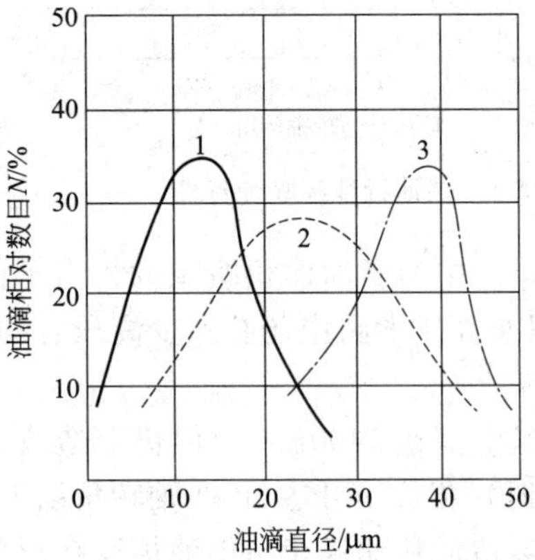

燃油雾化质量表示燃油喷散雾化的程度，一般是指油束中液滴的细度和均匀度，油束核心部分液滴非常密集且液滴直径较大，液滴运动速度较高，空气少；油束外围部分则与之相反，液滴稀少且液滴直径较小，液滴运动速度低。细度可以用液滴直径来表示。液滴直径越小，意味着油束雾化得越细。

粒径分布既表示了油粒大小，又表示了其均匀程度。如图 5-6 所示，有三种分布曲线：曲线 1 表示油粒细而匀，曲线 3 为粗而匀，曲线 2 则不均匀。显然，曲线 1 的总表面积最大，雾化时间最短。油粒直径大小受多种因素的影响，一般减小喷孔直径、增大喷油压力使喷射初速度增加、空气密度增大、燃油黏度和表面张力

图 5-6　喷雾油粒三种粒径分布

的减小等，都会使油粒直径减小。一般随喷油压力的提高，喷雾粒径变细且均匀度也提高。

3. 影响喷雾特性与雾化质量的因素

燃油喷雾特性及雾化质量很大程度取决于油束的几何形状，影响油束几何形状的主要因素有：喷油器的流通特性、喷油压力、喷油背压和喷孔直径等。一般情况下，喷雾锥角 β 过大，贯穿距离会减小；而 β 过小，则雾化程度会变差。

（1）喷油器流通特性

喷油器的结构不同，引起油束形成的内部扰动也不同，从而就产生不同几何形状的油束。喷油器有孔式和轴针式两种，主要结构形式如图 5-7 所示。

如图 5-7(a) 所示为多孔喷油器，用于对雾化质量要求较高的直接喷射式柴油机。当喷

油压力和介质反压力不变及喷孔总截面积不变的条件下，增加喷孔数目，则每个喷孔的直径减小，燃料流出喷孔时的节流作用增大，在喷孔内的扰动也就增加，因此雾化质量提高。如果喷孔直径加大，则油束核心稠密，射程增大。

如图 5-7(b)、(c)、(d) 所示为轴针式喷油器，其针阀头部伸入喷孔中，针阀头部的形状为锥形或柱形，改变锥角的大小可控制喷雾锥角的变化。如图 5-7(b) 针阀头部带顺锥，锥角为 19°26′，其喷雾锥角约为 15°。如图 5-7(c) 针阀头部是圆柱形，锥角为零，其喷雾锥角约为 4°。如图 5-7(d) 针阀头部带倒锥，锥角为 30°，其喷雾锥角约为 0°。

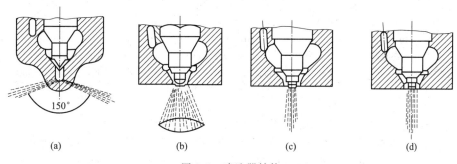

    (a)   (b)   (c)   (d)

图 5-7 喷油器结构

喷孔流通截面积与针阀升程的关系称为喷油器的流通特性。如图 5-8 所示为不同喷油器的流通特性。孔式喷油器的流通截面积随针阀的上升增长最快；标准轴针式较慢；节流轴针式因针阀头部圆锥部分的节流作用，初期的流通面积最小，可大大减少着火延迟期中的喷油量。

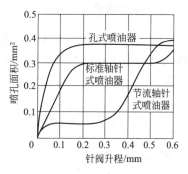

图 5-8 不同喷油器的流通特性

(2) 喷油压力

燃油喷射压力越大，则燃油流出的初速度就越大，在喷孔中燃油扰动程度及流出喷孔后所受到的介质阻力也就越大，使雾化的细度和均匀度提高，即雾化质量好，如图 5-9(a) 所示。喷油压力增加时，也会使射程增加。喷油压力过高，则高压油管容易胀裂，喷油器容易磨损，对喷油管的制造要求也越高。在喷油过程中，燃油的实际喷射压力是变化的，一般产品说明书上的喷油压力是指喷油器针阀开启压力。高速柴油机喷油器针阀开启压力一般在 10～20MPa 之间，而在喷油过程中高压油管中的最高压力对一般柴油机可达 50MPa，对高增压的中速柴油机甚至达到 100MPa 以上。

(3) 喷射背压

介质密度增大使喷射背压增加，引起作用在油束上的空气阻力增加，喷雾锥角增加，射程缩短，燃料雾化有所改善，如图 5-9(b) 所示。在非增压柴油机中，介质反压力在 3.5～4.0MPa 之间，变化不大，对油束特性的影响不显著。

(4) 喷孔直径

孔径小可使雾化质量提高，但加工难度增加，并容易引起积炭堵塞。轴针式喷油器用于非直喷式燃烧室，有标准轴针式和节流轴针式两种。通过针阀头部在喷孔内的上下运动，可起到防止积炭堵塞的自洁作用。喷孔直径对喷雾特性的影响如图 5-9(c) 所示。

(5) 喷油泵凸轮外形及转速

凸轮形状较陡或转速较高时，均使喷油泵的柱塞供油速度加快，由于节流作用会使油管中的燃油压力增加，从而使喷油速度增大，因此雾化变好，油束射程和喷雾锥角均有所增加。

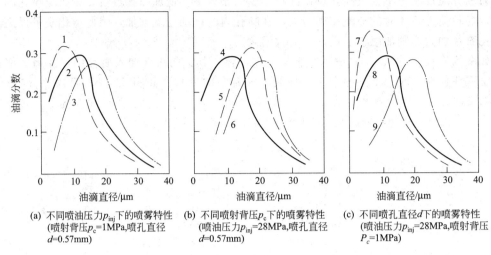

(a) 不同喷油压力p_{inj}下的喷雾特性
(喷射背压p_c=1MPa,喷孔直径
d=0.57mm)

(b) 不同喷射背压p_c下的喷雾特性
(喷油压力p_{inj}=28MPa,喷孔直径
d=0.57mm)

(c) 不同喷孔直径d下的喷雾特性
(喷油压力p_{inj}=28MPa,喷射背压
P_c=1MPa)

图 5-9　喷射压力、喷射背压及喷孔直径对喷雾特性的影响

1—p_{inj}=35MPa；2—p_{inj}=28MPa；3—p_{inj}=22MPa；4—p_c=1MPa；5—p_c=0.5MPa；

6—p_c=0.1MPa；7—d=0.4mm；8—d=0.57mm；9—d=0.8mm

4. 燃油的异常喷射

喷油系统内的压力高、变化快，喷油峰值压力往往高达数十甚至 100MPa 以上，现代柴油机高压喷射系统甚至达 200MPa，而谷值压力由于出油阀减压容积的作用往往接近零以至出现真空。由此容易造成二次喷射、断续喷射、隔次喷射等异常喷射现象，常用测量针阀升程的方法来判定有无不正常喷射现象存在。如图 5-10 所示为各种异常喷射时的针阀升程的变化，并与正常喷射比较。

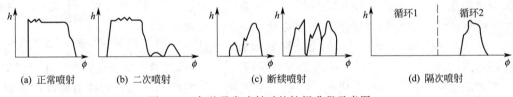

(a) 正常喷射　　　(b) 二次喷射　　　(c) 断续喷射　　　(d) 隔次喷射

图 5-10　各种异常喷射时的针阀升程示意图

（1）二次喷射

二次喷射是指喷油器针阀落座以后，在压力波动的影响下再次升起的喷油现象。由于二次喷射是在燃油压力较低的情况下喷射的，导致这部分燃油雾化不良，燃烧不完全，碳烟增多，并易引起喷孔积炭堵塞。此外，二次喷射还使整个喷射持续时间拉长，则燃烧过程不能及时进行，造成经济性下降，零部件过热等不良后果。二次喷射易发生在高速、大负荷工况。

（2）断续喷射

由于在某一瞬间喷油泵的供油量小于从喷油器喷出的油量和填充针阀上升空出空间的油量之和，造成针阀在喷射过程中周期性跳动的现象。这时喷油泵端压力及针阀的运动方向不断变化，容易导致针阀偶件的磨损。

（3）不规则喷射和隔次喷射

供油量过小时，循环喷油量不断变动，还可能出现有的循环不喷油的现象。不规则喷射和隔次喷射易发生在柴油机怠速工况下，造成怠速运转不稳定，工作粗暴，并限制了柴油机的最低稳定转速。

（4）滴油现象

在针阀密封正常的情况下，喷射终了时，由于系统内的压力下降过慢使针阀不能迅速落座，出现仍有燃油流出的现象。这种在喷射终了时流出的燃油速度及压力都很低，难以雾化，易生成积炭，堵塞喷孔。

为避免出现异常喷射现象，应尽可能地缩短高压油管长度，减小高压容积，以降低压力波动，减小其影响，并合理选择喷射系统的参数，如喷油泵柱塞直径、凸轮廓线、出油阀形式及尺寸、出油阀减压容积、高压油管内径、喷油器喷孔尺寸、针阀开启压力等。

5. 燃油喷射过程的优化

燃油喷射过程优化，即喷油规律优化，它对动力性、经济性及燃烧噪声和排放有很大影响。如图 5-11 所示为柴油机燃烧方案理想图，其中虚线代表通常柴油机中的实际情况，实线代表理想情况。若要实现理想的燃烧，则必须对放热率进行有效的控制，即在初期，应控制燃烧速率，尽可能降低预混燃烧阶段的放热率峰值，以便降低燃烧温度，从而降低燃烧噪声和 NO_x 排放；在中期，要保持快速和有效燃烧，以便提高动力性和经济性；在后期，要尽可能缩短扩散燃烧，以便降低烟度和颗粒。要实现这样的燃烧模式，必须对喷油规律实行优化。

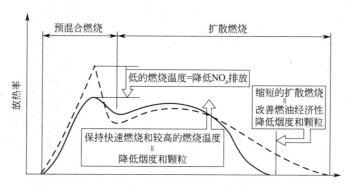

图 5-11　柴油机燃烧方案理想图

对喷油规律的基本要求如下。

（1）喷射开始时段的喷油率不能太高，以便控制着火延迟期内形成的可燃混合气量，降低初期放热率，防止工作粗暴。在燃烧开始后，应有较高的喷油率以期缩短喷油持续期，加快燃烧速率。可用"先缓后急，断油迅速"8 个字来概括。

（2）尽可能减少喷油系统中的燃油压力波动，以防止不正常喷射现象。供油规律基本由柱塞直径和凸轮几何尺寸决定，因此也称为几何供油规律。由于燃油高压系统的压力波动及弹性变形等原因，供油规律与喷油规律有一定差别，对混合气形成和燃烧过程有直接影响的是喷油规律。

为了实现理想的燃烧过程，合理的喷油规律应如图 5-12 所示。

改变凸轮型线可以改变喷油规律，如图 5-13 所示为凹弧凸轮和切线凸轮的供油规律对比，而凹弧凸轮的供油规律具有初期供油速率低和中期供油速率高的特点。试验结果表明，凹弧凸轮在不同负荷的 NO_x 排放可降低 5%～10%，中小负荷的微粒排放降低 8%～13%，但大负荷时的微粒排放上升，各种负荷的燃油消耗率也略有恶化。

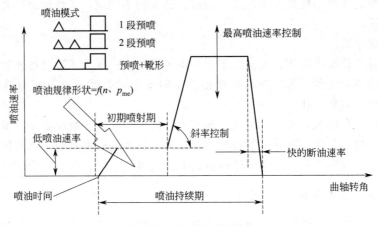

图 5-12 合理的喷油规律

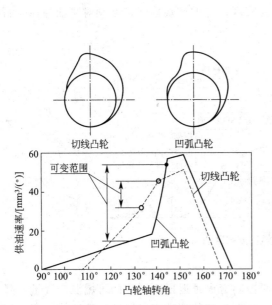

图 5-13 凹弧凸轮和切线凸轮的供油规律对比

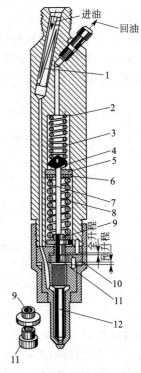

图 5-14 双弹簧喷油器结构

1—过滤器；2—初级弹簧压力调整垫圈；3—初级弹簧；
4—初级弹簧座；5—导圈；6—二级弹簧压力调整垫圈；
7—顶杆；8—二级弹簧；9—二级弹簧座；10—过滤盘；
11—定位滑套；12—针阀

为实现先缓后急的喷油规律，采用双弹簧喷油器（即双开启压力喷油器）也可实现两级喷射，达到先缓后急的目的。其结构如图 5-14 所示。在油压上升过程中，首先克服较软的第一级弹簧的压力，使针阀升起预行程 0.03~0.06mm，由于流通截面很小，因此燃油喷射只能以较小的速率进行；当油压继续上升到能克服第二级弹簧的压力时，针阀升程进一步增大至 0.2mm 左右，开始主喷射。其喷射规律形状非常接近"靴形喷射"。这种喷油器被用来降低燃烧噪声和 NO_x。如图 5-15 所示为双弹簧喷油器喷射规律形状与单弹簧喷油器进行对比。

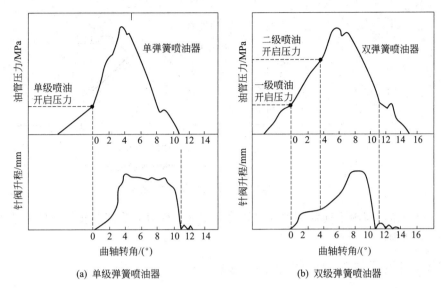

(a) 单级弹簧喷油器   (b) 双级弹簧喷油器

图 5-15　双级弹簧喷油器和单级弹簧喷油器喷油规律比较

　　采用预喷射和多段喷射可以更好地实现先缓后急的喷油规律。预喷射是在主喷射前，有一少量的预先喷射，因而在着火延迟期内只能产生有限的可燃混合气量。这部分混合气形成较弱的初期燃烧放热，并使随后的主喷射燃油的着火延迟期缩短，避免了速燃期急剧的压力和温度升高，预喷射对燃烧过程的影响如图 5-16 所示。

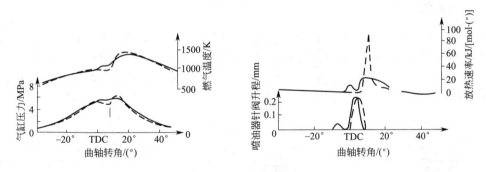

虚线为无预喷射,实线为有预喷射

图 5-16　预喷射对燃烧过程的影响

　　多段喷射与普通喷射相比，后期喷射的燃油实际上对正在进行的燃烧起到一种扰动作用，促进燃烧后期的混合气形成及燃烧加速，因而燃烧压力高、燃烧持续期缩短、碳烟排放降低。另外，采用多段喷射可以改善冷启动特性。根据有关研究结果表明，在采用多段喷射后，$-30℃$ 时的冷启动时间缩短了 20%，这就意味着白烟和冷碳氢化合物等排放会明显减少。如图 5-17 所示为多段喷射及其对燃烧特性的影响。

　　燃油喷射优化另一个重要方面是提高喷油压力，可以使燃油喷雾颗粒进一步细化，以增大燃油与空气的接触表面积，加速燃油与空气混合。为此，近年来高压喷射技术在直喷式柴油机上得到了很快的应用。最高喷射压力由传统的 $30 \sim 50 MPa$ 提高到 $60 \sim 80 MPa$，近年来已高达 $150 \sim 180 MPa$。高的喷射压力加上喷孔直径的不断缩小，使喷雾的索特粒径由过去的 $30 \sim 40 pm$ 减少到 10pm 左右。油气混合接触面积显著增大，并且由于高速油束对周围空气的卷吸作用，使混合气的形成速度大大加快和浓度分布更均匀，着火延迟期缩短，着火位

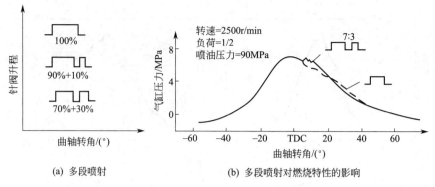

(a) 多段喷射 　　(b) 多段喷射对燃烧特性的影响

图 5-17　多段喷射及其对燃烧特性的影响

置由过去的喷油器出口附近向油束前端（燃烧室壁面）转移，形成与传统直喷式柴油机有较多不同的燃烧过程。

5.1.3　空气运动对混合气形成的影响

柴油机气缸内空气运动对混合气的形成和燃烧过程有决定性影响，因而也影响着柴油机的动力性、经济性、燃烧噪声和有害废气的排放。组织良好的缸内空气运动对促进燃烧过程中空气与未燃燃油的混合（热混合作用）、提高燃烧速率有着重要意义。

柴油机缸内的气体运动形式可分为进气涡流、挤流、滚流和湍流等形式，被分别或组合应用于不同的燃烧系统。

1. 进气涡流

缸内的涡流运动一直是柴油机混合气形成的主要手段。在进气过程中形成的绕气缸轴线旋转的有组织的气流运动，称为进气涡流。所以，进气涡流需要人为组织的。内燃机中进气涡流的产生方法一般有 4 种，即用导气屏、切向气道、螺旋气道及组合进气系统。切向进气道、螺旋进气道如图 5-18 所示。

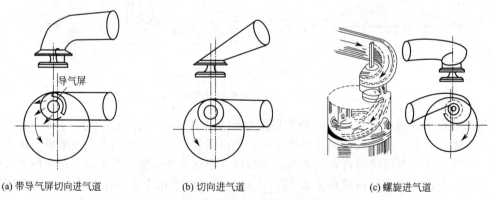

(a) 带导气屏切向进气道　　(b) 切向进气道　　(c) 螺旋进气道

图 5-18　切向进气道、螺旋进气道示意图

导气屏设置在进气门上，引导进气气流以不同角度流入气缸，在气缸壁面的约束配合下产生涡流。这种方法结构简单，进气道可不做特殊设计，通过改变导气屏的包角和导气屏中点的安装位置，可调节涡流强度，涡流强度可以用涡流比（涡流转速与发动机转速的比值）来衡量，比值越大，涡流越强，反之，涡流越弱。当涡流比为 0～4，涡流强度较弱，表明气体流动阻力最大，一般用于试验研究用发动机。切向气道形状简单，其涡流比为 1～2，

适用于对涡流强度要求不高的发动机。螺旋气道的形状最复杂，其涡流比为 2～4，适用于对进气涡流强度要求较高的发动机。

采用强涡流螺旋进气道燃烧室的性能与进气道质量的关系极为密切，因此就大大提高了对进气道铸造工艺和加工的要求，例如对进气道砂芯的变形、定位、进气道出口和气门座圈的同心度等必须严格控制。

组合式进气系统是指在两个进气门的发动机上，采用不同类型（例如 1 个切向气道和 1 个螺旋气道）或不同角度的两个进气道，以组合出所需要的涡流和流速分布。

2. 挤流

挤流也是一种有效的缸内气体运动，挤流的形成如图 5-19 所示。在压缩过程中，当活塞接近上止点时，气缸内的空气被挤入活塞顶部的燃烧室凹坑内，由此产生挤压涡流（挤流）。当活塞下行时，凹坑内的燃烧气体又向外流到活塞顶部外围的环形空间，与空气进一步混合燃烧，这种流动称为逆挤流。

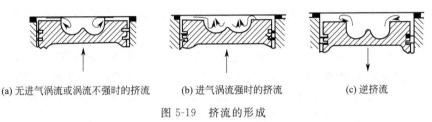

(a) 无进气涡流或涡流不强时的挤流　　(b) 进气涡流强时的挤流　　(c) 逆挤流

图 5-19　挤流的形成

挤压涡流的强度与活塞顶部凹坑喉口直径以及活塞顶间隙有密切关系。活塞顶部凹坑喉口直径和活塞顶间隙越小，则挤压涡流的强度越大。挤压涡流（包括逆挤压涡流）不会影响充量系数，但却有助于混合气的形成。其持续的时间较短（仅在上止点附近），强度与进气涡流相比一般较小，在混合气形成和燃烧中起到配合作用。

值得说明的是，挤流在柴油机和汽油机上都得到了广泛的应用。例如，汽油机紧凑型燃烧室都利用较强的挤流运动来增强燃烧室的湍流强度，从而促进混合气快速燃烧。

3. 湍流

在气缸中形成的无规则的小尺度气流运动称为湍流，也称微涡流。湍流可以促进燃油和空气的微混合程度，并加速燃烧过程，对柴油机和汽油机都是不可缺少的。活塞运动虽然可以自然形成湍流，但其强度较弱并且无法控制。常用的产生湍流的方式有各种形式的挤流、预燃室中由压缩生成的湍流、非回转体燃烧室中伴随涡流运动产生的边角处湍流等。

4. 滚流

在进气过程中形成的绕垂直于气缸轴线的有组织的空气旋流称为滚流，也称为纵涡或横轴涡流。滚流在压缩过程中动量衰减较少，而在活塞接近于压缩上止点时，大尺度的滚流被破碎成许多小尺度的涡流和湍流，从而可大大改善混合燃烧过程。

5.2　柴油机电控喷射技术

柴油机和汽油机的电控喷射技术总体上类似，即各种机构的电控系统都由传感器、电控单元 ECU 和执行器组成，但柴油机的电控系统更加多样，具体功能及对性能的影响也各不相同。

柴油机与汽油机燃油喷射的控制要素和控制要求不同，汽油机是在低压的进气管内喷射，对喷射时刻和喷油规律没有严格要求；柴油机则是在高压的缸内喷射，要求在毫秒级的时间内完成喷油时刻、喷油率、喷油压力与喷油量的精确控制。所以，要达到对燃油喷入量、喷油时刻和油束的空间形态三方面的控制优于传统机-液式喷油系统的目的，难度较大。例如，电控泵喷嘴使用的电磁控制阀，与汽油机的电磁喷油器相比，承受压力高出 300～500 倍，启闭速度则要快 10～20 倍。

随着电控技术的不断发展，从柴油机电控燃油喷射系统控制方式看，已经先后发展了三代：

第一代为位置控制式电控喷油系统，即在不改变传统喷油系统结构的基础上，用电组件来代替原有的机械控制机制。其优点是可以提高控制精度和响应速度且无须对柴油机的结构进行改动，生产继承性好，便于对现有机型进行技术改造；缺点是控制自由度少，精度仍然不够高，喷油率和喷油压力难以控制，而且不能改变传统喷油系统固有的脉动喷射特性，因此很难较大幅度地提高喷射压力。

第二代为时间控制式电控喷油系统，它是在第一代位置控制式的基础上发展起来的。采用高速电磁阀喷油调节原理，柱塞只承担供油加压的功能，供油量、供油时刻则由高速电磁阀单独完成，因此供油加压与供油调节在结构上就相互独立。由于采用了高速电磁阀，其控制自由度较第一代有了跳跃式的提高。

第三代为时间-压力控制式电控喷油系统，利用高压共轨或共轨蓄压或液力增压的形式获得高压，采用时间-压力方式进行燃油计量控制。即高压油泵并不直接控制喷油，只是向公共控制油道（共轨）供油以维持所需的共轨压力，通过调节共轨压力来控制喷射压力，通过调节电磁阀开启时间来控制喷射过程，获得所需喷油量。

从发展中的第一代、第二代再到第三代，只有时间-压力控制式系统改变了原来喷射速率越来越小，喷油规律先急后缓，喷油率形状不理想的缺点。高压共轨系统能够在高压喷射的前提下根据工况需要实现喷油压力、喷油量、喷油定时和喷油速率的动态优化，可以实现灵活的预喷射、后喷射和多段喷射，使柴油机的有害成分排放、噪声和冷启动性能得到很大改善。因此，这一技术必将得以保持并提高，高压共轨系统将成为未来柴油机喷油系统的主要发展方向。

5.2.1 位置控制式燃油喷射系统

位置控制式电控喷油系统是在机械式 VE 型分配泵的基础上实施电子控制改造而成的位置控制式电控分配泵，其采用旋转电磁铁来直接控制泵油柱塞上的滑套（溢油环），电磁铁控制轴旋转改变了控制轴下端偏心轴的位置，直接控制滑套从而控制喷油量，如图 5-20 所示。

同时在旋转电磁铁上方有一个检测转子角度来控制滑套位置的无触点电感式角位移传感器，以实现闭环控制。一个可移动测量环与控制轴一起旋转，还有一个固定基准环，如图 5-21 所示，当电磁铁线圈通电后，测量环移动，铁芯中磁通量产生变化，测量采用固定的和可移动的两个系统对比值。本系统放置电磁铁最大转动范围约为 60°，溢油环位移量为 1.5～2mm，线圈中电流为 4～5A，溢油环位移量的大小直接对应喷油量的多少。

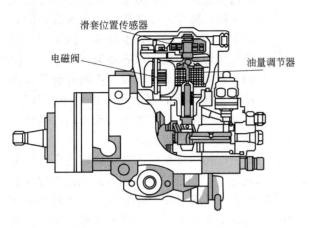

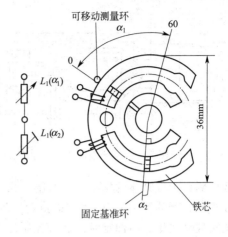

图 5-20　位置控制式电控分配泵　　　　图 5-21　电感式角位移传感器

日本电装公司的 ECD-V1 型分配泵是电控喷射系统中最早商品化的位置控制系统,采用比例电磁阀,通过一根杠杆来控制泵油柱塞上的滑套。英国 Lucas 公司的 EPIC 系统使用电子控制系统控制柱塞径向行程来控制喷油量,通过控制凸轮环位置来控制喷油定时。美国 Stanadyne 公司的 PCF 系统,用控制柱塞行程来代替计量阀使供油量稳定,用步进电动机通过液压伺服机构控制提前器活塞位置,从而控制凸轮环位置,以实现喷油定时控制。

5.2.2　时间控制式电控燃油喷射系统

日本电装公司的 ECD-V3 电控分配泵取消了 VE 泵上的溢油环,采用高频的电磁溢流阀作为执行器,其基本组成如图 5-22 所示。其工作原理是:电磁溢流阀通电时,切断溢油通路,燃油则由喷油器喷入燃烧室;电磁溢流阀断电时,溢油通路打开,高压燃油立即卸压,停止喷油。喷油始点并不取决于电磁溢流阀关闭的时刻,而取决于分配泵平面凸轮的行程始点,电磁溢流阀越晚打开,喷油量越多。

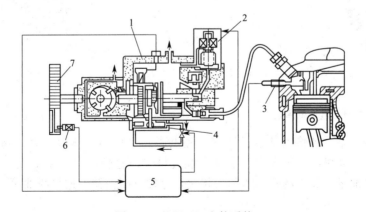

图 5-22　ECD-V3 电控系统
1—泵角度传感器;2—电磁溢流阀;3—喷油始点传感器;4—正时控制阀;
5—电控单元;6—曲轴转速与位置传感器;7—喷油泵驱动带轮

电磁溢流阀由一个小电磁阀(导向阀)和下个液压自动阀(主阀)组成,工作原理如图 5-23 所示。电磁溢流阀通电关闭时,高压燃油通过主阀上的小孔作用于主阀的背面,导

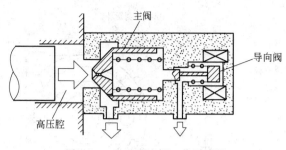

图 5-23　电磁溢流阀工作原理图

向阀压在阀座上，由于主阀的密封截面大于主阀的直径，因此作用于主阀背面的力大于主阀正面的力，主阀压向阀座，此时高压燃油不溢流。电磁溢流阀断电，导向阀在弹簧作用力下开启，主阀背面燃油溢流，主阀正面的燃油压力由于小孔节流，下降比较慢，这样主阀自动开启，高压燃油卸压，停止供油。

电控单体泵供油系统特别适合凸轮轴低位侧置于气缸体的发动机。每缸一泵，有侧置凸轮驱动，泵与喷油器间的高压油管短且各缸相同。喷油器由 ECU 体内的执行器控制。该供油系统利用二位二通敞开式高速电磁阀开关实现喷油量、喷油定时的联合控制。高速电磁阀通电，锥阀口关闭，柱塞上腔的油压向高压油管，使高压油管—喷油器中的油压上升实现喷油。

电控单体泵可承受很高的泵端压力，利于实现高压喷射，功率覆盖面大，柱塞直径选择范围大。但由于泵油柱塞由发动机曲轴通过凸轮轴来驱动，仍摆脱不了转速对喷油过程的影响。电控单体泵如图 5-24 所示。电控单体泵由于其强度好，适用于高压喷射，特别适用于缸心距较大的大型和重型柴油机。

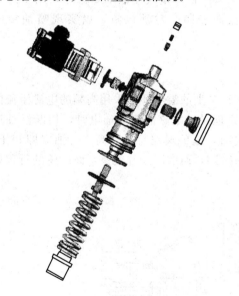

图 5-24　电控单体泵

图 5-25　电控泵喷油器

电控泵喷油器是一种将喷油器、柱塞泵和电磁阀集成为一体的一种单体式燃油喷射系统，直接安装在发动机的气缸盖上，必须由顶置排气凸轮轴驱动，如图 5-25 所示。与一般柴油机常见的喷油泵—高压油管—喷油器相比，电控泵喷油器把连接喷油泵与喷油器间的高压油管省略了。

整个喷油系统采用二位二通高速电磁阀控制，电磁阀关闭时，将柱塞高压油腔与低压油路切断，燃油加压并开始喷油；电磁阀开启时，卸掉喷射压力，结束喷油，多余油量由旁通阀流回。喷油持续时间就是电磁阀开启时间，由于每缸的燃油喷射是独立完成的，这样可以达到精确控制，使每循环喷油量和喷油时间控制在最佳水平。另外，通过电磁阀的多次动作产生多次喷射，实现对喷油速率的控制和柔和燃烧，可将传统柴油机的噪声减小到接近汽油机水平，消除柴油机给人造成的振动大、噪声大的印象，还使燃烧过程得以优化，可靠性和效率得到提高。

5.2.3　时间-压力控制式电控燃油喷射系统

当今社会对柴油机的动力性、经济性、排放和噪声的要求越来越高，因此推动了柴油机燃油系统的改革。为了达到日益严格的排放法规的要求，必须改进燃油喷射系统。代表性方案就是采用更高的喷射压力，并采用预喷射以降低排放和噪声。电控高压共轨燃油喷射系统正是顺应以上要求而出现的，它是 20 世纪 90 年代后期开始推向市场的一种新型的柴油机电控喷射技术，与传统的燃油喷射系统相比具有以下优点：

（1）高压喷射，喷油压力一般比直列泵系统高出一倍，最高可达 200MPa。

（2）喷油压力独立于发动机转速，可以改善低速、低负荷性能。

（3）可以实现预喷射和后喷射，调节喷油率形状，实现理想的喷油规律。

（4）喷油定时和喷油量可自由控制。

（5）具有良好的喷油特性，优化燃烧过程，使发动机油耗、烟度、噪声和排放等综合性能得到明显改善，有利于改进发动机转矩特性。

（6）结构简单，可靠性好，适用性强，可以在新老发动机上应用。

电控高压共轨系统被世界内燃机行业公认为 20 世纪三大突破之一（另外两项是汽油直喷技术和二甲醚代用燃料），是 21 世纪柴油机燃油系统的主流，因此国内外很多内燃机专家和学者都在研究开发高压共轨系统及柴油机匹配技术。目前，德国的博世公司、Simense 公司和美国的 Caterpillar 公司、De1phi 公司以及日本 Denson 公司等在该技术上处于领先地位。

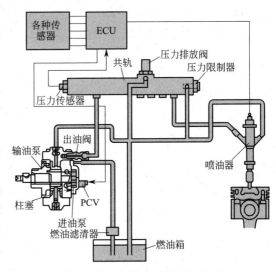

图 5-26　高压共轨系统基本组成

电控高压共轨系统是一种高度柔性的燃油喷射系统，会给柴油机的结构设计和性能优化带来巨大的自由空间，但是大量参数的可变性也会增加柴油机在废气排放、噪声水平、经济性和动力性等之间优化匹配的困难，而且高压共轨中的一些关键性参数对柴油机性能影响巨大，因此现在世界各大公司主要将研究工作集中于共轨蓄压式燃油系统的结构及性能优化、电控单元的开发、柴油机控制策略的制定方面，以便合理地控制大量的可变参数，以达到优化柴油机性能的目的。

电控高压共轨系统主要由高压油泵总成、高压共轨总成、电控喷油器总成、高压管、控制单元等组成，如图 5-26 所示。

电控高压共轨系统工作过程：低压燃油泵将燃油输入高压油泵，高压油泵将低压燃油加压成高压燃油，并将高压燃油供入共轨管之中。燃油压力是由通过调节供入共轨管中的燃油量来控制的。油泵内设有压力控制阀（PCV），它根据 ECU 的控制信号，在适当的时刻开启和关闭来控制供油量，最终控制共轨管内的压力。供油泵产生的高压燃油由共轨管分配到各个气缸的喷油器中。

燃油压力由设置在共轨管内的压力传感器测出，并由反馈控制系统控制，使根据发动机转速和发动机负荷设定的压力值和实际压力值始终一致。共轨管内的高压燃油经高压油管输送到安装在气缸盖上的喷油器内，经喷油器内的喷嘴将燃油喷入燃烧室内。喷油器控制喷油定时和喷油量，是通过开启（通电）或关闭（断电）三通阀（TWV）来实现的，三通阀的通电时刻确定喷油始点，三通阀的通电持续时间和共轨压力确定喷油量。喷油器中泄漏出来的燃油经回油管流回燃油箱中。

柴油机高压共轨式电控燃油喷射技术集计算机控制技术、现代传感检测技术以及先进的喷油器结构于一身。它不仅能达到较高的喷射压力、实现喷射压力和喷油量的控制，而且还能实现预喷射和后喷，从而优化喷油特性、降低柴油机噪声和大大减少废气的排放量。

5.3 柴油机燃烧与放热

5.3.1 燃烧过程

柴油机燃烧过程可分为 4 个阶段，即着火延迟期（滞燃期）、速燃期、缓燃期和补燃期，其燃烧过程、喷油规律、放热规律如图 5-27 所示。

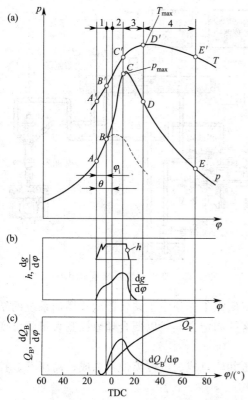

图 5-27 柴油机燃烧过程、喷油特性、放热规律
（a）燃烧过程；（b）针阀升程及喷油特性；
（c）放热量及放热规律

1. 着火延迟期

着火延迟期又称为滞燃期，如图 5-27 中的 AB 段所示，从燃油开始喷入燃烧室内（A 点）至由于开始燃烧而引起压力升高使压力线明显脱离压缩线开始急剧上升的点（B 点）。随压缩过程的进行，缸内空气压力和温度不断升高，在上止点附近气体温度高达 600℃ 以上，高于燃料在当时压力下的自燃温度。在 A 点被喷入气缸的柴油，经历一系列复杂的物理化学过程，包括雾化、蒸发、扩散、与空气混合等物理准备阶段以及低温多阶段着火的化学准备阶段，在空燃比、压力、温度以及流速等条件合适处，多点同时着火，随着着火区域的扩展，缸内压力和温度升高，并脱离压缩线。虽然对于局部而言，物理过程和化学过程是相继进行的，但对于整体而言，物理过程和化学过程是重叠在一起的。着火延迟期一般为 $\varphi_i = 8° \sim 12°$ 曲轴转角，0.7~3ms。

柴油机着火延迟期长短会明显影响该阶段喷油量和预混合气量的多少，从而影响柴油机的燃烧特性、动力性、经济性、排放特性以及噪声振动，必须精确控制。

影响着火延迟期长短的主要因素是当时进入燃烧室内工质的状态，工质的状态与工质的温度或压力有很大的关系，所以温度和压力对着火延迟期影响较大，如图 5-28 所示为温度和压力对于十六烷值为 56 的柴油的着火延迟期的影响。由图可知，温度越高或压力越高，则着火延迟期越短。柴油的自燃性较好（十六烷值高），着火延迟期也较短。其他影响着火延迟期长短的因素还有燃烧室的形式和缸壁温度等。

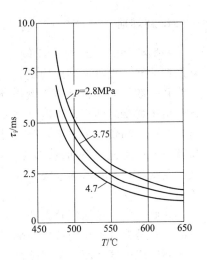

图 5-28　温度和压力对着火延迟期的影响

2. 速燃期

速燃期如图 5-27 中的 BC 段所示，即从压力脱离压缩线开始急剧上升（B 点）至达到最大压力（C 点）。速燃期内，由于在着火延迟期内作好燃前准备的可燃混合气多点大面积同时着火，而且是在活塞靠近上止点时气缸容积较小的情况下发生，因此气体的温度、压力急剧升高，燃烧放热速率 $dQ/d\varphi$ 很快达到最高值。燃烧室内的最大压力（又称为最大爆发压力）可达到 13MPa 以上，最大爆发压力的高低除了受燃烧过程的直接影响外，还主要与压缩比、压缩始点的压力等因素有关。一般用压力升高率 $dp/d\varphi[\text{MPa}/(°)]$ 来表示压力急剧上升的程度。压力升高率的大小对柴油机性能有至关重要的影响，一般柴油机 $dp/d\varphi=0.2\sim0.6\text{MPa}/(°)$，直喷式柴油机较大，$dp/d\varphi=0.4\sim0.6\text{MPa}/(°)$。从提高动力性和经济性的角度，希望 $dp/d\varphi$ 大一些为好，但 $dp/d\varphi$ 过大会使柴油机工作粗暴；噪声明显增加；运动零部件受到过大冲击载荷，寿命缩短；过急的压力升高会导致温度明显升高，使氮氧化物生成量明显增加。为兼顾柴油机运转平稳性，$dp/d\varphi$ 不宜超过 $0.4\text{MPa}/(°)$，而为了抑制氮氧化物的生成，$dp/d\varphi$ 还应更低。

为控制压力升高率，应减少在着火延迟期内的可燃混合气的量。可燃混合气的生成量要受着火延迟期内喷射燃料量的多少、着火延迟期的长短、燃料的蒸发混合速度、空气运动、燃烧室形状和燃料物化特性等多种因素的影响。

一般来说，这可以从两个方面来考虑：一方面可缩短着火延迟期的时间；另一方面可减少着火延迟期内喷入的燃油或可能形成可燃混合气的燃油。$dp/d\varphi$ 和最大爆发压力的控制一直是柴油机的重要研究课题。

3. 缓燃期

缓燃期如图 5-27 中 CD 段所示，即从最大压力点（C 点）至最高温度点（D 点）。一般喷射过程在缓燃期都已结束，随着燃烧过程的进行，空气逐渐减少而燃烧产物不断增多，燃烧的过程也渐趋缓慢。缓燃期的燃烧具有扩散燃烧的特征，混合气形成的速度和质量起着十分重要的作用。在这一阶段内，采取措施使后期喷入的燃油能及时得到足够的空气，尽可能地加速混合气的形成，保证迅速而完全的燃烧，从而提高柴油机的经济性和动力性。缓燃期结束时，柴油机燃烧室内的最高温度可达 2000℃ 左右。

一般要求缓燃期不要过长，否则会使放热时间加长，循环热效率下降。即缓燃期不要缓燃，而应越快越好。加快缓燃期燃烧速度的关键是加快混合气形成速率。

由于不可能形成完全均匀的混合气，所以使柴油机必须在过量空气系数大于 1 的条件下工作，保证基本上完全燃烧的最小过量空气系数的大小随燃烧室的不同而异，在分隔室燃烧室中最小可达 1.2 左右。与汽油机相比，柴油机的空气利用率较低，这也是其升功率和比质量的指标较汽油机差的主要原因之一。

4. 补燃期

补燃期如图 5-27 中 *DE* 段所示，即从最高温度点（*D* 点）至燃油基本燃烧完（*E* 点）。补燃期的终点很难准确地确定，一般当放热量达到循环总放热量的 95％～99％时，就可以认为补燃期结束，也是整个燃烧过程的结束。

由于燃烧时间短促，混合气又不均匀，总有少量燃油拖延到膨胀过程中继续燃烧。特别是在高速、高负荷工况下，因过量空气系数小，混合气形成和燃烧的时间更短，这种补燃现象就更为严重。补燃期过长，缸内压力不断下降，燃烧放出的热量得不到有效利用，还使排气温度提高，导致散热损失增大，对柴油机的经济性不利。此外，还增加了有关零部件的热负荷。

因此，应尽量缩短补燃期，减少补燃所占的百分比。柴油在缸内燃烧时，总体空气是过量的，只是混合不均匀造成局部缺氧。因此，加强缸内气体运动，可以加速后燃期的混合气形成和燃烧速度，而且会使碳烟及不完全燃烧成分加速氧化。

5.3.2 燃烧放热规律

1. 燃烧放热规律

瞬时放热速率和累积放热百分比随曲轴转角的变化关系，称为燃烧放热规律，如图 5-29 所示。瞬时放热速率是指在燃烧过程中的某一时刻，单位时间内（或 1°曲轴转角内）燃烧的燃油所放出的热量；累积放热百分比，是指从燃烧过程开始至某一时刻为止已经燃烧的燃油与循环供油量的比值。燃烧放热规律影响到燃烧过程中缸内压力、温度的变化，进而影响到柴油机的性能。

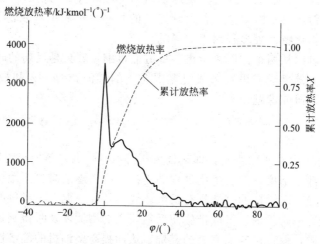

图 5-29　燃烧放热规律

由能量守恒定律可以得到，单位曲轴转角（或单位时间）内燃烧放出的热量等于单位曲轴转角（或单位时间）内缸内工质的热力学能、工质对活塞做的功和通过燃烧室壁向外传递的热量之和，在实测的示功图的基础上，通过数值计算就可以求得燃烧放热规律。

2. 理想的燃烧放热规律及其控制

一般将燃烧放热始点（相位）、放热持续期和放热率曲线的形状称为放热规律三要素。

放热始点决定了放热率曲线距压缩上止点的位置，在持续期和放热率形状不变的前提下，也就决定了放热率中心（指放热率曲线包围的面心）距上止点的位置。如前所述，这一因素对循环热效率、压力升高率和燃烧最大压力都有重大影响。

放热持续期的长短，一定程度上是理论循环等压放热预膨胀比大小的反映。显然这是决定循环热效率的一个极为关键的因素。对有害排放量也有较大的影响。

放热率曲线形状决定了前后放热量的比例，对噪声、振动和排放量都有很大的影响。在放热始点和循环喷油量不变的条件下，形状的变化，既影响放热曲线面心的位置，也影响放热持续期的长短，间接对循环热效率等性能指标产生影响。

放热规律三要素既有各自的特点，又相互关联。对其进行合理选择与控制是极为重要的。

（1）放热始点

放热始点的位置能保证该循环有最大指示热效率，一般认为保证一定等容度的前提下尽可能减小压缩负功。为此柴油机通过喷油提前角的变化以及着火延迟期长短来加以调控。由于各工况的着火延迟期不相同，所以每个工况都有其最佳的喷油提前角。

如图 5-30 所示为喷油提前角的调节特性曲线，反映了任一工况的喷油提前角对动力、经济性指标的影响。最佳喷油提前角条件下，能获得最大有效功率和最小燃油消耗率。

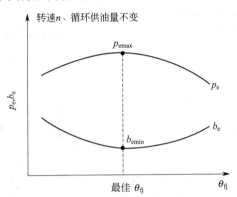

图 5-30 喷油提前角的调节特性曲线

柴油机的喷油提前的调节规律是，首先，要求随转速升高而提前。原因与汽油机类似，即油量调节杆位置不变时，高转速的着火延迟角要比低转速的大得多，而且喷油持续角和相应的燃烧持续角也都加大（这是喷油和燃烧特性所决定的）。其次，要求随负荷增大而提前。原因是转速不变喷油量增多时（即负荷增大），由于喷油持续角的加大而要求适当提前，这一点与汽油机负荷减小时的真空提前正好相反。

传统的车用柴油机喷油系统一般都装有自动喷油提前器来完成转速提前的功能，因负荷提前量较小，一般未予控制。电控柴油机则可通过提前角的 MAP 图进行二者的精确控制。

虽然柴油机着火延迟期可通过喷油提前角的调控而达到合理的着火位置，但同时也要求尽可能缩短着火延迟期以减少预喷油量。缩短延迟期的主要因素是提高喷油初期燃烧室中的温度与压力。车用增压柴油机由于进气温度提高，致使压缩终了温度也增加，可使着火延迟期缩短到 0.4~1.0ms，所以，增压柴油机可降低振动和噪声。

（2）放热持续期

放热持续期首先取决于喷油持续角的大小，这是显而易见的。喷油时间越长则扩散燃烧期越长。其次，取决于扩散燃烧期内混合气形成的快慢和完善程度，喷油再快，混合气形成跟不上也不能缩短燃烧时间，混合气形成不完善就会拖延后燃时间。

（3）放热率曲线形状

影响放热率曲线形状的因素比较复杂。为便于定性分析，一般假定四种柴油机简单的放热率图形，如图 5-31 所示，并据此计算出各自的示功图 a、b、c、d 曲线。图中，假定四种放热率都在上止点开始放热，放热总量相同，持续期均为 40°。曲线 a 先快后慢的放热形状初期放热多，$dp/d\varphi$ 值最大，最高爆发压力达 8MPa。此时的指示效率为 52.9%，是四种方

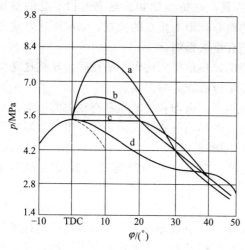

图 5-31 放热率曲线形状对示功图的影响

案中的最高值。曲线 d 先慢后快的放热形状则相反，放热速率前缓后急，$dp/d\varphi$ 和最高爆发压力最低，指示热效率最低，为 45.4%。这种形状对降低噪声、振动和 NO_x 排放有明显效果。曲线 b 和 c 则介于二者之间。

实际发动机的放热率形状取决于机型、燃烧室形式和混合气形成方式以及对性能的具体要求。如图 5-32 所示为不同类型柴油机的燃烧放热规律比较（并与汽油机比较）。可以看到，直喷式燃烧室柴油机的瞬时放热速率和累积放热百分比在燃烧的起始阶段上升最快，放热速率很快就达到最大值，而且这一最大值相对两种非直喷式燃烧室柴油机都高。此外，高速的直喷式燃烧室柴油机的放热速率往往呈现双峰的特点。在燃烧的起始阶段，两种非直喷式燃烧室柴油机的放热速率和累积放热百分比都上升得比较慢，放热速率的最大值也较低，且燃烧过程持续较长。

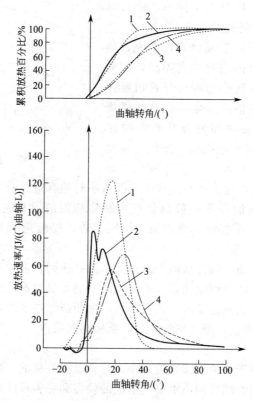

	$D(mm)\times S(mm)$	ε_c	$n(r/min)$	$P_e(kPa)$	α
1—汽油机	75×72	8.2	3600	810	0.91
2—直喷式燃烧室柴油机	85×94	22.0	2800	730	1.39
3—涡流室燃烧室柴油机	76.5×80	23.0	3000	670	1.30
4—预燃室燃烧室柴油机	91×92	22.0	3200	708	1

图 5-32 不同类型柴油机的燃烧放热规律比较

5.3.3　燃烧过程的优化

柴油机燃烧是一个极其复杂的过程,影响因素包括:燃油的物理化学性质(十六烷值、热值、组分、杂质等),压缩气体状态(温度、压力、残余废气量),燃油喷射规律(喷油正时、喷油率、喷油持续期),油气混合组织(油束分布、穿透、雾化、气流运动)。

这些因素可以简要归纳为油、气和燃烧室结构三要素。燃烧系统的优化就是要解决三者的完美结合问题。不同的燃烧系统有不同的油、气和燃烧室组合方式,而在每一种组合方式中,三要素在其中的重要程度也不完全一样,但追求目标都是希望燃烧更完善、更柔和、损失更小,排气更清洁。

实际上对柴油机燃烧过程的要求往往相互之间又是矛盾的。例如,为提高柴油机经济性,应使燃油完全燃烧,希望有较大的过量空气系数,但这将导致气缸工作容积利用率降低,即升功率降低,动力性变差。要保证在上止点附近的迅速燃烧以提高动力性和经济性,但这又可能会使压力升高率和最大爆发压力都较高,工作平稳性变差,燃烧噪声增大,也会降低工作可靠性和使用寿命。此外,降低柴油机废气中的有害排放量往往是以柴油机经济性的降低、制造成本的提高作为代价的。降低柴油机废气中的各种有害排放量的要求,特别是柴油机废气中的两种主要有害排放物(微粒和 NO_x)的控制,往往也会产生矛盾。同时针对车用柴油机工作范围宽广的特点,希望不仅是在某一工况下,而是在各种转速、负荷下,都能有较好的性能。

柴油机燃烧过程优化是一项难度较大的工作,应掌握以下基本原则。

(1) 油-气-燃烧室的最佳配合

不论采用何种强度的涡流、何种喷油方式、何种形状的燃烧室,单独地看,并不存在最佳方案,但综合起来看,在一定的限制条件下,只要油、气和燃烧室三者能恰当配合,达到综合的优化性能指标,就是最优方案。

(2) 控制着火延迟期内的混合气生成量

为追求好的动力性和经济性,可适当增加火延迟期内的混合气生成量,但为了降低 NO_x 排放和燃烧噪声,应减少着火延迟期内的混合气生成量。可采用的方法是优化初期喷油速率,控制气体流动和燃烧室形状。

(3) 合理组织燃烧室内的涡流和湍流运动

通过增强涡流和湍流运动,可以加速混合气生成速率,避免局部混合气过浓,特别应重视压缩上止点附近及燃烧过程中的气流运动。但此外,进气涡流强度的提高会造成充量系数下降和泵气损失增加,燃烧室内气流运动强度的增加会造成流动损失及散热损失的升高,因此气流运动强度必须适当。目前解决这一矛盾的方法倾向于提高喷射压力,而适当降低旋流强度。

(4) 紧凑的燃烧室形状

与汽油机相同,柴油机的燃烧室也应尽可能做到形状紧凑面容比小,这样可使散热损失减小、难以进行燃烧的死角减少以及空气利用率提高。分隔式燃烧室燃油经济性不好的重要原因之一就是面容比大使散热损失过大。各类柴油机燃烧室都应尽可能减小余隙容积(包括活塞顶与气缸盖之间的顶隙容积、气门凹坑容积、第一道活塞环以上的环岸容积),使空气集中在燃烧室凹坑里,以提高空气利用率,使燃油不分散到余隙容积中,以避免不完全燃烧和有害物排放。

(5) 加强燃烧期间和燃烧后期的扰流

为了降低 NO_x 和燃烧噪声而又保证燃油经济性不恶化,在采用较缓的初期燃烧放热率的同时，加强扩散燃烧期的气体扰动是一个极为有效的方法。此外，加强燃烧后期的混合气运动，还可加速碳烟的氧化和再燃烧，以降低排气烟度。

（6）优化运转参数

要想全面优化发动机的动力、经济性能及排放，则必须对各运转参数在变工况时进行实时调控，如供油提前角、空燃比（供油量）、压缩比、配气相位、进气涡流强度、增压、废气再循环（EGR）等。

柴油机的负荷调节方法是"质调节"，即空气量基本上不随负荷变化，而只调节循环供油量。负荷增大，循环供油量也增大，过量空气系数减小，单位容积混合气燃烧放热量增加，缸内温度上升，着火延迟期缩短，但燃烧过程延长，从而使燃烧效率下降。

当转速升高时，由于散热损失和活塞环的漏气损失减小，使压缩终点的温度和压力增高，改善燃油的雾化和燃烧。当转速过低或过高时，都会使燃烧效率降低。当转速过低时，空气运动减弱，使混合气质量变差；而当转速过高时，燃烧过程所占的曲轴转角加大，充气效率下降，燃烧变差。

柴油机必须对循环供油量和供油提前角进行实时调控。供油提前角（或喷油提前角）对柴油机的燃烧过程及其性能都有很大影响。供油提前角过大，燃油将喷入温度和压力相对较低的空气中，着火延迟期增长，同时在着火燃烧后，活塞仍在上行，使压力升高率和最大爆发压力都较高，工作粗暴，NO_x 的排放量也会由于燃烧温度的升高而增加，过早燃烧还会增加压缩负功，降低柴油机的经济性、动力性。供油提前角过小，则会使燃油不能在上止点附近及时燃烧，柴油机的经济性和动力性下降，同时微粒的排放量也会增加。过迟燃烧还会使散热损失增加。对于每一种工况，均有一最佳的供油提前角，此时在负荷（循环供油量）不变的前提下，有效燃油消耗率最低。

当转速增加时，为保证燃油在上止点附近及时燃烧，需要适当加大供油提前角。当负荷增大时，由于循环供油量增大以及燃烧过程变长，也需要适当加大供油提前角。机械式供油系统一般只能随转速变化调节供油提前角，对于最佳供油提前角随负荷的变化调节，则较难实现。只有在柴油机电控喷射系统中，才能真正实现最佳供油提前角随各种工况变化的准确调节。

电控技术对空燃比（供油量）的实时调控优于机械式供油系统，同时可实现对更多参数随工况变化的准确调节。

5.4 柴油机燃烧室

柴油机燃烧室可分为两大类：直喷式燃烧室和分隔式燃烧室。

5.4.1 直喷式燃烧室

直喷式燃烧室可根据活塞顶部凹坑的深浅分为开式燃烧室和半开式燃烧室两类。如图 5-33 所示为有代表性的各种直喷式燃烧室的形式。开式燃烧室有浅盆形，半开式燃烧室有 ω 形、挤流口形、各种非回转体形、球形等。

1. 开式燃烧室

浅盆形燃烧室属于开式燃烧室，如图 5-33（a）所示。其活塞顶中心呈略有凸起的浅 ω 形或平底的浅盆形，凹坑较浅，凹坑口径与活塞直径之比一般大于 0.7。

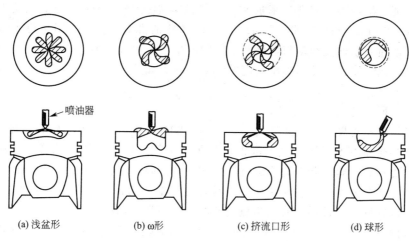

(a) 浅盆形　　　　(b) ω形　　　　(c) 挤流口形　　　　(d) 球形

图 5-33　各种直喷式燃烧室

浅盆形燃烧室中的混合气形成主要依靠燃油的喷射，因此对雾化质量，也就是对喷射系统有很高的要求。开式燃烧室采用较多喷孔（常见的为 7～12 孔）的孔式喷油器和较高的喷射压力，最大喷射压力达到 100MPa，而一般不组织或只有很弱的涡流，在混合气形成中空气运动所起的作用相对很小。混合气在燃烧室的空间内形成，从而避免油束直接喷到燃烧室的壁面（油束贯穿率要求小于或约等于 1）。

对于浅盆形燃烧室，希望通过油束与燃烧室形状的配合，使燃油尽可能均匀地分布在整个燃烧室的空间中。所以，浅盘形燃烧室属于较均匀的空间混合方式，在着火延迟期内形成较多的可燃混合气，因而最高燃烧压力和压力升高率高，工作粗暴，燃烧温度高，NO_x 和排气烟度较高，噪声、振动及机械负荷较大。空气利用率相对较低，一般采用增压来保证较大的过量空气系数（1.5～2.2），以实现完善的燃烧。相反，正是由于不组织空气运动，散热损失和流动损失均小，加之雾化质量好，燃烧迅速，因而其最大优点是经济性好，容易启动。

开式燃烧室一般适用于缸径较大（≥140mm）、转速较低（≤2000r/min）的柴油机，随缸径的不同，其结构形状有所不同。

2. 半开式燃烧室

（1）ω形燃烧室

ω形燃烧室属于半开式燃烧室，如图 5-33（b）所示，在活塞顶部设有比较深的凹坑，其中 ω形凹坑的中心凸起是为了帮助形成涡流以及排除气流运动很弱的中心区域的空气而设置的。一般采用 4～6 孔均布的多孔喷油器中央布置（四气门时）或偏心布置（二气门时），喷雾贯穿率一般为 1.05。空气运动以进气涡流为主，挤流为辅。进气涡流比介于最低的浅盆形燃烧室（<1.5）和最高的球形燃烧室（>3）之间，通过减小开口和余隙高度，可使挤流强度增加。由于其利用燃油喷射和空气运动两方面的作用形成混合气，因而比浅盆形燃烧室更容易形成均匀的混合气，空气利用率提高，可在过量空气系数为 1.3～1.5 的条件下实现完全燃烧。

与浅盆形燃烧室的"油找气"方式相比，ω形燃烧室采用"油和气相互运动"的混合气形成方式，以满足车用高速柴油机混合气形成和燃烧速度更高的要求。

但是，一般空气运动的强度随着转速的提高而增大，而涡流强度过强或过弱会造成油束贯穿不足或过度，均会影响混合气形成和燃烧，故 ω 形燃烧室对转速的变化较为敏感，一般适用于缸径 80～140mm，转速低于 4500r/min 的柴油机中。若要应用于更小缸径的柴油机中，则在燃油喷射、气流运动与燃烧室形状间的配合上出现困难。同时，喷孔直径过小和喷油压力过高，也给制造和使用提出更高的要求。尽管如此，ω 形燃烧室的应用范围仍在向着小缸径方向发展。

（2）挤流口形燃烧室

挤流口形燃烧室也属于半开式燃烧室，如图 5-33(c) 所示。这种结构的燃烧室混合气形成原理与 ω 形燃烧室基本相同，最大区别就是采用了缩口形的燃烧室凹坑，这就使得挤流和逆挤流运动更强烈，涡流和湍流能保持较长时间。同时，随着凹坑开口的减小，挤流口式燃烧室的"半开式"燃烧特点逐渐明显，并具有燃烧柔和的特点（类似分隔式燃烧室）。挤流口抑制了较浓的混合气过早地流出燃烧室凹坑内，使初期燃烧在还原气氛中进行，压力升高率较低，因此 NO_x 排放和燃烧噪声均较 ω 形燃烧室低。但是，由于挤流口的节流作用，活塞的热负荷高，挤流口边缘容易烧损，喷孔易堵塞，因此加工也比一般 ω 形燃烧室复杂。

（3）非回转体燃烧室

非回转体燃烧室中涡流和挤流都是尺度较大的气体运动，适当组织微涡流或湍流可以促进燃油与空气的微观混合。这类燃烧室中具有代表性的有日本五十铃公司推出的四角形燃烧室、日本小松公司的微涡流燃烧室（micro turbulence combustion chamber，MTCC）、英国 Perkins 公司的 Quardram 燃烧室以及上海内燃机研究所研制的花瓣形燃烧室，如图 5-34 所示。

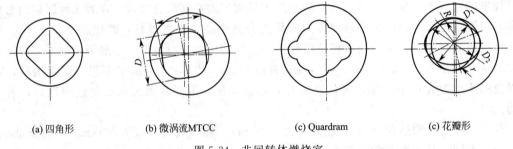

(a) 四角形　　　(b) 微涡流MTCC　　　(c) Quardram　　　(c) 花瓣形

图 5-34　非回转体燃烧室

非回转体燃烧室形状各异，但是其基本特点是相同的，即在半开式燃烧室的基础之上，利用燃烧室形状的设计来产生微涡流，改善混合气形成和燃烧。除大尺度的涡流（如进气涡流和挤压涡流）以外，小尺度的涡流，又称为微涡流或湍流，对混合气形成和燃烧的促进作用已得到公认。微涡流主要是利用大尺度的涡流在燃烧室内不同位置造成的速度差以及流经一些特殊设计的边角、凹凸时产生的气流扰动所形成的。

一些特殊设计的边角、凹凸对空气涡流有衰减作用，而且这种衰减作用随着空气涡流的增强而增大，对提高柴油机的转速适应性、解决半开式燃烧室中存在的低速涡流太弱和高速涡流太强的问题是有利的，特别适合于车用柴油机在宽广的转速范围内工作的情况。

非回转体燃烧室的优点是着火延迟期较短、压力升高率相对较低、燃烧比较完善、有害排放量较小、对转速变化不太敏感、油耗曲线较平坦等。其缺点是加工相对较复杂、一些突出部位的热负荷较高、影响工作的可靠性。

如图 5-35 所示为 MTCC 的结构和工作原理，其上部为四角形，下部仍为回转体，在气缸内做涡流运动的气体一边旋转一边进入燃烧室凹坑，在缩口的 4 个角上以及四角形与回转形的交界处产生微涡流和湍流，将燃油喷向这些区域，可加快混合气形成和燃烧速度。

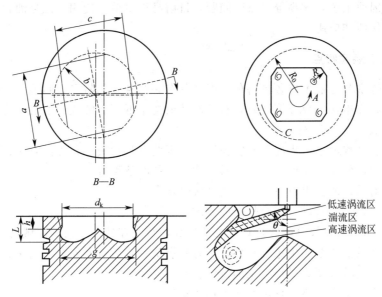

图 5-35 MTCC 燃烧室结构和工作原理

（4）球形燃烧室

与上述各直喷式燃烧系统的空间混合方式不同，球形燃烧室以油膜蒸发混合方式为主，这种燃烧方式是由德国 MAN 公司的 J. S. Meurer 博士在 1951 年提出的，所以也称为 M 燃烧过程。球形燃烧室的工作原理如图 5-36 所示。

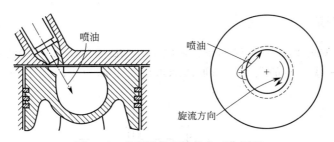

图 5-36 球形燃烧室结构和工作原理

球形燃烧室活塞顶部的燃烧室凹坑为球形，喷油器孔数为 1～2 孔（单一喷孔，或一个主喷孔和一个副喷孔），开启压力低于其他直喷式燃烧室，油束沿球形燃烧室壁面并顺气流喷射，燃油被喷涂在壁面上形成油膜。为保证形成很薄的厚度均匀的油膜，需要很强的涡流（涡流比＞3）。在较低壁温的控制下（200～350℃），燃料在着火前以较低速度蒸发，在着火落后期内生成的混合气量较少，因而初期燃烧放热率和压力升高率低。随燃烧进行，缸内温度和火焰热辐射强度提高，使得油膜蒸发加速，燃烧也随之加速。这样，可以使预混合燃烧阶段的放热速率和压力升高率得到抑制。

在强烈的涡流运动和适宜的壁面温度控制下，燃料油膜按蒸发、被气流卷走、混合、燃烧的顺序十分有序地进行混合燃烧，混合均匀，又避免了较大颗粒的燃油暴露在高温下产生裂解。同时，空气利用率好，正常燃烧的最小过量空气系数可降至 1.1。匹配良好的球形燃烧室可以做到工作柔和、轻声、低烟、低 NO_x 且动力性和燃油经济性都较好，并能适用于从汽油到柴油的各种燃料。

尽管球形燃烧室存在冷启动性能差（启动时壁温低）、随工况变化性能差别大、对涡流强度十分敏感因而工艺要求高等一系列问题，目前已很少单独使用，但是油膜蒸发混合方式的思想却得以保留和应用。

3. 直喷式燃烧室特点

直喷式燃烧室柴油机虽然各具特色，但却具有一些共同的特点，归纳如下：

（1）由于燃烧迅速，故经济性好，有效燃油消耗率低。直喷式柴油机比分隔式柴油机有效燃油消耗率低 10%～20%。

（2）燃烧室结构简单，表面积与容积比小，因此散热损失小，也没有主、副室之间的节流损失，一方面可使冷启动性能较好，另一方面也使经济性好。

（3）对喷射系统的要求较高，特别是开式燃烧室。

（4）半开式燃烧室对进气道有较高的要求。

（5）NO_x 的排放量较分隔式燃烧室柴油机高，特别在较高负荷的区域内，约高一倍。

（6）对转速的变化较为敏感，特别是半开式燃烧室，较难同时兼顾高速和低速工况的性能，因而适用转速较分隔式燃烧室柴油机低。

（7）压力升高率大，燃烧噪声大，工作较粗暴。

5.4.2 分隔式燃烧室

分隔式燃烧室的结构特点是除位于活塞顶部的主燃烧室外，还有位于缸盖内的副燃烧室，两者之间有通道相连。燃油不直接喷入主燃烧室内，而是喷入副燃烧室内。典型的分隔式燃烧室有涡流室燃烧室和预燃室燃烧室。

1. 涡流室燃烧室

涡流室燃烧室的结构如图 5-37 所示。涡流室容积占整个燃烧室压缩容积的 50%～60%。涡流室的形状有一些不同的类型，如近似球形的、上部为半球形下部为圆柱形的等，如图 5-38 所示。

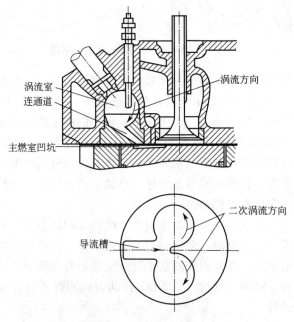

图 5-37　涡流室燃烧室结构

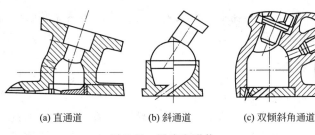

(a) 直通道　　　　(b) 斜通道　　　　(c) 双倾斜角通道

图 5-38　涡流室形状

涡流室与主燃烧室之间通道的截面积为活塞截面积的 1%～3.5%，通道方向与活塞顶成一定的倾斜角度，其截面形状也有许多种。此外，还有采用双倾斜角通道的，即通道由靠主燃烧室一侧较小的倾斜角度的部分和涡流室一侧较大的倾斜角度的部分组成，以降低通道的流动损失和改善混合气形成。

活塞顶部的主燃烧室一般有导流槽或浅凹坑（图 5-38）。在压缩过程中，空气从主燃烧室经通道流入涡流室，在涡流室内形成强烈的有组织的压缩涡流，而压缩涡流在混合气形成中起主要作用。受活塞挤压的空气通过连通道的导流进入副室，形成强烈的有组织的压缩涡流（一次涡流）。燃油顺涡流方向喷入副室，迅速扩散蒸发混合。由于这种混合方式对喷雾质量要求不高，因而对喷油系统要求较低，一般采用轴针式喷油器，开启压力为 10～12MPa，远低于直喷式燃烧室用的孔式喷油器。着火点一般由喷雾的前端开始，火焰在随涡流做旋转运动的同时，很快扩散至整个涡流室（一次混合燃烧）。随涡流室内温度和压力的升高，燃气带着未完全燃烧的燃料和中间产物经连通通道高速冲入主燃烧室，在活塞顶部导流槽导引下再次形成强烈的涡流（二次涡流），与主燃烧室内的空气进一步混合燃烧（二次混合燃烧），从而完成整个燃烧过程。

2. 预燃室燃烧室

预燃室燃烧室的结构如图 5-39 所示。根据气门数的多少，预燃室可以偏置于气缸一侧（对于二气门），也可以置于气缸中心线上或其附近（对于四气门）。预燃室容积占整个燃烧室容积的 35%～45%，预燃室与主燃烧室之间通道的截面积为活塞截面积的 0.3%～0.6%。相对涡流室来说，预燃室的容积和连接通道的截面积都较小。

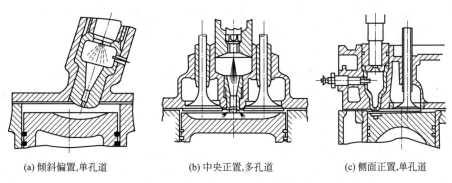

(a) 倾斜偏置,单孔道　　　(b) 中央正置,多孔道　　　(c) 侧面正置,单孔道

图 5-39　预燃室燃烧室结构

预燃室燃烧室的工作原理与涡流室燃烧室相似，都是采用浓稀两段混合燃烧。在压缩过程中，气缸内部分空气流入预燃室内，由于连接通道截面积很小，且不与预燃室相切，所以在预燃室内形成强烈的无组织的湍流。湍流使一部分燃油雾化混合，当着火燃烧后，预燃室内的压力和温度迅速升高，利用这部分燃油的燃烧能量，将预燃室内已部分燃烧的浓混合气

高速喷入主燃烧室内，并在主燃烧室内形成工质的运动，即燃烧涡流和湍流，促使其余部分的燃油在主燃烧室内迅速与空气混合并燃烧。

3. 分隔式燃烧室特点

分隔式燃烧室柴油机的性能特点如下：

（1）采用浓、稀两段混合燃烧方式，前段过浓（还原）气氛，抑制了 NO_x 的生成和燃烧温度，而后段的稀燃（氧化）气氛和二次涡流又促进了碳烟的快速氧化，因而 NO_x 和微粒排放均低于直喷式燃烧室，但低负荷下的碳烟排放量较大。

（2）由于初期放热率低，因而压力升高率和最高燃烧压力均低于直喷式燃烧室，燃烧柔和，振动噪声小。

（3）对于涡流室，压缩涡流随发动机转速升高而增强，即转速越高，混合气形成和燃烧速度越高，因此涡流燃烧室适合于高速柴油机，其转速可高达 5000r/min。

（4）缸内气流运动自始至终比较强烈，空气利用率好，可在过量空气系数为 1.2 左右的条件下正常工作。

（5）对喷油系统要求不高，不需要进气涡流，进气道形状简单，因而加工制造成本低，使用故障少。

（6）一般对燃油不太敏感，有较强的适应性。

（7）燃烧室结构复杂，表面积与容积之比较大，加上强烈的空气运动的影响，使散热损失较大，通道节流作用引起的流动损失也较大。因此，分隔式燃烧室柴油机较直喷式燃烧室柴油机热效率低，经济性差。燃油消耗率比直喷式燃烧室高出 10%～15%。预燃室燃烧室通道节流损失更大，因而燃油经济性更差一些。

（8）由于散热损失大和喷雾质量不高，所以冷启动性能不如直喷式燃烧室，一般都要安装电预热塞，用于在冷启动时提高燃烧室内的温度，保证顺利启动。

5.4.3 燃烧室选型

柴油机各种类型的燃烧室有着各自的特点和适用场合，应结合各类燃烧室的特点并考虑柴油机的缸径、转速范围、具体使用要求以及制造维修水平等来进行。表 5-1 列出了常用燃烧室的结构和性能对比，表中数据一般是指小功率的非增压柴油机而言。对于同一类型的燃烧室，增压柴油机与非增压柴油机比较，一般过量空气系数值较大，压缩比较低，最高爆发压力较大而燃烧噪声较小，有效燃油消耗率也会有不同程度的降低。

目前柴油机燃烧室选择规律是：

（1）由于直喷式柴油机的燃油经济性明显优于分隔式柴油机，在能源问题已成为全球性重大问题的今天，直喷式柴油机由过去主要用于中重型卡车逐渐向中小型卡车以及轿车领域扩展。目前在缸径 $D>100mm$ 的高速柴油机几乎都采用直喷式燃烧室，而在 $D<100mm$ 的直喷式柴油机采用也逐渐增多。

（2）分隔式燃烧室柴油机在原理上是低噪声、低排放燃烧方式。由于近年来发展的高压喷射、四气门和电子控制喷射等技术，使直喷式柴油机的噪声、NO_x 和微粒排放有了显著的改善，缩小了与分隔式燃烧室柴油机的差距。

（3）分隔式燃烧室柴油机噪声振动性能方面比直喷式柴油机有优势，且存在高速性能好、制造成本低等优点，在缸径 $D<100mm$，转速 $n>3500r/min$ 的车用高速柴油机上仍有一定的应用，特别是涡流室的高速性能比预燃室更佳，因此在轻型柴油车特别是柴油轿车上应用居多。由于经济性上不如直喷式燃烧室，因而应用范围逐渐减少。

（4）重型汽车、大型工程机械用柴油机几乎全部采用直喷式燃烧室，一般采用 ω 形、挤流口形、各种非回转体形。在缸径 $D > 200mm$、转速 $n < 1000r/min$ 的大型增压柴油机上，目前几乎都采用无涡流或低进气涡流的浅盆形燃烧室。

（5）在包括农用车和小型拖拉机在内的农用柴油机领域，考虑到对制造成本、工作可靠及寿命的要求，涡流室式燃烧室仍被较多地应用，但直喷式燃烧室的比重在扩大。

表 5-1　柴油机常用燃烧室结构和性能对比表

	对比项目	直喷式燃烧室			分隔式燃烧室	
		浅盆形	ω 形	球形	涡流室	预燃室
燃烧系统特点	混合气形成方式	空间雾化	空间雾化	油膜蒸发	两段混合	两段混合
	压缩比	12～15	16～18	17～19	18～22	18～22
	空气运动	无涡流或弱进气涡流	进气涡流和挤流	强进气涡流	压缩涡流和燃烧涡流	压缩涡流和燃烧涡(湍)流
	全负荷过量空气系数	1.6～2.2	1.4～1.7	1.3～1.5	1.2～1.6	1.2～1.6
	热损失和流动损失	小	较小	较小	大	最大
	喷油器	6～12 孔	4～6 孔	1～2 孔	轴针式	轴针式
	开启压力/MPa	20～40	18～25	17～19	10～12	8～13
	燃油雾化	要求高	要求较高	一般	要求较高	要求低
性能特点	平均有效压力 p_{me}/MPa	0.6～0.8	0.6～0.8	0.6～0.8	0.7～0.9	0.6～0.8
	燃油消耗率 b_e/[g/(kW·h)]	190～210	218～245	218～245	231～272	245～292
	NO_x	高	较高	中等	低	低
	微粒(PM)	较低	高	低	低	低
	碳氢化合物	较低	高	高	低	低
	噪声	最高	较高	较低	低	低
	启动性能	容易	较容易	难	难	最难
	适应转速/(r/min)	≤1500	≤4000	≤2500	≤5000	≤3500
	适应缸径 D/mm	≥200	≤150	90～130	≤100	≤100

5.5　柴油机燃烧新技术

5.5.1　柴油均质混合气压燃技术

柴油机采用均质混合气压燃（预混压燃）（HCCI，Homogeneous Charge Compression Ignition）燃烧方式被认为是解决排放和节约能源的最有希望的途径之一。应该说，无论是柴油机还是汽油机，要同时实现高效率和低污染都是困难的。HCCI 燃烧方式改变了传统的柴油机的燃烧方式，还保留柴油机热效率高的优势，成为下一代发动机开发的热点。

1. HCCI 燃烧特性

柴油机 HCCI 燃烧方式，是采用均匀的稀混合气，几乎是全部混合气同时压缩着火，气缸内燃烧温度并不高，也没有火焰传播，因此 NO_x 生成很少，避免在排气后处理中应用 $DENO_x$、$LeanNO_x$ 等催化转化装置，以实现在富氧条件下 NO_x 的还原。

实现 HCCI 燃烧的最大困难是实现对着火点和燃烧率随发动机工况变化的控制。HCCI

燃烧放热分为两个阶段，第一阶段是低温化学动力学反应，产生冷焰（和）或蓝焰然后经一段滞后时间进入第二阶段主放热阶段。试验表明，HCCI燃烧是多区域同时着火，并没有明显的火焰传播和火焰面，湍流混合的作用也不明显。由于HCCI着火的始点与气缸内的气流状况关系较少，因此HCCI燃烧方式的循环变动很小。

HCCI燃烧方式的排放明显改善，由于HCCI燃烧方式或在燃烧室内不产生局部高温区，整个气缸的平均温度由于采用十分稀的混合气等原因也比较低，因而NO_x排放可比常规柴油机的减少$90\%\sim98\%$，HCCI的NO_x排放随负荷的增加而增加，在高负荷时燃油消耗率和NO_x急剧增长，其指标比一般发动机差得多，它只适合于中、低负荷，同时也表明HCCI高负荷运行技术尚不成熟。同时，由于HCCI燃烧没有扩散燃烧，也没有过浓区存在，因此PM的排放均较低。但是碳氢化合物和CO排放比普通柴油机要高，其原因是稀混合气和高EGR率，使燃烧温度低，减少了碳氢化合物和CO燃烧后再氧化的可能，此外混合气体制备（如向气缸早喷油）可能使油束碰到气缸壁，使碳氢化合物增加。

2. HCCI燃烧的实现方法

在柴油机上实现HCCI燃烧的主要方法有：采用喷雾范围大、油粒细而均匀的燃油喷雾，以快速形成均匀的混合气浓度场；想方设法大幅度延长着火延迟期，以便在着火前使燃油有充分的蒸发混合时间；控制前期燃烧速度，以抑制NO_x生成和高温裂解产生碳烟。

（1）丰田UNIBUS燃烧方式

由丰田公司推出的UNIBUS（Uniform Bulky Combustion System）燃烧方式其实质是均匀扩散预混合燃烧。为了得到均匀预混混合气，通常采用特殊的喷嘴，力求在燃烧室内形成一种油束贯穿距离小、喷雾范围大、油粒细而均匀的燃油喷雾。如图5-40所示为丰田UNIBUS系统的多层多孔喷油器。多喷孔喷油器布置在燃烧室的中心，其喷孔直径为0.08mm，孔数为20～30个，喷油夹角分别为55°、105°和155°，喷雾几乎充满了整个燃烧室空间，形成的混合气浓度分布非常均匀；另外为了使着火前燃油有充分的蒸发混合时间，形成均匀的稀混合气，UNIBUS燃烧系统采用了大幅度提前喷油时间的措施等。

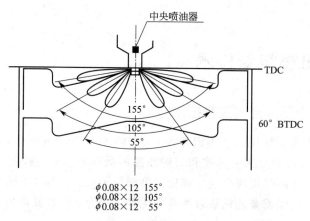

图5-40　丰田UNIBUS系统的多层多孔喷油器

实验表明，采用UNIBUS燃烧系统的柴油机可以大幅度改善柴油机的NO_x和碳烟排放。但是仅仅当较小负荷下才得以实现，另外如何控制着火时间也是一个关键问题。

（2）日产MK燃烧方式

日产公司开发的MK（Modulated Kinetics）燃烧方式，其核心思想是低温预混合燃烧。

产生均匀预混合气的主要方法是延长着火落后期和加速混合气形成速度，为此，MK 燃烧中大幅度推迟喷油时间并采用 EGR 率高达 45％的排气再循环，EGR 在这里不仅是控制燃烧速率和燃烧温度以抑制 NO_x 产生的对策，而且也是控制着火落后期长短的手段。图 5-41 给出了实现 MK 燃烧过程的主要技术路线及排放降低效果，最终使 NO_x 降低到原机水平的 1/12 左右，碳烟降至几乎为零，碳氢化合物也降低了 50％左右。

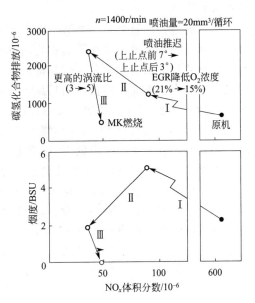

图 5-41　MK 燃烧过程的主要技术路线及排放降低效果

3. HCCI 技术难点

尽管已有多种柴油机的预混合燃烧方法被提出，如分别由进气吸入和缸内喷入不同燃料、多段组合喷油等方法，但要达到实用化，尚需克服一些技术难点。

（1）在发动机全工况范围内控制着火定时。

（2）在发动机全工况范围内控制燃烧率，尤其是高负荷运行时燃烧率的控制（使放热率放慢，限制噪声或过高燃烧压力）。

（3）把 HCCI 向高负荷扩展。

（4）改善冷启动和瞬态响应特性。

（5）发展排放控制系统，降低碳氢化合物和 CO 排放。

（6）发展发动机的控制策略和系统（闭环反馈系统）以及研制相应的传感器。

（7）开发合适的燃料（包括混合燃料）。

（8）保证多缸机各缸的均匀性。

（9）HCCI 的燃烧模拟。

总的说来，柴油机预混合燃烧方案的提出，极大地拓宽了研究柴油机燃烧的思路。围绕对于被 NO_x 和微粒排放问题长期困扰的传统柴油机，开始探索到一条有可能打破僵局的途径，其意义是十分重大的。

5.5.2　复合燃烧新技术

基于可控预混合燃烧和稀扩散燃烧相结合的复合燃烧系统（MULINBUMP）是由天津大学苏万华提出，以实现柴油燃料均质压燃着火（HCCI）燃烧概念的一种途径。这种燃烧系统利用多脉冲喷射形成可控预混合燃料的压燃着火，利用 BUMP 燃烧室高混合率的优点，形成稀扩散燃烧，从而同时大幅度降低 NO_x 和碳烟这两种柴油机主要排放物。由 BUMP 燃烧室内主喷形成的稀扩散燃烧可以降低碳氢化合物排放，同时燃烧效率大大提高。MULINBUMP 复合燃烧技术为开发超低排放柴油机提供了有效、实用的途径。

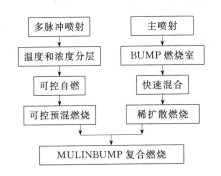

图 5-42　MULINBUMP 复合燃烧过程

MULINBUMP 的燃烧控制如图 5-42 所示，具体过程如下：

（1）通过控制脉冲喷射参数，可以控制预混合气的形成过程；控制混合气的浓度和温度分层，从而控制自燃着火速率、燃烧速率和燃烧相位。多脉冲喷射定时在预喷射参数中具有特殊的重要性。因为预喷射定时与缸内温度、压力及混合时间有关。过早的喷射定时，不仅容易形成喷雾与壁面的撞击，而且易形成过混合，易形成残留油滴，结果不仅未燃碳氢（碳氢化合物）增加，NO_x 排放也大幅提高。

（2）MULINBUMP-HCCI 燃烧系统可以控制燃烧模式。分布式放热模式可以形成适度的燃烧速率，有利于同时降低 NO_x 和烟度排放，减少碳氢化合物和 CO 排放。就热效率而言，如果按相同的低 NO_x 和烟度排放为基准，DS 放热模式在热效率方面具有明显的优势。

（3）单纯的柴油 HCCI 燃烧可以获得很低的 NO_x 排放，但同时生成大量碳氢化合物排放物，使燃烧效率和热效率恶化。MULINBUMP 复合燃烧技术通过控制多脉冲喷射参数，形成可控预混压燃燃烧，通过 BUMP 燃烧室高混合率的优势，使主喷燃油形成稀扩散燃烧。预混压燃燃烧和稀扩散燃烧的结合不仅大幅度扩展了 HCCI 燃烧概念的运行范围，而且它对预混燃烧阶段形成的碳氢化合物和 CO 发挥了进一步燃烧的作用，从而改善了燃烧效率。

复习思考题

1. 解释下列概念：着火延迟期；喷油特性；供油规律；燃烧放热规律；涡流比；HCCI。
2. 简述柴油机燃烧过程，并说明压力升高率的大小对柴油机性能的影响。
3. 燃烧放热规律三要素是什么？什么是柴油机合理的燃烧放热规律？
4. 影响柴油雾化质量与油束特性的因素有哪些，分别是如何影响的？
5. 什么是空间雾化混合、油膜蒸发混合？
6. 为提高柴油机气缸内混合气的形成质量，如何组织好气缸内空气的运动？
7. 柴油机的燃烧过程分哪几个阶段？是怎样划分的？
8. 影响柴油机燃烧过程的因素有哪些，如何改善其燃烧过程？
9. 什么是喷油规律？它对燃烧过程有哪些影响？理想的喷油规律是什么？
10. 柴油不正常喷射有哪几种？各有何危害？
11. 分隔式燃烧室有何特点？对发动机性能有何影响？
12. 直喷式燃烧室产生进气涡流的方式有哪些？如何产生进气涡流？
13. 简述供油特性和喷油特性的关系，并解释两者之间的区别与联系。
14. 什么是供油提前角和喷油提前角？解释两者的关系以及它们对柴油机性能的影响。
15. 简述直喷式燃烧室柴油机的性能特点，并与分隔式燃烧室柴油机做对比。
16. 柴油机燃烧过程优化的基本原则是什么？
17. 目前 HCCI 有哪些实现方法？遇到哪些技术难题？
18. 柴油机喷射过程优化的基本原则是什么？

第⑥章
发动机特性

发动机特性是指发动机性能指标或工作过程参数随着调整情况或使用工况的变化而变化的关系。它反映了发动机的综合性能。通常，此特性用曲线表示，称为发动机特性曲线。

发动机性能指标随着调整情况变化的关系，称为调整特性，如汽油机点火提前角调整特性、汽油机燃料调整特性、柴油机喷油提前角调整特性、柴油机循环喷油量调整特性等。发动机性能指标随着使用工况变化的关系，称为使用特性，如速度特性、万有特性以及柴油机调速特性等。

发动机特性通常是在发动机试验台架上按规定的试验方法测定的结果。一方面，通过对发动机特性曲线进行分析，可以评价发动机不同工况下的动力性、经济性及其他性能，为合理选择并有效使用发动机提供依据。另一方面，利用发动机特性曲线来分析影响特性的因素，寻求改进发动机特性的途径，进一步提高发动机的性能。

6.1 概述

6.1.1 发动机工况

1. 发动机工况分类

发动机工况是指发动机实际运行的工作状况，表征发动机的运行工况由下式给出。

$$P_e \propto T_{tq} n \tag{6-1}$$

式中 P_e——发动机有效功率；

     T_{tq}——发动机的转矩；

     n——发动机的工作转速。

发动机的工况可以由功率 P_e 和转速 n 来表示，它们与被拖动的工作机械要求的功率和转速相适应。只有当发动机输出的转矩和工作机械所消耗的转矩相等时，发动机才能以一定转速按一定功率稳定运转；当工作机械的阻力矩、转速变化时，发动机的工况就会发生变化。

发动机的工作区域取决于发动机的用途。用途不同，工作区域将有很大的差异，通常把发动机的工况分为以下几类：

（1）第一类工况

第一类工况的特点是发动机的功率变化时，转速几乎保持不变，该工况又被称为固定式发动机工况。如灌溉用发动机，除了启动和过渡工况外，在运行过程中负荷与转速均保持不变，如图6-1中的①点所示，称为点工况。另外，如发电用发动机，其负荷呈阶跃式突变，并没有一定的规律；而发动机的转速必须保持稳定，以保证输送电压和频率的恒定，如图6-1中曲线②所示为一条近似垂直线，称为线工况。

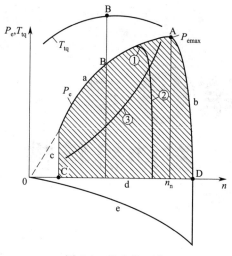

图 6-1　发动机工况

（2）第二类工况

第二类工况的特点是发动机的功率与转速接近于幂函数关系，该工况又被称为发动机的螺旋桨工况。例如，当发动机作为船用主机驱动螺旋桨时，发动机所发出的功率与螺旋桨吸收的功率相等，而螺旋桨吸收功率又取决于转速的高低，且与转速成幂函数关系，如图6-1中曲线③所示的三次幂函数（$P_e \propto n^3$），该类工况也被称为推进工况，属于线工况。

（3）第三类工况

第三类工况的特点是功率与转速都在很大范围内变化，该工况又被称为发动机的面工况。例如，汽车用发动机的转速取决于汽车的行驶速度，可以从最低稳定转速一直变到最高转速；负荷取决于行驶阻力，在同一转速下，可以从零变到全负荷，如图6-1所示阴影部分，其他陆地运输用车辆发动机，都属于这种工况。

2. 汽车发动机工况特点

汽车用发动机工况为面工况，根据汽车实际运行工况可知，发动机工作区域被限定在一定的区域，如图6-1阴影部分所示，其工况特点如下：

（1）上边界线a为发动机油量控制机构最大位置时，不同转速下发动机所能发出的最大功率，A为最大有效功率的标定点。

（2）左侧边界线c为发动机最低稳定工作转速n_{min}限制线，低于此转速时，由于曲轴、飞轮等运动部件储存能量较小，导致转速波动大，发动机无法稳定工作。

（3）右侧边界线b为发动机最高转速n_{max}限制线，它受到转速过高所导致的惯性力增大、机械摩擦损失加剧、充量系数下降、工作过程恶化等各种不利因素的限制。

a、b曲线都是在驾驶人最大加速踏板位置条件下获得的。对于汽油机，a、b曲线都在节气门全开时获得，称为速度外特性线；对于柴油机，a曲线为校正外特性线，b曲线则是调速器起作用的调速特性线。

（4）横坐标上的d曲线是各个加速踏板位置下的空转速度线。此时动力输出为零，发动机的指示功率P_i与空转的机械损失功P_m相平衡。

（5）e曲线的输出功率为负值，是发动机熄火，外力倒拖时的工况线。此时倒拖功率与熄火后空转的机械损失功率相平衡。该曲线不属正常工作范围，它只是在汽车挂挡或者下长坡时起制动的作用，维持汽车不再加速。

3. 发动机的功率标定

发动机的功率标定，是指制造企业根据发动机的用途、寿命、可靠性、维修与使用条件等要求，人为地规定该产品在标准大气条件下输出的有效功率以及对应的转速，即标定功率与标定转速。世界各国对标定方法的规定有所不同，按照中国国家标准《发动机台架性能试验方法》(CB/T 18297—2001) 规定，我国发动机的功率可以分为四级。

(1) 15min 功率：发动机允许连续运转 15min 的最大有效功率。适用于需要较大功率储备或瞬时发出最大功率的车辆、快艇等用途的发动机。

(2) 1h 功率：发动机允许连续运转 1h 的最大有效功率，适用于需要一定功率储备以克服突增负荷的工程机械、船舶主机、矿用载货汽车和机车等用途的发动机。

(3) 12h 功率：发动机允许连续运转 12h 的最大有效功率。适用于需要在较长时间内连续运转而又要充分发挥功率的拖拉机、移动式发电机组、铁道牵引等用途的发动机。

(4) 持续功率：发动机允许长期连续运转的最大有效功率，适用于需要长期连续运转的固定动力、排灌、电站等用途的发动机。

对于同一发动机，用于不同场合可以有不同的标定功率值。其中，15min 功率的标定最高，持续功率的标定最低。注意，对于非持续功率标定的发动机，在按标定功率运转时，超出上述限定的时间并不意味着发动机将被损坏，但会影响寿命与可靠性。随着发动机可靠性和耐久性水平的提高，标定功率的区分逐渐淡化，例如，车用发动机也能全速、全负荷运转数百甚至数千小时，与 15min 功率或 1h 功率的定义并不相符。

6.1.2 发动机台架试验

发动机各项性能指标、参数以及各类特性曲线，需在发动机试验台架上按标准规定的试验方法进行测定。

典型发动机试验台架的组成及布置简图如图 6-2 所示。它主要包括：台架，辅助系统，以及各种测量仪器、仪表及操纵台。

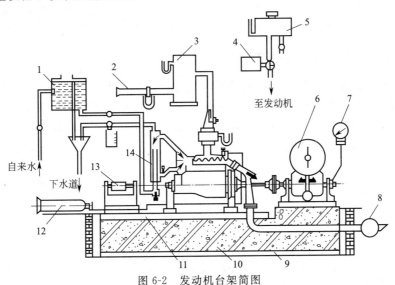

图 6-2 发动机台架简图

1—冷却水箱；2—空气流量计；3—稳压筒；4—量油装置；5—燃油箱；6—测功器；
7—转速表；8—消声器；9—垫层；10—基础；11—底板；12—高压气瓶；
13—示功器；14—混合水箱

1. 台架

待测发动机与测功器用联轴器连接，并固定于坚实、防振的水泥基础上，基础振幅一般不得大于 0.05～0.1mm。安装发动机的铸铁支架和底板常做成可以调节高度和位置的形式，以便迅速拆装和对中。

2. 辅助系统

台架试验设备的辅助系统主要有：为了保持发动机工作时水温不变，必须有专门可调水量的冷却系统；燃料应由专用油箱通过油量测量装置供给发动机的燃料供给系统；发动机排出的是高温有毒气体，排气噪声又是主要噪声源，故试验室内须有特殊的通风装置，废气要经消声地坑排出等。

3. 各种测量仪器、仪表及操纵台

由于试验研究内容的不同，所需要的测试设备有所区别，但是最基本的设备有测功器、油耗仪、转速表以及排放测试设备等。随着发动机研究工作的深入和发展，对试验设备和手段提出了更高的要求，通常要求测试精度高、测量和记录速度快、能同时测量与储存大量数据并能对数据进行处理和分析等。因此，台架试验现已基本采用计算机控制的自动化台架。

6.1.3 发动机特性分析方法

1. 发动机运行特性的评价

通过实验设备测定反映发动机特性的曲线，是分析和研究发动机的一种最基本的手段。特性曲线可以评价发动机在不同工况下运行的动力性、经济性、排放等指标以及反映工作过程进行的完善程度指标等。

但是，只有在发动机工况稳定时，功率、转速和转矩才有式(6-1)的关系，而当处于非稳态过渡工况时，至少有一个基本参数值呈变化状态，式(6-1)不再成立。但是，瞬态工况是建立在稳态工况的基础上的，所以，研究发动机的运行特性需要从对稳态过程的分析入手。

2. 发动机性能指标与各参数间的关系

发动机的性能指标与参数间的内在关系，是分析发动机特性的基础，也是解释发动机特性曲线的依据。汽油机的有效功率、有效输出转矩、每小时燃油消耗量、有效燃油消耗率四个性能指标在第一章已经讲述，利用此四个性能指标的计算公式可完成对汽油机稳态性能的分析，将公式略加整理如下：

（1）有效功率

$$P_e = k_1 \frac{\phi_c}{\phi_a} \eta_c \eta_{it} \eta_m n \quad (\text{kW}) \tag{6-2}$$

（2）有效输出转矩

$$T_{tq} = k_2 \frac{\phi_c}{\phi_a} \eta_c \eta_{it} \eta_m \quad (\text{N} \cdot \text{m}) \tag{6-3}$$

（3）有效燃油消耗率

$$b_e = \frac{k_4}{\eta_c \eta_{it} \eta_m} \quad [\text{g}/(\text{kW} \cdot \text{h})] \tag{6-4}$$

（4）每小时燃油消耗量

$$B = b_e P_e = k_3 \frac{\phi_c}{\phi_a} n \quad (\mathrm{kg/h}) \tag{6-5}$$

式中各符号意义同前。

6.2 发动机速度特性

发动机速度特性，是指发动机在油量调节机构（油量调节齿条、拉杆或节气门开度）保持不变的情况下，主要性能指标（转矩、油耗、功率、排气温度、烟度等）随发动机转速的变化规律。当汽车沿阻力变化的道路行驶时，若节气门位置不变，转速会因路况的改变而发生变化，这时发动机是沿速度特性工作的。

当油量控制机构在最大位置时，测得的特性为全负荷速度特性，简称外特性；油量低于最大位置时的速度特性，称为部分负荷速度特性。由于外特性反映了发动机所能达到的最高性能，确定了最大功率、最大转矩以及对应的转速，因而十分重要，所有的发动机出厂时都必须提供该特性。

6.2.1 汽油机速度特性

当汽油机的节气门开度一定时，有效功率 P_e、有效转矩 T_{tq}、有效燃油消耗率 b_e、燃油消耗量 B 等性能指标随转速而变化的关系称为汽油机速度特性。当节气门全开时，所测得的速度特性称为汽油机的外特性。测取前应将汽油机的点火系统和燃油供给系统调整好，测取时应按规定保持冷却水温度、润滑油温度在最佳状态。

汽油机在全、中、小三种负荷时各参数随转速变化的关系和各负荷时速度特性曲线如图 6-3、图 6-4 所示。

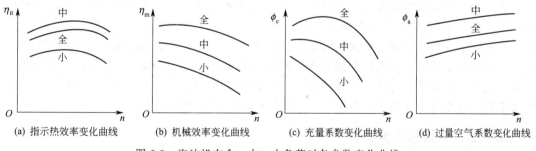

(a) 指示热效率变化曲线　(b) 机械效率变化曲线　(c) 充量系数变化曲线　(d) 过量空气系数变化曲线

图 6-3　汽油机在全、中、小负荷时各参数变化曲线

1. 有效转矩 T_{tq} 曲线

汽油机采用量调节，在节气门开度一定时，过量空气系数 ϕ_a 值基本上不随转速而变化，故转矩的变化与吸入气缸的混合气数量有密切的关系。

（1）指示热效率 η_{it}

汽油机在某一转速时，指示热效率 η_{it} 有最高值。当转速低时，燃烧室的空气涡流减弱，火焰传播速度减慢，可燃混合气燃烧速度小，气缸的漏气多、散热快，指示热效率 η_{it} 低；转速过高时，以曲轴转角计燃烧延续时间长，燃烧效率低，指示热效率 η_{it} 也降低。但其变

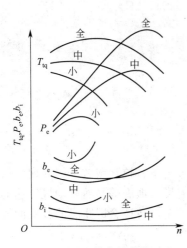

图 6-4　汽油机外特性曲线及中、
小负荷时速度特性曲线

化平坦，对有效转矩的影响较小。

（2）机械效率 η_m

机械效率 η_m 随转速的上升而下降。当转速升高时，因机械损失、附件消耗、泵气损失等增大而使机械效率降低。

（3）充量系数 ϕ_c

充量系数 ϕ_c 随转速的上升而下降。节气门开度固定，速度增大时，换气时间缩短，由于气体的惯性使得换气不充分。

（4）过量空气系数 ϕ_a

过量空气系数 ϕ_a 随转速的上升略有增加，但总体平缓，变化不大。

综合来看，转速由低逐渐升高，指示热效率、充量系数均上升，虽然机械效率略有下降，但有效转矩总趋势是上升的，到某一点取得最大值。随着转速继续上升，由于指示热效率、充气系数均下降，致使有效转矩迅速下降，变化较陡。

2. 有效功率 P_e 曲线

因为 $P_e \propto T_{tq} n$，当转速提高时，开始转矩增加，所以有效功率 P_e 迅速上升；转矩达到最大值以后，随转速的上升变得较平缓，当 $T_{tq} n$ 达最大值时，有效功率 P_e 达到最大值，此后开始下降。

3. 有效燃油消耗率 b_e 曲线

由式(6-4)以及指示热效率 η_{it}、机械效率 η_m 的变化趋势可以看出，有效燃油消耗率 b_e 在中间某一转速时最低。当转速高于此转速时，指示热效率 η_{it}、机械效率 η_m 随转速上升同时下降，所以有效燃油消耗率 b_e 增加。当转速低于此转速，因指示热效率 η_{it} 上升而机械效率 η_m 下降，结果有效燃油消耗率 b_e 上升，但是其曲线变化不大，较平坦。

汽油机的外特性代表了汽油机的最高动力性能，根据外特性试验条件不同，可分为以下两种：一种是试验时发动机带全部附件，所输出的校正有效功率称净功率或使用外特性；另一种是发动机仅带维持运转所必需的附件（如不带风扇、气泵、空气滤清器等附件）所输出的校正有效功率称为总功率，我国发动机特性的数据多属于这一种。

6.2.2　柴油机速度特性

喷油泵的油量调节机构（齿条或节气门拉杆）位置固定，柴油机的有效功率 P_e、有效转矩 T_{tq}、有效燃油消耗率 b_e、燃油耗油 B 等性能指标随转速 n 变化的关系称为柴油机速度特性。

柴油机的速度特性取决于每循环供油量 Δb、指示热效率 η_{it} 和机械效率 η_m 随转速变化的规律，柴油机在全、中、小三种负荷时各参数随转速变化的关系和各负荷时速度特性曲线如图 6-5、图 6-6 所示。

1. 有效转矩 T_{tq} 曲线

在柴油机中，每循环的充气量的大小，只提供了产生转矩的可能性，在各转速下能发出

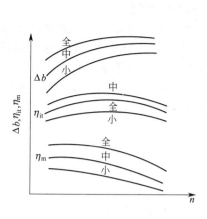

图 6-5 柴油机在全、中、小负荷时
各参数的变化曲线

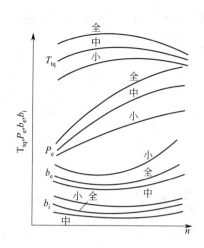

图 6-6 柴油机在全、中、小负荷时
速度特性曲线

多大转矩主要决定于每循环供油量 Δb 的多少，柴油机有效转矩 T_{tq} 的大小取决于每循环供油量 Δb、指示热效率 η_{it} 和机械效率 η_m，如图 6-5 所示。

（1）油量控制机构位置不变时，由于进、回油孔以及燃油泄漏的影响，柴油机 Δb 曲线随转速 n 的升高而增加。

（2）柴油机指示热效率 η_{it} 曲线呈上凸状。η_{it} 曲线上凸的原因是低速时喷射压力小，缸内气流弱，对混合气的形成和燃烧不利，传热损失较大；高速时喷油及燃烧的持续角大，充量系数 ϕ_c 下降，每循环供油量 Δb 增加，使得过量空气系数 ϕ_a 减小，燃烧恶化，不完全燃烧加剧，致使指示热效率 η_{it} 降低。但是，指示热效率 η_{it} 曲线的变化趋势总体比较平坦。

（3）由于没有节气门的节流损失，在各种负荷条件下，机械效率 η_m 随转速的升高而降低的趋势不变。

综合来看，有效转矩 T_{tq} 曲线的变化规律是，转速由低向高变化时，开始略有上升的趋势；有效转矩 T_{tq} 超过最高点后，随着转速的升高，有效转矩 T_{tq} 下降，但曲线变化平坦。

2. 有效燃油消耗率 b_e 曲线

如图 6-5 所示，随转速的升高，指示热效率 η_{it} 曲线呈中间高两端低状，而机械效率 η_m 曲线逐渐降低，有效燃油消耗率 b_e 曲线是在中间某一转速最低，但整条曲线变化不是很大。

3. 有效功率 P_e 曲线

因为 $P_e \propto T_{tq} n$，而有效转矩 T_{tq} 变化平坦，所以有效功率 P_e 曲线形状主要取决于转速的变化。当转速升高时，有效转矩 T_{tq} 增加，有效功率 P_e 迅速上升，直到有效转矩 T_{tq} 达到最大值以后，有效功率 P_e 上升变得较平缓，当有效转矩 $T_{tq} n$ 达到最大值时，有效功率 P_e 也达到最大值；此后转速再增加，后燃严重，有效功率 P_e 开始下降。

6.2.3 汽油机和柴油机速度特性对比分析

汽油机的速度特性与柴油机的速度特性相比，两者有如下明显的差别：

（1）柴油机在各负荷下速度特性的有效转矩 T_{tq} 曲线都比较平，如图 6-6 所示，在中、低负荷区，转矩随转速升高而增大，达到最大值后，下降平缓。汽油机有效转矩 T_{tq} 曲线随着转速升高先上升，达到最大值后随转速升高降低较快，节气门开度越小、负荷率越低，降低的斜率越大；随着节气门开度减小，最大功率和对应的转速降低。

（2）汽油机外特性有效功率 P_e 曲线的最大值点一般在标定功率点；柴油机可以达到的有效功率最大值点的转速很高，标定点由柴油机的用途决定，一般要比最高转速低得多。

（3）柴油机的有效燃油消耗率 b_e 曲线在各种负荷的速度特性下都比较平坦，仅在两端略有翘起，最经济区的转速范围很宽，如图 6-6 所示。汽油机有效燃油消耗率 b_e 曲线的翘曲度随节气门开度减小而急剧增大，最经济区的转速范围越来越窄。

6.3 发动机负荷特性

负荷特性是指当转速不变时，发动机的性能指标随负荷而变化的关系。用曲线的形式表示，就是负荷特性曲线。

发动机的负荷特性曲线是在发动机试验台架上测取的。测取前，将发动机的冷却液温度、润滑油温度保持在最佳值；调节测功器负荷并改变循环供油量，使发动机的转速稳定在某一常数。测量各稳定工况下的燃油消耗量 B 以及烟度、噪声、排气温度等参数值，计算出有效功率 P_e、有效燃油消耗率 b_e 等参数值，整理并描绘成曲线。

对于一条特定的负荷特性曲线，转速 n 固定不变，这样有效功率 P_e、有效转矩 T_{tq} 与平均有效压力 p_{me} 互成比例关系，均可用来表示负荷的大小。因此，负荷特性的横坐标通常是上述三个参数之一，较为常用的是有效功率 P_e 或平均有效压力 p_{me}。纵坐标主要是燃油消耗量 B、有效燃油消耗率 b_e 以及排气温度、烟度、机械效率 η_m 等。如图 6-7 所示为发动机的负荷特性曲线。

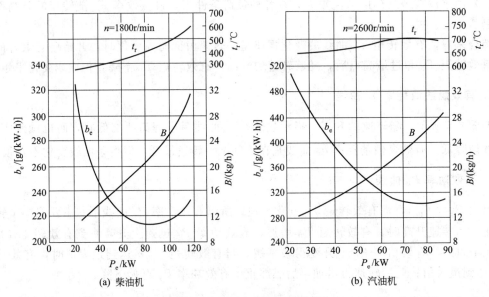

图 6-7　发动机负荷特性曲线

从负荷特性曲线上可以看出，发动机的最低有效燃油消耗率越小，经济性越好；油耗曲线变化越平坦，表示在宽广的负荷范围内，能保持较好的燃油经济性，这对于负荷变化较大的车用发动机尤为重要。此外，无论柴油机还是汽油机，在低负荷区，有效燃油消耗率均显著升高。因此，为使发动机在实际使用时具有良好的经济性，不仅要求燃油消耗率低，更希望常用负荷接近经济负荷，这对于节省燃料具有很大的意义。

6.3.1　汽油机负荷特性

当汽油机的转速保持不变时，逐渐改变节气门开度，同时调节测功器负荷，以保持转速不变，此时，燃油消耗量 B、有效燃油消耗率 b_e 随负荷（有效功率 P_e、有效转矩 T_{tq}、平均有效压力 p_{me}）而变化的关系称为汽油机负荷特。

汽油机的供油量是通过节气门的开度变化来调节的，这样相应地改变了进入气缸的混合气数量，而混合气的浓度变化不大，故称为"量调节"。

1. 有效燃油消耗率 b_e 曲线

由式(6-4)可知，有效燃油消耗率 b_e 曲线的变化取决于指示热效率 η_{it} 和机械效率 η_m 的变化，如图 6-8 所示为汽油机各种参数和指标的负荷特性曲线。

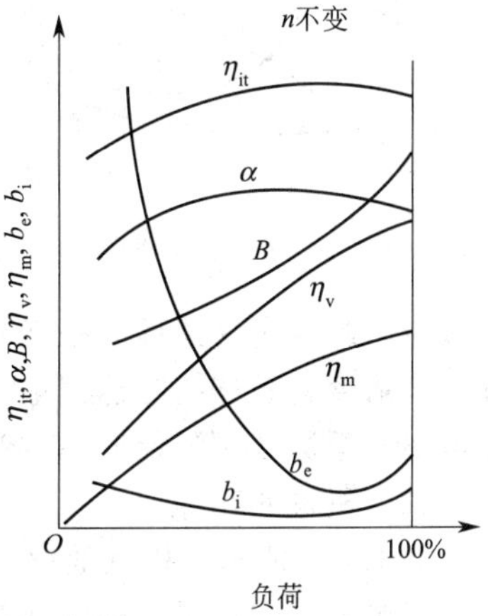

（1）指示热效率 η_{it}

随着负荷 P_e 的增加，指示热效率 η_{it} 先缓慢增加，然后略有下降。由于节气门开度的加大，气缸内残余废气相对减少，可燃混合气燃烧速度增加，且热损失减少，燃料气化条件改善，使指示热效率 η_{it} 增加，燃油消耗率 b_e 下降；在大负荷与全负荷时需要浓混合气，使得不完全燃烧加剧，指示热效率 η_{it} 下降。

图 6-8　汽油机负荷特性曲线

（2）机械效率 η_m

当转速为一常数时，机械损失功率 P_m 变化不大，指示功率 P_i 随节气门开度的增加而增加，则机械效率 η_m 随负荷的增加而增加。

发动机空转时，$P_i = P_m$，$\eta_m = 0$，所以燃油消耗率 b_e 无穷大。随着节气门开度的增加，指示热效率 η_{it} 和机械效率 η_m 均上升，故燃油消耗率急速下降。在大负荷时需要浓混合气，全负荷时 $\phi_a = 0.85 \sim 0.95$，不完全燃烧加剧，指示热效率 η_{it} 下降，燃油消耗率 b_e 上升。

2. 燃油消耗量 B 曲线

燃油消耗量 B 曲线的变化趋势如图 6-8 所示。

由式(6-5)分析可知，在转速不变时，燃油消耗量 B 曲线的变化取决于节气门的开度（决定充量系数 ϕ_c）和混合气成分（过量空气系数 ϕ_a）。

随着节气门开度的加大，汽油机充量系数 ϕ_c 增大，进入气缸的混合气量增多；过量空气系数 ϕ_a 先缓慢上升（混合气变稀），然后缓慢下降（混合气变浓），但总体变化不是很大。所以，燃油消耗量 B 一直上升；全负荷时 $\phi_a = 0.85 \sim 0.95$，混合气浓度变大，使得燃油消耗量 B 迅速增加。

6.3.2　柴油机负荷特性

当柴油机保持某一转速不变，移动喷油泵齿条或拉杆位置，改变每循环供油量 Δb，燃油消耗量 B、有效燃油消耗率 b_e 等随负荷（有效功率 P_e、有效转矩 T_{tq}、平均有效压力 p_{me}）而变化的关系称为柴油机负荷特性。

对于非增压柴油机而言，当柴油机按负荷特性运行时，由于转速不变，其充量系数 ϕ_c 基本保持不变；当负荷变化时，通过燃料调节机构调整每循环供油量 Δb 以适应负荷的变化，负荷增大时油量增加，反之则减少。这样，过量空气系数随负荷的增加而减小，这一负荷调节过程被称为"质调节"。如图 6-9 所示为柴油机各种参数和指标的负荷特性曲线。

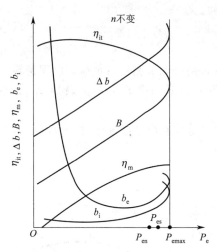

图 6-9 柴油机负荷特性曲线

1. 有效燃油消耗率 b_e 曲线

由式(6-4) 可知，有效燃油消耗率 b_e 曲线的变化取决于指示热效率 η_{it} 和机械效率 η_m 的变化，其变化曲线如图 6-9 所示。

（1）指示热效率 η_{it}

随着负荷增加，每循环供油量 Δb 增加，而转速不变，充量系数 ϕ_c 变化不大，过量空气系数 ϕ_a 值逐渐减少，即混合气由稀向浓变化，根据燃烧理论，指示热效率 η_{it} 在低负荷时稍有上升，当混合气浓度为最佳值时达到最大值。然后随着负荷的增加，混合气浓度过大而缓慢下降。当过量空气系数 ϕ_a 降低到一定程度时，不完全燃烧加剧，使指示热效率 η_{it} 急剧下降。

（2）机械效率 η_m

如图 6-9 所示，机械效率 η_m 随着负荷的增加而增加。

当柴油机空转时，机械效率 η_m 等于零，发动机所发出的功率完全用于自身消耗，燃油消耗率 b_e 趋近于无穷大。负荷增加，燃油消耗率 b_e 下降，直到降低到最低点。如果负荷再增加，使得过量空气系数 ϕ_a 减小，混合气过浓，混合与燃烧恶化，指示热效率 η_{it} 大幅下降又使得燃油消耗率 b_e 升高；继续增加负荷，则空气相对不足，燃料无法完全燃烧，从而使燃油消耗率 b_e 上升很快，且柴油机大量冒黑烟，导致活塞、燃烧室积炭，发动机过热，可靠性以及寿命受到影响。

柴油机排气存在"冒烟界限"，如图 6-9 所示的右侧边界线；为了保证柴油机寿命及安全可靠地运行，一般不允许超过国家法规规定的烟度极限值。

2. 燃油消耗量 B 曲线

当转速一定时，燃油消耗量 B 的变化取决于每循环供油量 Δb，随着负荷的增加，每循环供油量增大，燃油消耗量也增加，在中、小负荷段近似呈线性；当接近碳烟极限时，燃烧更加恶化，燃油消耗量 B 迅速增加，如图 6-9 所示。

对于增压柴油机而言，由于随负荷的增大，排气能量增大，增压器转速上升，从而使增压压力变大、进气密度提高，所以在高负荷时，其过量空气系数以及指示热效率变化不大，燃油消耗率曲线较为平坦。与非增压发动机不同的是，限制增压发动机平均指示压力提高的主要因素是最高燃烧压力，而不是排气烟度。同时，增压柴油机的最大烟度一般出现在平均有效压力较低时。

6.3.3 汽油机和柴油机负荷特性对比分析

为了分析，将标定功率和转速接近的汽油机和柴油机负荷特性曲线进行对比，如图6-10所示。

1. 柴油机和汽油机的负荷特性的差异

汽油机与柴油机负荷特性的差异如下：

（1）汽油机的燃油消耗率普遍较高，且在从空负荷向中、小负荷段过渡时，燃油消耗率下降缓慢，仍维持在较高水平，燃油经济性明显较差。

（2）汽油机排气温度普遍较高，且与负荷关系较小。

（3）汽油机的燃油消耗量曲线弯曲度较大，而柴油机的燃油消耗量曲线在中、小负荷段的线性较好。

2. 柴油机和汽油机负荷特性差异的分析

汽油机和柴油机的机械效率变化情况基本类似，造成燃油消耗率差异的主要原因是指示热效率的差异。

（1）由于柴油机的压缩比比汽油机高出较多，其过量空气系数也比汽油机大，燃烧大部分是在空气过量的情况下进行的，所以柴油机的指示热效率要比汽油机高。这样，从数值上看，汽油机的燃油消耗率数值高于柴油机。

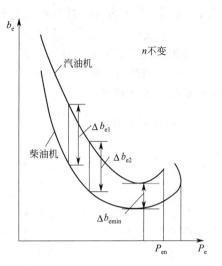

图 6-10　汽油机、柴油机负荷
特性曲线对比

（2）从指示热效率曲线的变化趋势上来看，在转速不变的前提下，柴油机进入气缸的空气量基本上不随负荷大小而变化，而每循环供油量则随负荷的增大而增大，这样过量空气系数就随负荷的增大而减小，因此，指示热效率也就随负荷的增大而降低；汽油机采用定质变量的负荷调节方法，在接近满负荷时采取加浓混合气导致指示热效率明显下降，而在低负荷时，由于节气门开度小，残余废气系数较大，燃烧速率降低，需采用浓混合气，加之当负荷减小时泵气损失增大，导致指示热效率下降。这样，汽油机的燃油消耗率在中、小负荷区远高于柴油机。

（3）排气温度曲线的差异是因为汽油机的压缩比比柴油机低，相应的膨胀比也低，而且混合气比较浓，所以排气温度就要比柴油机高。在负荷变化时，尽管由于混合气总量的增加引起加入气缸总热量的增加，使排气温度随负荷的提高而上升，但由于在大部分区域内过量空气系数保持不变，故排气温度上升幅度不大。在柴油机中，随着负荷的提高，过量空气系数随之降低，排气温度显著上升。

6.4　发动机转矩特性

汽车行驶过程中经常会遇到阻力突然增大的情况，为减少换挡次数，要求发动机的转矩随转速降低而增加。例如，当汽车爬坡时，若节气门拉杆已达到油量最大位置，但发动机所发出转矩仍不足，车速就要降低，此时要求更大的转矩，以克服爬坡阻力。为表明汽车发动机的这一特性，引入转矩储备系数、转矩适应性系数和转速适应性系数的概念。

6.4.1　发动机转矩特性参数

1. 转矩适应性系数 K_T

$$K_T = \frac{T_{tqmax}}{T_{tqn}}$$

（6-6）

式中　T_{tqmax}——发动机外特性最大有效转矩；

　　　T_{tqn}——标定工况转矩。

转矩适应性系数 K_T 越大，表明发动机外特性最大有效转矩 T_{tqmax} 与标定转矩 T_{tqn} 值差越大，即随着转速的降低，有效转矩 T_{tq} 增加越快，在不换挡的情况下，爬坡能力和克服短期超负荷的能力越强。

2. 转矩储备系数 μ

$$\mu = \frac{T_{tqmax} - T_{tqn}}{T_{tqn}} = K_T - 1 \tag{6-7}$$

对于汽车在不换挡的情况下的爬坡能力也可以用转矩储备系数来衡量。

对于一般汽油机转矩适应性系数 $K_T = 1.1 \sim 1.4$，$\mu = 0.1 \sim 0.4$，外特性有效转矩曲线的弯曲度大，随转速的下降，有效转矩增加较快。当汽车行驶阻力增加而迫使车速降低时，汽油机能自动提高转矩，以减少换挡次数。

柴油机外特性有效转矩曲线较平坦，其 K_T 在 1.05 左右，μ 在 $0.05 \sim 0.1$，若不予以校正，则难以满足汽车使用要求。

3. 转速适应性系数 K_n

$$K_n = \frac{n_n}{n_m} \tag{6-8}$$

式中　n_n——发动机标定工况转速；

　　　n_m——发动机外特性最大转矩对应转速。

实际使用中，当汽车突然遇到比较大的阻力时，发动机转速 n 由于外界的阻力增加而降低，若 n_m 较小，则发动机能以较低的转速稳定工作，并能充分运用整车运动部件的动能克服短期超载。因此，n_m 越低，K_n 值越大，在汽车不换挡的情况下，发动机克服阻力的潜力越大。一般汽油机的 $K_n = 1.6 \sim 2.5$，柴油机的 $K_n = 1.4 \sim 2.0$（未校正）。

如图 6-11 所示为具有不同转矩适应性系数 K_T、转速适应性系数 K_n 值的三台发动机的外特性曲线。图上过同一标定功率点 a 的三条外特性线中，曲线 1、2 具有相同的 K_n 值，但曲线 2 的 K_T 值较大；曲线 2、3 具有相同的 K_T 值，但曲线 3 的 K_n 值较大。显然，克服阻力的能力（用和外特性线相切的坡度阻力矩曲线 $T_{tq,R}$ 表示）以曲线 3 为最高，曲线 1 为最低。这表明，发动机的 K_T 越大，而 K_n 也越大时，克服阻力的能力越强。

6.4.2　汽油机和柴油机转矩特性对比分析

汽油机的转矩适应性系数比柴油机的大，汽油机的外特性曲线变化比较陡，柴油机的外特性转矩曲线比较平缓，没有汽油机外特性曲线陡，因此，汽油机自动适应道路阻力变化的能力比柴油机强，能随着外界阻力的变化，自动调节输出转矩，以克服外界阻力的变化。汽油机和柴油机随外界阻力变化而调整工作点情况如图 6-12 所示。

设发动机转矩与外界阻力矩在 a 点是平衡的，发动机将在 a 点对应的转速 n_a 下稳定工作。汽油机沿速度特性曲线Ⅰ工作，当上坡等工况阻力增加时，从工况 a 过渡到工况 1，驱动转矩增大了 ΔT_{tq1}，转速相应降低了 Δn_1。

柴油机沿速度特性曲线Ⅱ工作，由于其转矩曲线较平坦，则从工况 a 过渡到工况 2 时，转速降低较多（$\Delta n_2 > \Delta n_1$），而转矩增大的幅度较小（$\Delta T_{tq2} < \Delta T_{tq1}$）。

通过对比分析可知，汽油机不用操作，就能根据外界阻力的变化自动进行调整转矩，使转速降低而转矩增大，以克服外界阻力的变化，而柴油机的调节能力较差。具体分析汽油机和柴油机的转矩特性差别如下：

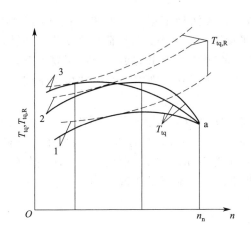

图 6-11 不同 K_T、K_n 外特性曲线对比

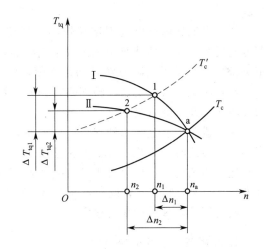

图 6-12 阻力变化时汽油机和柴油机工作点对比

Ⅰ—汽油机速度特性曲线；Ⅱ—柴油机速度特性曲线

（1）就同一挡的加速和克服阻力的能力而言，相同标定点前提下，汽油机的动力性能优于柴油机，因为在低于标定转速下各点的转矩与功率，汽油机都比柴油机高。

（2）就最高挡可达到的最高转速而言，则是柴油机比汽油机更远离标定转速点，这是因为汽油机转矩 T_{tq} 线下降急剧，而柴油机比较平缓。柴油机过多超越标定转速会带来超速或"飞车"的危险。

综上所述，汽油机的外特性比柴油机外特性的动力适应性好；因此，一般不需要改造外特性配备调速装置。柴油机需要采用专门设计的调速器，在低于标定转速进行校正，使输出转矩增大；高于标定转速需要调速，避免超速。

6.4.3 柴油机调速特性

1. 非电控柴油机的转矩调整

柴油机速度特性中的转矩曲线是在油量调节机构位置不变时获得的，它受循环供油量速度特性的控制。如图 6-13 所示，实线为转矩曲线，其变化平缓，在低速和小油量位置时呈上升状。如果只靠驾驶员通过加速踏板直接控制油量调节杆，则会出现以下两个问题。

（1）当油量调节机构固定在较大油量位置时，理论上柴油机虽能稳定在某一工况运行，但因曲线较平坦，较小的负荷变化就会导致转速大幅度的改变。其后果是转速不稳定，有时会因转速过高而出现"飞车"现象。如图 6-13 所

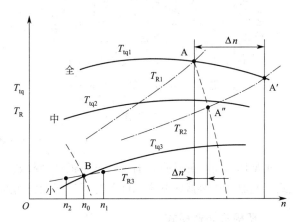

图 6-13 柴油机的转矩调整

（实线为柴油机转矩线；点画线为阻力矩线；虚线为调速特性线）

示，在外特性 T_{tq1} 曲线上工作时，若阻力矩突然由 T_{R1} 减为 T_{R2}，而驾驶员未能及时放松加速踏板，则柴油机工况将由点 A 变到点 A′，出现了较大的转速增量 Δn，导致超速过多而"飞车"。

（2）当油量调节机构固定在较小油量位置时，将无法稳定运行。如图 6-13 下方所示，部分速度特性 T_{tq3} 曲线与阻力矩 T_{R3} 曲线的理论平衡工况点为 B。若负荷少许变化，使转速由 n_0 略升为 n_1 后，阻力恢复到正常值，由于此时的转矩大于阻力矩，转速还要上升，导致回不到原工况点；反之，转速略降为 n_2 后，阻力恢复正常，则因此时的转矩小于阻力矩而使转速不断下降直至熄火。

为了避免出现上述两种现象，必须加装调速器，使得当加速踏板位置不变而发动机转速高于一定转速时，转矩 T_{tq} 随 n 的上升而自动下降，如图 6-13 中的两条虚线所示。这样，在高速、高负荷下，当阻力矩 T_{R1} 突降到 T_{R2} 时，工况点相应由 A 变到点 A″，所引起的转速变化 $\Delta n'$ 大大低于不装调速器时的 Δn 值；在低速、低负荷下的工况点 B，由于转矩线从上升改为下降，其运行变得稳定。

2. 车用柴油机的调速特性

喷油泵调速手柄位置固定，调速器起作用时，柴油机的性能指标随转速或负荷的变化关系称为调速特性。调速特性表达方式有两种，一种以有效功率 P_e 或平均有效压力 p_{me} 为横坐标，相当于负荷特性的形式；另一种表达形式是以转速 n 为横坐标，相当于速度特性的形式，如图 6-14 所示。

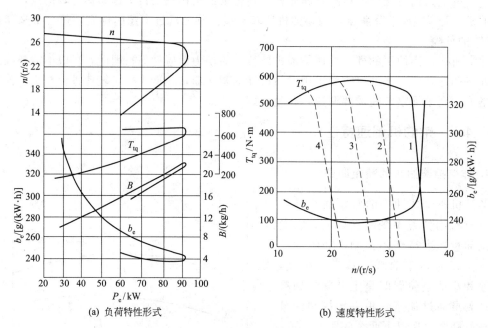

(a) 负荷特性形式 　　(b) 速度特性形式

图 6-14　柴油机的调速特性曲线

根据调速特性的特点，有两种基本的调速模式，对应的有两种调速器，两极式调速器和全程式调速器。调速器的基本功能就是保证柴油机高速时不超速"飞车"而低速时能稳定运行。

3. 两极式调速模式

若调速器只在标定转速以及某一低速时起调速作用，而其他中间转速不起作用（中间转速仍由驾驶员通过加速踏板直接操纵油量调节杆），这就是两极调速，相应的装置就是两极调速器，或称为两速调速器、双速调速器。

汽车用柴油机装有两极式调速器，这种调速器只有在最低转速和最高转速下才起作用。在中间转速，调速器不起作用，当外界负荷改变时，靠驾驶人改变喷油泵齿条或拉杆位置来保证发动机的转速不变；当外界负荷基本保持不变时，也靠驾驶人改变喷油泵或油量调节拉杆的位置来改变车速。

由于两极式调速器在发动机工况改变时，驾驶人可直接操纵喷油泵齿条，因此达到新平衡点的加速度小，所以两极式调速器反应快，加速性能好，操纵方便。装有两极式调速器柴油机的调速特性如图 6-15 所示。

4. 全程式调速模式

调速器在任何转速均能起调速作用的模式，称为全程式调速模式。相应的装置为全程调速器。

使用全程调速器时，加速踏板并不直接控制油量调节杆。此时，每一个踏板位置只对应一条调速特性曲线，$R \sim n$（油量调节机构位置 R 与转速的关系）和 $T_{tq} \sim n$ 调速特性曲线如图 6-16 所示。图中每一个踏板位置所对应的曲线都是从低转速时的外特性曲线开始，到了各自的调速转速后才变为下降的调速特性曲线。加速踏板位置越大，调速转速越高。

全程调速器在加速踏板位置不动时，会因外界负荷的变化而自动调节供油量，如图 6-16 所示，当加速踏板在最大位置而阻力矩由 T_{R1} 变化为 T_{R2} 时，全程调速器使工况由 A 变到点 A″，对应的油量调节杆位置曲线 R 也由 A 变到点 A″，即油量自动减小。但是此时的转速并没有较大改变。

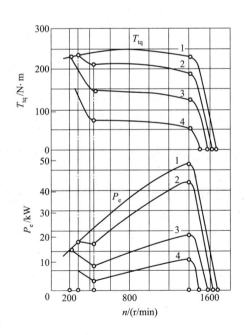

图 6-15 两极式调速器调速特性曲线

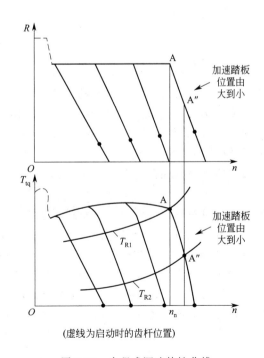

（虚线为启动时的齿杆位置）

图 6-16 全程式调速特性曲线

全程调速器适用于拖拉机、工程机械等要求转速稳定工作的柴油机中。在重型载货汽车上也常使用。

5. 调速器的工作指标

调速器工作性能的好坏，通常用调速率来评定。调速率可以通过突变负荷试验测得，即先让柴油机在标定工况下运转，然后突然卸去全部负荷，测得突变负荷前后的转速，如图6-17所示。

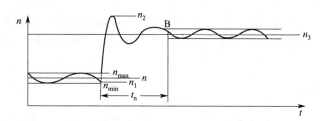

图 6-17　调速器调速过程

根据不同的测定条件，调速率分为瞬时调速率和稳定调速率。

① 瞬时调速率 σ_1　瞬时调速率 σ_1 是评定调速器过渡过程的指标，表示过渡过程中转速波动的瞬时增长百分比。

$$\sigma_1 = \frac{n_2 - n_1}{n_b} \tag{6-9}$$

式中　n_2——突变负荷时柴油机最大或最小瞬时转速，r/min；

　　　n_1——突变负荷前柴油机的转速，r/min；

　　　n_b——柴油机的标定转速，r/min。

② 稳定调速率 σ_2

$$\sigma_2 = \frac{n_3 - n_1}{n_b} \tag{6-10}$$

式中　n_1——突变负荷前柴油机的转速，r/min；

　　　n_3——突变负荷后柴油机的转速，r/min。

稳定调速率 σ_2 是柴油机实际运转时的转速波动相对于全负荷转速的变化范围。稳定调速率 σ_2 大，表明柴油机工作不稳定，转速波动大。柴油机转速从 n_2 逐渐稳定到 n_3 所需要的过渡时间 t_n 越短越好。

一般用途柴油机的瞬时调速率 $\sigma_1 = 10\% \sim 12\%$，稳定调速率 $\sigma_2 = 8\% \sim 10\%$，过渡时间 $t_n = 5 \sim 10s$。

柴油机在调整过程中有时遇到转速忽高忽低的波动现象称为"游车"。游车是过渡过程中转速有较大波动，是调速自适应的工作不稳定过程。

③ 不灵敏度 ε　调速器工作时，调速系统中由于有摩擦存在，所以柴油机负荷增加或减少，调速器均不会立即反应。例如，柴油机转速为 2860r/min 时，调速器可能对转速在 2830~2770r/min 范围内的变动都不起作用，我们把这样两个起作用的极限转速之差对柴油机平均转速的比值称为调整器的不灵敏度 ε

$$\varepsilon = \frac{n_2 - n_1}{n} \tag{6-11}$$

式中　n_2——负荷减小，调速器开始起作用的转速，r/min；

　　　n_1——负荷增加，调速器开始起作用的转速，r/min。

低速时，调速器推动力小，摩擦力增大，不灵敏度 ε 明显增加。一般规定，标定工况时

不灵敏度 $\varepsilon = 1.2\% \sim 2\%$，最低转速时，不灵敏度 $\varepsilon = 10\% \sim 13\%$，不灵敏度 ε 大表明柴油机工作不稳定。

6.5 发动机万有特性

负荷特性、速度特性只能表示某一油量控制机构位置固定或某一转速时，发动机参数间的变化规律，而对于工况变化范围大的发动机要分析各种工况下的性能，就需要在一张图上全面表示出发动机性能的特性曲线，这种能够表达发动机多参数的特性称为万有特性。

广泛应用的万有特性用转速 n 为横坐标，用平均有效压力 p_{me} 为纵坐标，在图上画出许多等油耗率曲线和等功率曲线。根据需要，还可在万有特性曲线上绘出等节气门开度线、等过量空气系数曲线、等进气管真空度曲线、冒烟极限等。如图 6-18、图 6-19 所示为汽油机和柴油机万有特性曲线。

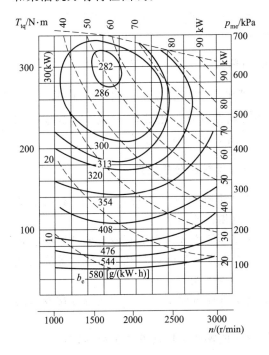

图 6-18 汽油机万有特性曲线

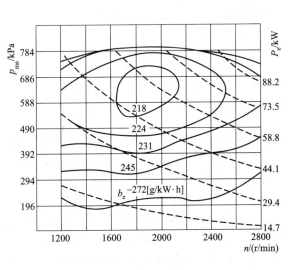

图 6-19 柴油机万有特性曲线

6.5.1 万有特性的制作

1. 等燃油消耗率曲线

等燃油消耗率 b_e 曲线可以根据各种转速下的负荷特性曲线用作图法得到，具体方法如图 6-20 所示。

（1）将各转速的负荷特性曲线用同一比例尺，集中画在 p_{me}-b_e 坐标图上，以平均有效压力 p_{me} 为横坐标，如图 6-20 上方。

（2）此图下用相同比例尺，同样以平均有效压力 p_{me} 为横坐标，布置 p_{me}-n 坐标系。

（3）在 n-p_{me} 坐标系上，作等燃油消耗率 b_e 曲线。

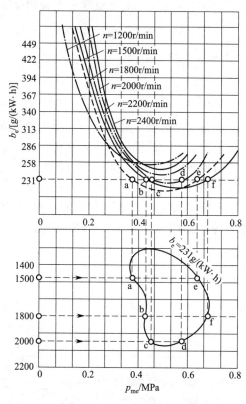

图 6-20 万有特性的绘制

以等燃油消耗率 $b_e = 231\mathrm{g}/(\mathrm{kW} \cdot \mathrm{h})$ 为例说明其曲线的具体做法：先在上方图上作 $b_e = 231\mathrm{g}/(\mathrm{kW} \cdot \mathrm{h})$ 的水平线，与各负荷特性曲线交于 a、b、c、d、e、f 六点；再将此六点移到 n-p_{me} 坐标系上；连接各点所形成的封闭曲线，就是所求的等燃油消耗率 b_e 曲线。

（4）同理可以作出各等燃油消耗率 b_e 曲线族，即为如图 6-19 所示的燃油消耗率 b_e 万有特性曲线。

2. 等功率曲线

根据有效功率 $P_e = \dfrac{p_{me} V_s n i}{30\tau} = K p_{me} n$ 的关系，作出等功率曲线，在 p_{me}-n 坐标中，等功率曲线是一组双曲线，如图 6-18 和图 6-19 中的虚线所示。

3. 边界线

将外特性（或标定功率速度特性）中的 $p_{me} = f(n)$ 曲线画在万有特性图上，构成上边界线，如图 6-18 和图 6-19 所示的上边界。

4. 万有特性图分析方法

根据发动机的万有特性，可以清晰地了解发动机在各种工况下的性能，很容易找出最经济的负荷和转速。

等有效燃油消耗率曲线的形状与位置对发动机的实际使用经济性能有着重要的影响。在万有特性图上，最内层的等有效燃油消耗率曲线相当于发动机运转的最经济区域，等值曲线越向外，经济性越差，我们希望最低耗油率 b_{emin} 区域越宽越好。

（1）如果该曲线的形状在横向上较长，则表示发动机在负荷变化不大而转速变化较大的情况下工作时，有效燃油消耗率变化较小。

对于车用发动机希望经济区最好在万有特性的中间位置使常用转速和负荷落在最经济区域内，并希望等有效燃油消耗率曲线沿横坐标方向长些。

（2）如果曲线形状在纵向较长，则表示发动机在负荷变化较大而转速变化不大的情况下工作时，有效燃油消耗率变化较小。

在万有特性上还可以看出其他一些特征，如最大转矩点及其对应的转速、最低稳定转速点以及最低油耗点及其范围等。

6.5.2 汽油机和柴油机万有特性的特点

1. 汽油机万有特性特点

如图 6-18 所示，汽油机万有特性有如下特点：最低燃油消耗率偏高，经济区域偏小；等燃油消耗曲线在低转速区向大负荷收敛，说明汽油机低转速低负荷工作时燃油消耗率较高；等功率曲线随转速升高而斜穿等燃油消耗曲线，当功率一定时，转速越高越费油。故使用中应尽量使用高速挡。

2. 柴油机万有特性特点

如图 6-19 所示，柴油机万有特性有如下特点：最低燃油消耗偏低，经济区域较宽；等燃油消耗曲线在高低转速均不收敛，变化比较平坦，其变速工况的适应性相对汽油机较好。

3. 万有特性的应用

万有特性曲线常用于以下几个方面：

（1）可以根据被动的工作机械的转速和负荷的运转规律的特性曲线，选配特性曲线与其相近或者相似的发动机。

（2）根据等转矩 T_{tq}、等排气温度 T_r、等最高爆发压力 p_z 曲线，即可以准确地确定发动机最高、最低允许使用的负荷限制线。

（3）等燃油消耗率曲线的形状及分布情况，对发动机使用经济性有很大影响。等燃油消耗率曲线最内层为最经济区，曲线越向外，经济性越差。

如果等燃油消耗率曲线横向较长，表示发动机在负荷变化不大而转递变化较大的情况下油耗较小。如果等燃油消耗率曲线纵向较长，表示发动机在负荷变化较大而转速变化较小的情况下的燃油消耗率较小。对于常用中等负荷、中等转速工况的车用发动机，希望其最经济区处于万有特性中部，等燃油消耗率曲线横向较长；对于转速范围变化较小而负荷变化范围较大的工程机械用发动机，希望最经济区在标定转速附近，等燃油消耗率曲线纵向较长。

（4）某些改进与研究性试验时，为保证发动机传动系统的合理匹配，将常用挡位下常遇阻力曲线（折算成 P_e、b_e、p_{me} 值）绘于万有特性上，可以一目了然地看出汽车的常用工作区是否与发动机的经济油耗区接近，以判断改进的效果。

（5）利用万有特性曲线可以检查发动机的工作状态是否超负荷，工作是否正常。

（6）可以结合传动系统参数绘制整车万有特性。由此可以确定各挡位、各种坡度、不同车速下的经济性和动力性。

如果发动机的万有特性不能满足使用要求，则应重新选择发动机，或者对发动机进行适当的调整，以改变万有特性。例如，适当改变配气相位来改变充量系数特性，或选择对转速不太敏感的燃烧系统，可以影响万有特性最经济区域在横坐标方向的宽度；降低发动机的机械损失，提高低速、低负荷时冷却液温度和机油温度，都可以降低部分负荷时的燃油消耗率，在纵坐标方向扩展最经济区。

 复习思考题

1. 什么是发动机特性？研究发动机特性的意义是什么？

2. 汽油机和柴油机速度特性各有何特点？分析产生差异的原因是什么？

3. 发动机的负荷特性如何测取？在测取过程中应该注意哪些内容？

4. 试分析汽油机和柴油机负荷特性的特点。

5. 何谓发动机转矩特性？汽油机和柴油机转矩特性有何差异？

6. 衡量发动机转矩特性的指标有哪些？每个指标对发动机转矩特性有何影响？

7. 何谓调速特性？车用柴油机与工程机械、拖拉机用柴油机调速特性有何区别？

8. 何谓发动机的万有特性？汽油机、柴油机的万有特性各有什么特点？

9. 分析发动机万有特性的作用？

第 7 章

发动机排放与噪声控制技术

发动机用碳氢化合物燃料在燃烧室内完全燃烧时，如果不考虑燃料中的微量杂质的话，将只产生二氧化碳和水蒸气。水在地球上大量存在，内燃机排出的水分不会对地球水循环构成重大影响。至于 CO_2，过去并不认为它是一种污染物，但因为含碳化石燃料的大量使用，使地球的碳循环失衡，加剧温室效应。由于各种实际工作条件的影响，在废气中往往含有不完全燃烧产物：一氧化碳和未燃的碳氢化合物，以及氮氧化物和微粒。

发动机排放污染控制技术可分为三类：以改进发动机燃烧过程为核心的机内净化技术，在发动机之外的排气系统中对已生成的有害排放物进行净化的排放后处理技术，控制曲轴箱和供油系统有害排放物的非排气污染控制技术。后两类也统称为机外净化技术。机内净化技术降低发动机排出的污染物，而降低汽车尾气排放则是机内净化技术与后处理技术共同作用的结果。

噪声也是一种环境污染，发动机噪声是汽车噪声的主要来源之一，在我国，发动机噪声约占汽车总噪声的 55% 以上。本章主要讨论四冲程发动机排放和噪声控制技术。

7.1 汽油机排放与控制技术

7.1.1 汽油机排放污染物生成及影响因素

1. 一氧化碳排放

CO 是一种无色无味的气体，它和血液中输氧的载体血红蛋白的亲和力是氧的 200~250 倍。CO 与血红蛋白结合生成羰基血红蛋白，相对减少氧血红蛋白，相应损害血红蛋白对人体组织的供氧能力。空气中 CO 的体积分数超过 0.1% 时，就会导致头痛、心慌等中毒病状；超过 0.3% 时，则可在 30min 内使人死亡。

发动机尾气中 CO 的产生是由于燃油在气缸中燃烧不充分所致，是氧气不足而生成的中间产物。如果燃气中的氧气量充足时，理论上燃料燃烧后不会存在 CO。但当氧气量不足时，就会有部分燃料不能完全燃烧，而生成 CO。

在非分层燃烧的汽油机中，可燃混合气基本上是均匀的，其 CO 排放量几乎完全取决于可燃混合气的空燃比 A/F 或过量空气系数 ϕ_a。图 7-1 所示为 11 种 H/C 比值不同的燃料在汽油机中燃烧后，排气中 CO 的摩尔分数 φ_{CO} 与空燃比 A/F 及过量空气系数 ϕ_a 的关系。由图 7-1 可以看出在浓混合气中（$\phi_a<1$），CO 的排放量随 ϕ_a 的减小而增加，这是因缺氧引起不完全燃烧所致。在稀混合气中（$\phi_a>1$），CO 的排放量都很小，只有在 $\phi_a=1.0\sim1.1$ 时，CO 的排放量才随 ϕ_a 有较复杂的变化。

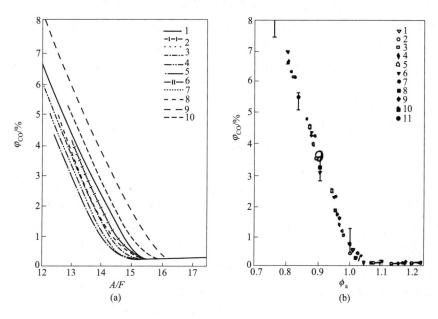

图 7-1　点燃式内燃机用不同 H/C 比燃料时的 CO 排放量与空燃比 A/F 及过量空气系数 ϕ_a 的关系

在膨胀和排气过程中，气缸内压力和温度下降，CO 氧化成 CO_2 的过程不能用相应的平衡方程精确计算。受化学反应动力学影响，大约在 1100K 时，CO 浓度冻结。汽油机启动暖机和急加速、急减速时，CO 排放比较严重。

2. 碳氢排放

碳氢化合物包括碳氢燃料及其不完全燃烧产物、润滑油及其裂解和部分氧化产物，如烷烃、烯烃、芳香烃、醛、酮、酸等数百种成分。烷烃基本上无味，它在空气中可能存在的含量对人体健康不产生直接影响。烯烃略带甜味，有麻醉作用，对黏膜有刺激，经代谢转化会变成对基因有毒的环氧衍生物。烯烃有很强的光化活性，是与 NO_x 一起在日光紫外线作用下形成有很强毒性的"光化学烟雾"的罪魁祸首之一。芳香烃有芳香味，却有危险的毒性，对血液、肝脏和神经系统有害。多环芳烃（PAH）及其衍生物有致癌作用。醛类是刺激性物质，对眼黏膜、呼吸道和血液有毒害。

汽油发动机中未燃碳氢化合物的生成与排放主要有以下三种途径。

① 在气缸内的燃烧过程中产生并随废气排出，此部分碳氢化合物主要是燃烧过程中未燃烧或燃烧不完全的碳氢燃料；

② 从燃烧室通过活塞组与气缸之间的间隙漏入曲轴箱的窜气中含有大量未燃燃料，如果排入大气中也构成碳氢化合物排放物；

③ 从汽油机的燃油系统蒸发的燃油蒸气。

车用发动机的碳氢排放物中有完全未燃烧的燃料，但更多的是燃料的不完全燃烧产物，还有小部分由润滑油不完全燃烧而生成。排气中未燃碳氢物的成分十分复杂，其中有些是原来燃料中不含有的成分，这是部分氧化反应所致。

车用发动机在正常运转情况下，碳氢化合物的生成区主要位于气缸壁的四周处，故对整个气缸容积来说是不均匀的，而且对排气过程而言碳氢化合物的分布也是不均匀的。在发动机一个工作循环内，排气中碳氢化合物的浓度出现两个峰值，一个出现在排气门刚打开时的先期排气阶段，另一个出现在排气行程结束时。碳氢化合物的生成主要由火焰在壁面淬冷、狭隙效应、润滑油膜的吸附和解吸、燃烧室内沉积物的影响、体积淬熄及碳氢化合物的后期氧化所致。下面主要针对汽油机分别进行讨论，但除了狭隙效应外，其余的均适用于柴油机。

（1）火焰在壁面淬冷

火焰淬冷的形成方式有两种，即单壁淬冷和双壁淬冷。前者是火焰接近气缸壁时，由于缸壁附近混合气温度较低，使气缸壁面上薄薄的边界层内的温度降低到混合气自燃温度以下，导致火焰熄灭，边界层内的混合气未燃烧或未燃烧完全就直接进入排气而形成未燃碳氢化合物，此边界层称为淬熄层，发动机正常运转时，其厚度在 0.05～0.4mm 之间变动，在小负荷时或温度较低时淬熄层较厚；后者是在活塞顶部和气缸壁所组成的很小的环形间隙中，火焰传不进去，使其中的混合气不能燃烧，在膨胀过程中逸出形成碳氢化合物排放。

在正常运转工况下，淬熄层中的未燃碳氢化合物在火焰前锋面掠过后，大部分会向燃烧室中心扩散并完成氧化反应，使未燃碳氢化合物的浓度大大降低。但是在发动机冷启动、暖机和怠速等工况下，因燃烧室壁面温度较低，形成的淬熄层较厚，同时已燃气体温度较低及混合气较浓，使后期氧化作用较弱，因此壁面火焰淬熄是此类工况下未燃碳氢化合物的重要来源。

（2）狭隙效应

在车用发动机的燃烧室内有如图 7-2 所示的各种狭窄的间隙，如活塞组与气缸壁之间的间隙、火花塞中心电极与绝缘子根部周围狭窄空间和火花塞螺纹之间的间隙、进排气门与气门座面形成的密封带狭缝、气缸盖垫片处的间隙等，当间隙小到一定程度，火焰不能进入便会产生未燃碳氢化合物。

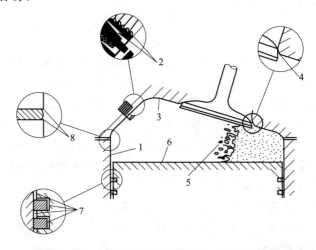

图 7-2　汽油机燃烧室内未燃碳氢化合物的可能来源

1—润滑油膜的吸附及解吸；2—火花塞附近的狭隙和死区；3—冷激层；4—气门座死区；
5—火焰熄灭（如混合气太稀、湍流太强）；6—沉积物的吸附及解吸；7—活塞环和环岸死区；
8—气缸盖衬垫缸孔死区

在压缩过程中，缸内压力上升，未燃混合气挤入各间隙中，这些间隙的容积很小但具有很大的面容比，进入其中的未燃混合气因传热而使温度下降。在燃烧过程中压力继续上升，又有一部分未燃混合气进入各间隙。当火焰到达间隙处时，火焰有可能传入使间隙内的混合气得到全部或部分燃烧（在入口较大时），但也有可能火焰因淬冷而熄灭，使间隙中混合气不能燃烧。随着膨胀过程开始，气缸内压力不断下降。大约从压缩上止点后 $15°CA$ 开始，间隙内气体返回气缸内，这时气缸内温度已下降，氧的浓度也很低，流回气缸的可燃气再氧化的比例不大，一半以上的未燃碳氢化合物直接排出气缸。狭隙效应产生的碳氢化合物排放可占其总量的 $50\% \sim 70\%$。

（3）润滑油膜对燃油蒸气的吸附与解吸

在进气过程中，气缸壁面和活塞顶面上的润滑油膜溶解和吸收了进入气缸的可燃混合气中的碳氢化合物蒸气，直至达到其环境压力下的饱和状态，这种溶解和吸收过程在压缩和燃烧过程中的较高压力下继续进行。在燃烧过程中，当燃烧室燃气中的碳氢化合物浓度由于燃烧而下降至很低时，油膜中的碳氢化合物开始向已燃气解吸，此过程将持续到膨胀和排气过程。一部分解吸的燃油蒸气与高温的燃烧产物混合并被氧化；其余部分与较低温度的燃气混合，因不能氧化而成为碳氢化合物排放源。这种类型的碳氢化合物排放与燃油在润滑油中的溶解度成正比。使用不同的燃料和润滑油，对碳氢化合物排放的影响不同，使用气体燃料则不会生成这种类型的碳氢化合物。润滑油温度升高，使燃油在其中的溶解度下降，于是降低了润滑油在碳氢化合物排放中所占的比例。由润滑油膜吸附和解吸机理产生的未燃碳氢化合物排放占其总量的 25% 左右。

（4）燃烧室内沉积物的影响

发动机运转一段时间后，会在燃烧室壁面、活塞顶、进排气门上形成沉积物，从而使碳氢化合物排放增加。对使用含铅汽油的发动机，碳氢化合物排放可增加 $7\% \sim 20\%$。沉积物的作用机理可用其对可燃混合气的吸附及解吸作用来解释，当然，由于沉积物的多孔性和固液多相性，其生成机理更为复杂。当沉积物沉积于间隙中，由于间隙容积的减少，可能使由于狭隙效应而生成的碳氢化合物排放量下降，但同时又由于间隙尺寸减小而可能使碳氢化合物排放量增加。这种机理所生成的碳氢化合物占总排放量的 10% 左右。

（5）体积淬熄

发动机在某些工况下，火焰前锋面到达燃烧室壁面之前，由于燃烧室中压力和温度下降太快，可能使火焰熄灭，称为体积淬熄，这也是产生未燃碳氢化合物的一个原因。发动机在冷启动和暖机工况下，由于发动机温度较低，混合气不够均匀，导致燃烧变慢或不稳定，火焰易熄灭；发动机在怠速或小负荷工况下，转速低、相对残余废气量大，使滞燃期延长、燃烧恶化，也易引起熄火。更为极端的情况是发动机的某些气缸缺火，使未燃烧的可燃混合气直接排入排气管，造成未燃碳氢化合物排放急剧增加，故汽油机点火系统的工作可靠性对碳氢化合物排放是至关重要的。

（6）碳氢化合物的后期氧化

在发动机燃烧过程中未燃烧的碳氢化合物，在以后的膨胀和排气过程中不断从间隙容积、润滑油膜、沉积物和淬熄层中释放出来，重新扩散到高温的燃烧产物中被全部或部分氧化，称为碳氢化合物的后期氧化，包括：

① 气缸内未燃碳氢化合物的后期氧化。在排气门开启前，气缸内的燃烧温度一般超过 $950℃$。若此时气缸内有氧可供后期氧化（例如当过量空气系数 $\phi_a > 1$ 时），碳氢化合物的氧化将很容易进行。

② 排气管内未燃碳氢的氧化。排气门开启后，缸内未被氧化的碳氢化合物将随排气一

同排放到排气管内，并在排气管内继续氧化。其氧化条件为：管内有足够的氧气；排气温度高于 600℃；停留时间大于 50ms。

对于缸外喷射汽油机而言，燃料和空气混合比较均匀，因此，缸外喷射汽油机碳氢化合物排放主要受以下运行条件的影响。

（1）负荷的影响：发动机试验结果表明，当空燃比和转速保持不变，并按最大功率调节点火时刻时，改变发动机负荷，对碳氢化合物的相对排放浓度几乎没有影响。但当负荷增加时，碳氢化合物排放量绝对值将随废气流量变大而几乎呈线性增加。

（2）转速的影响：发动机转速对碳氢化合物排放浓度的影响则非常明显。转速较高时，碳氢化合物排放浓度明显下降，这是由于气缸内混合气的扰流混合、涡流扩散及排气扰流、混合程度的增大改善了气缸内的燃烧过程、促进了激冷层的后氧化，后者则促进了排气管内的氧化反应。

（3）点火时刻的影响：点火时刻对碳氢化合物排放浓度的影响体现在点火提前角上。点火延迟（点火提前角减小）可使碳氢化合物排放下降，这是由于点火延迟使混合气燃烧时的激冷壁面面积减小，同时使排气温度增高，促进了碳氢化合物在排气管内的氧化。但采用推迟点火，靠牺牲燃油经济性来降低碳氢化合物排放是得不偿失的。因此，点火延迟要适当。

（4）壁温的影响：燃烧室的壁温直接影响了激冷层厚度和碳氢化合物的排气后反应。据研究，壁面温度每升高 1℃，碳氢化合物排放浓度相应降低 $0.63 \times 10^{-6} \sim 1.04 \times 10^{-6}$。因此提高冷却介质温度有利于减弱壁面激冷效应，降低碳氢化合物排放。

（5）燃烧室面容比的影响：燃烧室面容比大，单位容积的激冷面积也随之增大，激冷层中的未燃烃总量必然也增大。因此，降低燃烧室面容比是降低汽油机碳氢化合物排放的一项重要措施。

3. 氮氧化物排放

NO 是无色气体，本身毒性不大，但在大气中缓慢氧化成 NO_2。NO_2 是褐色气体，具有强烈的刺激味，被吸入人体后与水分结合成硝酸，引起咳嗽、气喘，甚至肺气肿和心肌损伤。NO_x 是在地面附近形成含有毒臭氧的光化学烟雾的主要因素之一。

车用发动机排气中的氮氧化物 NO_x 包含 NO 和 NO_2，其中大部分是 NO，它们是 N_2 在燃烧高温下的产物。

（1）NO 生成机理

从大气中的 N_2 生成 NO 的化学机理是扩展的泽尔多维奇（Zeldovitch）机理。在化学计量混合比（$\phi_a = 1$）附近导致生成 NO 和使其消失的主要反应式为：

$$O_2 \longrightarrow 2O \tag{7-1}$$

$$O + N_2 \longrightarrow NO + O \tag{7-2}$$

$$N + O_2 \longrightarrow NO + O \tag{7-3}$$

$$N + OH \longrightarrow NO + H \tag{7-4}$$

反应式(7-4) 主要发生在非常浓的混合气中，NO 在火焰的前锋面和离开火焰的已燃气中生成。汽油机中的燃烧在高压下进行，并且燃烧过程进行得很快，反应层很薄（约 0.1mm）且反应时间很短。早期燃烧产物受到压缩而温度上升，使得已燃气体温度高于刚结束燃烧的火焰带的温度，因此除了混合气很稀的区域外，大部分 NO 在离开火焰带的已燃气中发生，只有很少部分 NO 产生在火焰带中。也就是说，燃烧和 NO 的产生是彼此分离的，应主要考虑已燃气体中 NO 的生成。

NO 的生成与温度有关。生成 NO 的过程中，达到 NO 的平衡摩尔分数需要较长时间。图 7-3 表示在不同温度下 NO 生成的总量化学反应式 $N_2 + O_2 \longrightarrow 2NO$ 的进展快慢，用 NO 摩尔分数的瞬时值 x_{NO} 与其平衡值 x_{NOe} 之比表示。从图中可以看出，反应温度越低，则达到平衡摩尔分数所需时间越长，并且 NO 的生成反应比发动机中的燃烧反应慢。可见温度越高，氧浓度越高，反应时间越长，NO 的生成量越多。所以对 NO 的主要控制方法就是降低最高燃烧温度。发动机在运转中因为燃烧经历时间极短（只有几毫秒），温度的上升和下降都很迅速，故 NO 的生成不能达到平衡状态，且分解所需的时间也不足，所以在膨胀过程初期反应就冻结，使 NO 以不平衡状态时的浓度被排出。从燃料燃烧过程看，最初燃烧部分（火花塞附近）产生的 NO 约占其最大浓度的 50%（其中有相当部分后来被分解）；随后燃烧的部分所产生的 NO 浓度很小且几乎不再分解，因此 NO 的排放不能按平衡浓度的方法计算，只能由局部的燃烧温度及其持续时间决定。

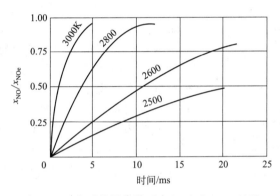

图 7-3　温度对总量化学反应 $N_2 + O_2 \longrightarrow 2NO$
进展快慢的影响（过量空气系数
$\phi_a = 1.1$，压力为 10MPa）

（2）NO_2 的生成机理

汽油机排气中的 NO_2 浓度与 NO 的浓度相比可忽略不计，但在柴油机中 NO_2 可占到排气中总 NO_x 的 10%~30%。目前对 NO_2 生成机理的研究还不透彻，大致上认为 NO 在火焰区可以迅速转变成 NO_2，反应机理如下：

$$NO + HO_2 \longrightarrow NO_2 + OH \tag{7-5}$$

然后 NO_2 又通过下述反应式转变为 NO

$$NO_2 + O \longrightarrow NO + O_2 \tag{7-6}$$

只有在 NO_2 生成后，火焰被冷的空气所激冷，NO_2 才能保存下来，因此汽油机长期怠速会产生大量 NO_2。柴油机在小负荷运转时，燃烧室中存在很多低温区域，可以抑制 NO_2 向 NO 的再转化而使 NO_2 的浓度增大。NO_2 也会在低速下在排气管中生成，因为此时排气在有氧条件下停留较长时间。

（3）影响 NO_x 的因素

汽油机的 NO_x 排放主要受过量空气系数和燃烧室温度、残余废气系数以及点火时刻等因素的影响。

由于 ϕ_a 直接影响燃烧时的气体温度和可利用的氧浓度，所以对 NO_x 生成的影响是很大的。当 ϕ_a 小于 1 时，由于缺氧即使燃烧室内温度很高 NO_x 的生成量仍会随着 ϕ_a 的降低而降低，此时氧浓度起着决定性作用；但当 ϕ_a 大于 1 时，NO_x 生成量随温度升高而迅速增大，此时温度起着决定性作用。由于燃烧室的最高温度通常出现在 $\phi_a \approx 1.1$，且此时也有适量的氧浓度，故 NO_x 排放浓度出现峰值。如果 ϕ_a 进一步增大，温度下降的作用占优势，则导致 NO 生成量减少。

残余废气分数主要取决于发动机负荷和转速。减小发动机负荷即减小节气门开度和提高转速，均加大了进气阻力，使残余废气分数增大。压缩比较高的发动机残余废气分数较小。

通过废气再循环可大大增加气缸中的残余废气分数。当可燃混合气中废气分数增大时，既减小了可燃气的发热量又增大了混合气的比热容，都使最高燃烧温度下降，从而使 NO 排放降低。

由于点火时刻对燃烧室内温度和压力有明显影响，故其对 NO 生成的影响也很大。图 7-4 表示了三种空燃比下排气中 NO 的体积分数随点火提前角 θ 的变化趋势。从该图可以看出：随着 θ 的减小，NO 排放量不断下降；当 θ 值很小时，下降速率趋缓。

增大点火提前角使较大部分燃料在压缩上止点前燃烧，增大了最高燃烧压力值，从而导致较高的燃烧温度，并使已燃气在高温下停留的时间较长，这两个因素都将导致 NO 排放量增大。因此延迟点火和使用比理论混合气较浓或较稀的混合气都能使 NO 排放降低，但同时也会导致发动机热效率降低，严重影响发动机经济性、动力性和运转稳定性，因此应慎重对待。

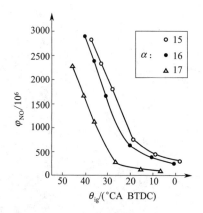

图 7-4　排气中 NO 的体积分数随点火提前角的变化

4. 微粒排放

汽油机中的排气微粒有三种来源：含铅汽油中的铅、有机微粒（包括碳烟）、来自汽油中的硫所产生的硫酸盐。

车用汽油机用含铅量 0.15g/L 的含铅汽油运转时，微粒排放量在 $100\sim150$mg/km 范围内，其主要成分为铅化合物，铅质量分数占 $25\%\sim60\%$，微粒尺寸分布为 80% 的直径小于 $0.2\mu m$，这种微粒是由排气中的铅盐冷凝生成的。因此，以质量计的排放量在发动机冷启动时较高。目前，由于含铅汽油的淘汰及贵金属三效催化剂的应用，铅微粒当然也不再排放。

硫酸盐排放主要涉及在排气系统中有氧化催化剂的车用发动机。汽油中的硫在燃烧中转化为 SO_2，被排气系统中催化剂氧化成 SO_3 后，与水结合生成硫酸雾。因此，汽油机硫酸盐的排放量直接取决于汽油中的硫含量。

碳烟排放只在使用很浓的混合气时才会遇到，对调整良好的汽油机不是主要问题。

此外当发动机技术状态不良（例如气缸活塞组严重磨损），导致润滑油消耗很大时，会产生排气冒蓝烟，这是未燃烧润滑油微粒构成的气溶胶。此时发动机性能明显恶化，需立即检修。

7.1.2　汽油机排放控制技术

1. 机内净化措施

（1）推迟点火时间

推迟点火时间一直是最简单易行也是最普遍应用的排放控制技术。如图 7-5 所示，随点火提前角的减小，NO$_x$ 明显降低，THC（总碳氢排放，包括甲烷）也同时降低。NO$_x$ 排放降低的原因可见图 7-6，随点火提前角小于 MBT（最佳点火提前角），燃烧等容度降低，使燃烧最高温度降低，导致 NO 下降。点火提前角减小同时会导致后燃加重和排气温度上升，未燃 THC 在排气行程以及排气管中的氧化反应加快，使最终排出的碳氢化合物减少。但由图 7-5 也可看出，随点火时间推迟，燃油耗率上升，同时还有最大功率下降等负面效果，这限制了点火时间不能过分推迟。

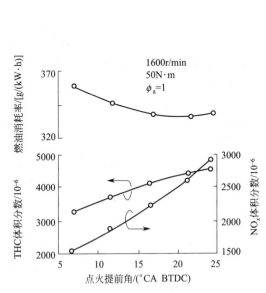

图 7-5　点火时间对 THC 和 NO$_x$ 的影响

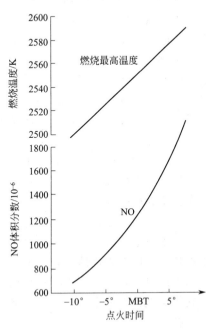

图 7-6　点火时间对燃烧最高温度的影响

（2）废气再循环

废气再循环（exhaust gas recirculation，EGR）也是一种被广泛应用的排放控制措施，主要用于降低 NO$_x$。EGR 工作原理如图 7-7 所示，一部分排气经 EGR 阀流回进气系统，与新鲜空气混合进入气缸。EGR 使残余废气系数增大，即混合气中的 CO$_2$ 等惰性气体增加，造成燃烧速度降低，同时还使混合气的比热容增高。两者共同导致了燃烧温度的降低，因而可以抑制 NO$_x$ 的生成，如图 7-8 所示。

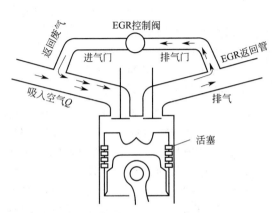

图 7-7　EGR 工作原理示意图

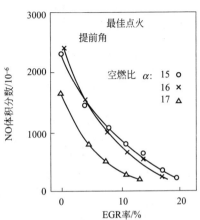

图 7-8　EGR 对 NO$_x$ 的影响

与上述推迟点火时间相似，随 EGR 率的增加，也会使中高负荷的燃油消耗率上升，最大功率下降。同时，点火变得困难，燃烧逐渐不稳定，导致 THC 和 CO 排放上升，尤其是怠速和小负荷工况时最明显。为此，一般在汽油机大负荷、启动及暖机、怠速和小负荷时不使用 EGR，而其他工况时的 EGR 率一般不超过 20%，由此可降低 NO_x 排放量 50%~70%。

为了精确地控制 EGR 率，最好采用电子控制 EGR 阀系统。为了增强降低 NO_x 的效果，可采用中冷 EGR 来降低进气温度。实际上，EGR 的这种效果也可以通过不充分排气以增大滞留于缸内的废气量（增大残余废气系数）来实现。与上述外部循环 EGR 相对应，称这种方法为内部 EGR。

（3）优化燃烧系统设计

紧凑的燃烧室形状可以使燃烧快速充分地进行，并减少淬熄效应，由此可降低 CO 和 THC 排放；改善缸内气流运动，有助于加强油气混合，同样使燃烧快速充分地进行；还可以改善燃烧时的循环波动，而循环波动也是 THC 排放的重要成因。

（4）提高点火能量

提高点火能量可以提高着火的可靠性，减小循环波动率，扩大混合气的着火稀限。特别是伴随着汽油机燃烧稀薄化，无触点的高能电子点火系统得到了广泛的应用。提高点火能量的措施有：增大极间电压（二次电压），极间电压一般为 10~20kV，但目前最高的有 35kV 左右；增大火花塞间隙，如由 0.8mm 增大至 1.1mm，甚至 1.5mm；延长放电时间等方法。

（5）汽油机电控技术

电控技术可以更精确地进行汽油机的燃油喷射、点火以及节气门等控制，更柔性地满足各工况的不同要求，从而可以实现排放特性、燃油经济性和动力性的综合优化。此外，三效催化转化器与电控喷射系统的组合，已成为当前和未来较长时期内汽油机排放控制的最有效和最主要技术。

2. 机外净化措施

（1）排放后处理技术

三效催化转化器主要用于降低缸外喷射汽油机 CO、THC、NO_x。催化器的转化效率是催化剂活性和催化器设计的综合结果，其定义为：

$$\eta_{Ci} = \frac{C(i)_1 - C(i)_2}{C(i)_1} \times 100\% \tag{7-7}$$

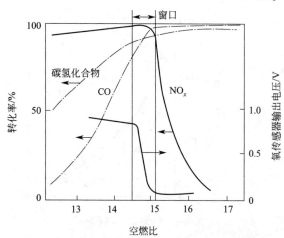

式中，η_{Ci} 为排气污染物 i 在催化器中的转化效率；$C(i)_1$ 为排气污染物 i 在催化器入口处的浓度；$C(i)_2$ 为排气污染物 i 在催化器出口处的浓度。

催化剂转化效率随空燃比的变化称为催化剂的空燃比特性，如图 7-9 所示。由图可知，三效催化转化器在化学计量比（$\phi_a = 1$）附近的狭窄区间内对 CO、碳氢化合物和 NO_x 的转化效率同时达到最高，这个区间被称为"窗口"。实际中常取三项转化效率都达到 80% 的区间来确定窗口宽度。为保证实际供给的混合气浓度都在 $\phi_a = 1$ 的附近，需要采用具

图 7-9　三效催化转化器空燃比特性

有反馈控制功能的闭环电控燃油供给系统。研究表明，对同样的三效催化剂，开环电控系统的净化效率平均为60％左右，而闭环电控系统的净化效率可达95％。窗口越宽，则表示催化剂的实用性能越好，对电控系统控制精度的要求越低。

GDI发动机大部分工况都在偏离理论空燃比的过稀状态下工作，一般三效催化转化器无法适用。随着缸内直喷汽油机开始产品化，NO_x吸附还原催化剂（adsorption-reduction-catalyst，缩写ARC）得到了实际应用。

如图7-10所示，吸附还原催化剂的成分是贵金属和碱金属。当发动机在稀燃状态工作时，排气处于氧化氛围，在贵金属（Pt）的催化作用下，NO与O_2反应生成NO_2，并以硝酸盐MNO_3（M代表金属）的形式被吸附在碱土金属表面。同时，CO和碳氢化合物被氧化成CO_2和H_2O后排出催化器。而当发动机在理论空燃比或浓混合气状态下运转时，硝酸盐MNO_3分解析出NO_2和NO，与CO、碳氢化合物及H_2反应，生成CO_2、H_2O和N_2，同时碱土金属得到再生。

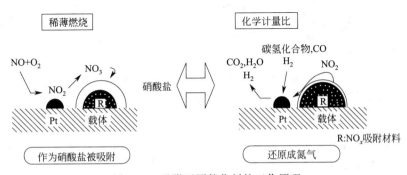

图7-10 吸附还原催化剂的工作原理

碱土金属容易硫中毒，因此使用吸附还原催化剂时对燃油硫含量要求很严（低于$100\mu g/g$甚至$30\mu g/g$）。同时，为保证催化剂能在稀-浓交替的气氛中工作，稀燃发动机需要每隔一定时间多喷油过浓燃烧并推迟点火时间，以产生大量未燃THC，使催化剂再生。随着排放法规加严，再生的频度也不断提高，使原本由稀燃和缸内直喷技术得到的节油效果不断降低，由此导致稀燃GDI发动机应用受到阻碍。

（2）非排气污染控制技术

在发动机所排放到大气中的碳氢化合物中，40％来自曲轴箱窜气和燃油系统蒸发。在发动机压缩行程中，一些混合气从活塞与气缸之间的缝隙窜入到曲轴箱，并与箱内的润滑油混合，经过通风口从而排入大气。如果窜入的混合气不被排出，将会稀释曲轴箱内的润滑油，使其变质甚至还会造成机件性能过早损坏。为了防止曲轴箱排放物的危害，世界各国的车用汽油机从20世纪60年代起先后采用曲轴箱强制通风系统（Positive Crankcase Ventilation，缩写PCV），把曲轴箱排放物吸入进气管，进而在气缸内烧掉。

图7-11所示为PCV的一个结构实例。在进气管真空度吸引下，曲轴箱7内排放物通过气门室6被吸入换气管4，然后进入进气管8，其流量受一个称为PCV阀的计量阀5控制。PCV阀的流量应大于窜气量，使曲轴箱内保持一定真空度。换气管4还可以让干净的空气流入曲轴箱，以免曲轴箱内真空度过大。

图7-12所示为发动机的窜气流量特性和PCV阀的流量特性。发动机的窜气流量一般随发动机负荷的加大而增加，因此进气管真空度越小，窜气量越大。PCV阀理想的流量特性应与发动机的窜气成正比且有一定余量，以保证发动机老化、窜气量增大后PCV系统仍能很好工作。实际的PCV阀流量特性只是对理想特性的近似。为特定发动机选配PCV阀时，

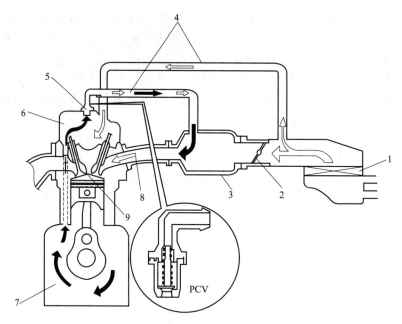

图 7-11　曲轴箱强制通风（PCV）系统
1—空气滤清器；2—节气门；3—窜气降压室；4—换气管；5—PCV 阀（窜气流量调节阀）；
6—气门室；7—曲轴箱；8—进气管；9—燃烧室

可以通过改变阀的结构和尺寸，以及改变回位弹簧和缓冲弹簧的特性来调整 PCV 阀的实际流量特性，适应发动机的窜气特性。

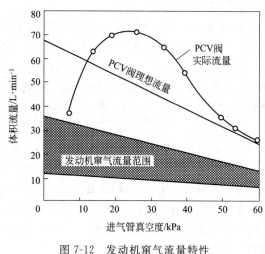

图 7-12　发动机窜气流量特性
和 PCV 阀的流量特性

PCV 系统已成为点燃式发动机必须采用的系统。压燃式发动机的曲轴箱窜气中未燃碳氢化合物很少，所以曲轴箱排放的污染物含量要大大低于点燃式发动机。但在排放控制日益严格的今天，压燃机也用闭式曲轴箱通风系统，把曲轴箱与有真空度的进气系相连，不过不必用 PCV 阀等进行控制，因为压燃式发动机对空燃比变化不像点燃式发动机那样敏感。

燃油蒸发排放控制，又叫汽油蒸气排放控制系统，是汽车发动机辅助控制系统之一，也是汽车发动机排放控制系统之一。汽油是一种易挥发的液体，在常温下燃油箱经常充满蒸气，燃油蒸发控制系统的作用是将蒸气引入燃烧并防止挥发到大气中。

如图 7-13 所示，当发动机工作时，ECU 根据发动机转速、温度、空气流量等信号，通过控制炭罐电磁阀的开闭来控制真空控制阀上部的真空度，从而控制真空阀的开度。当真空控制阀打开时，燃油蒸气通过真空控制阀被吸入进气歧管。发动机怠速或温度较低时，ECU 使电磁阀断电，关闭吸入通道，活性炭罐内的燃油蒸气不能被吸入进气歧管。

活性炭罐是整个活性炭罐式蒸发排放物控制系统的核心。一般排量 1～3L 的轿车汽油机所用的活性炭罐，需充填活性炭 0.5～1L。活性炭既要有很强的吸附碳氢化合物能力（有

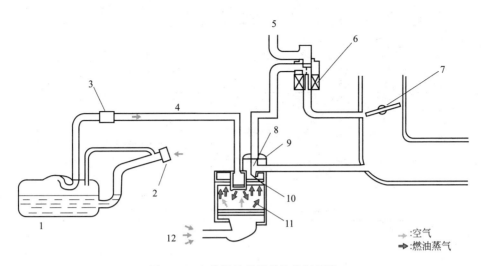

图 7-13　电控活性炭罐排放控制系统

1—燃油箱；2—油箱盖；3—单向阀；4—通气管路；5—接近气缓冲室；6—活性炭罐通气电磁阀；

7—节气门；8—主通气口；9—活性炭罐通气阀；10—定量通气小孔；11—活性炭罐；12—新鲜空气

效吸附率不小于 30％），又要容易解吸进行清陈或再生（脱附残余率不大于 15％）；一般使用木材或坚果壳热解炭，并通过在 500℃ 左右用磷酸化学处理活性化。炭粒粒度一般为 1.4～3.0mm，而 1.7～2.4mm 之间者应占 90％ 以上。活性炭容积密度为 0.5～0.7kg/L，孔隙尺度为 1～4mm，比表面为 1500m²/g 以上。

7.2　柴油机排放与控制技术

7.2.1　柴油机排放污染物生成及影响因素

1. 一氧化碳排放

汽油机 CO 的生成机理也适用于柴油机，柴油机 CO 排放主要受过量空气系数 ϕ_a 的影响。在柴油机的大部分运转工况下，其过量空气系数 ϕ_a 都在 1.5～3 之间，故其 CO 排放量要比汽油机低得多，只有在大负荷接近冒烟界限（$\phi_a=1.2～1.3$）时，CO 的排放量才大量增加。由于柴油机燃料与空气混合不均匀，其燃烧空间总有局部缺氧和低温的地方，以及反应物在燃烧区停留时间较短，不足以彻底完成燃烧过程而生成 CO 排放，这就可以解释图 7-14 在小负荷下尽管 ϕ_a 很大，CO 排放量反而上升。类似的情况也发生在柴油机启动后的暖机阶段和怠速工况中。

2. 碳氢排放

车用柴油机中的未燃碳氢化合物都是在缸内的燃烧过程中产生并随排气排放。汽油机未燃碳氢化合物的生成机理也适用于柴油机，但由于两者的燃烧方式和所用燃料的不同，故柴油机的碳氢化合物排放物有其自身的特点。柴油机的燃料以高压喷入燃烧室后，直接在缸内形成可燃混合气并很快燃烧，燃料在气缸内停留的时间较短，生成碳氢化合物的相对时间也短。因此，缝隙容积内和气缸壁多为新鲜空气，故其碳氢化合物排放量比汽油机少。

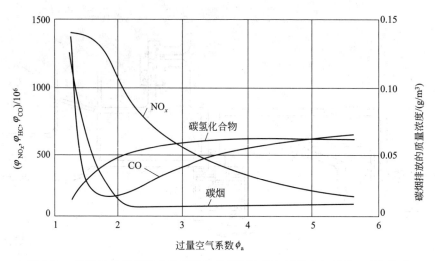

图 7-14 典型的车用直喷式柴油机排放污染物量与过量空气系数 ϕ_a 的关系

3. 氮氧化物排放

与汽油机一样，柴油机气缸内达到的最高燃烧温度是控制 NO 生成的最重要因素。在燃烧过程中最先燃烧的混合气量对 NO 的生成量有很大影响。因为这部分混合气在随后的压缩过程中由于被压缩，使温度升到较高值，从而导致 NO 生成量的增加。然后这些燃气在膨胀过程中膨胀并与空气或温度较低的燃气混合，冻结已生成的 NO。因此，在燃烧室中存在温度较低的空气是压燃式发动机的独特之处。这也就是柴油机中 NO 成分的冻结发生得比汽油机早以及 NO 的分解倾向较小的原因。

4. 微粒排放

柴油机的微粒（Particulate Matter，缩写 PM）排放量一般要比汽油机大几十倍。对于轿车和轻型车用的柴油机，PM 排放在 $0.1 \sim 1.0 \mathrm{g/km}$ 的数量级；对于重型车用柴油机，PM 排放在 $0.1 \sim 1.0 \mathrm{g/(kW \cdot h)}$ 的数量级。随着近年来柴油机的不断改进，PM 排放量在不断下降。

柴油机 PM 的组成取决于运转工况，尤其是排气温度。当排气温度超过约 500℃ 时，PM 基本上是碳质微球（含有少量氢和其他微量元素）的聚集体，一般称为碳烟（Dry Soot，缩写 DS）。当排气温度较低时，碳烟会吸附和凝聚多种有机物，称为有机可溶成分（Soluble Organic Fraction，缩写 SOF）。柴油机排气 PM 的微观形状呈复杂的链状或团絮状，当量粒度大多在 $0.02 \sim 1.0 \mu m$ 范围内，其体积平均粒度为 $0.1 \sim 0.3 \mu m$，属于能长期悬浮在空气中的亚微米颗粒物。

柴油机排气中 DS 主要由柴油中含有的碳产生，其生成的条件是高温和缺氧。由于柴油机混合气成分不均匀，尽管总体是富氧燃烧，但局部缺氧还是会导致 DS 的生成。烃分子在高温缺氧的条件下发生部分氧化和热裂解，生成各种不饱和烃类，如乙烯、乙炔及其他较高阶的同系物和多环芳烃。它们不断脱氢，聚合成以碳为主的直径 2nm 左右的碳烟晶核。气相的烃和其他物质在这个晶核表面的凝聚，以及晶核相互碰撞发生聚集，使碳烟粒子增大，成为直径 $20 \sim 30 \mathrm{nm}$ 的碳烟基元。最后，碳烟基元经聚集作用堆积成粒度 $1 \mu m$ 以下的链状或团絮状的聚集物。

图 7-15 所示为一些烃类燃料在实验室燃烧器条件下预混合火焰中 DS 的温度与 ϕ_a 的关系。由图可见，DS 在极浓的混合气中生成（一般在 $\phi_a < 0.6$ 的条件下），且在 1600～1700K 温度范围达到最大值。

在 DS 的整个生成过程中同时会发生氧化，但它要求的最低温度为 700～800℃。排放的 DS 是生成量与氧化量之差。

柴油机 PM 生成过程的最后阶段，是组成 SOF 的重质有机化合物在气缸内燃气排出并被空气稀释时，通过吸附和凝结向排气中的 DS 覆盖。若柴油机排气中未燃碳氢化合物含量高，则冷凝作用就强烈。当然最容易凝结的是未燃油中的重馏分、已经热解但未在燃烧过程中消耗的不完全燃烧有机物以及窜入燃烧室中的润滑油。

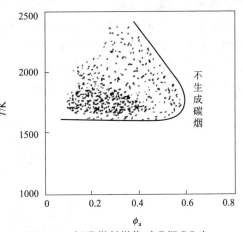

图 7-15 烃类燃料燃烧时碳烟 DS 生成的温度 T 和过量空气系数 ϕ_a 条件生成区内点的密度定性表示碳烟相对生成量

为了减少由于润滑油造成的 PM 排放，就要在保证发动机工作可靠性的前提下尽可能降低润滑油消耗。来自燃油的 SOF 与柴油机的未燃碳氢化合物排放有关。减少碳氢化合物排放也使 SOF 排放量降低。但是，降低柴油机 PM 排放问题的核心是减少 DS 的生成。由于 DS 生成的重要条件是燃料在高温下严重缺氧，所以，改善柴油机的油气混合均匀性，使燃烧室内任一点 ϕ_a 均大于 0.6，这是降低 DS 排放的最重要措施。

图 7-16 所示为柴油机 PM 排放质量浓度随负荷的变化情况。在中小负荷范围内随负荷增加缓慢上升。由于这时混合气的空燃比很大，生成 DS 的可能性不大。但当柴油机接近全负荷时（对应空燃比 $A/F = 20 \sim 25$，即 $\phi_a = 1.3 \sim 1.7$ 时），PM 排放急剧增加，接近冒烟界限。这时虽然表现（平均）ϕ_a 仍大于 1，但实际上由于燃烧室内油气混合不均匀，局部地区难免有 $\phi_a < 0.6$ 的情况出现，导致 DS 大量生成。从图 7-16 还可看出，提高柴油机转速使 PM 排放增加。所以，降低高速柴油机的 PM 排放是一项重大的技术挑战。

涡轮增压可大大增加柴油机的充气量，提高燃烧的空燃比，因而能显著降低柴油机的 PM 排放。现代低排放柴油机基本上都是增压柴油机。增加喷油器的喷孔数（相应缩小孔径），提高喷油压力，改善燃油雾化，能促进燃油与空气的混合，改善油气混合的宏观和微观均匀性，从而减少 DS 的生成。

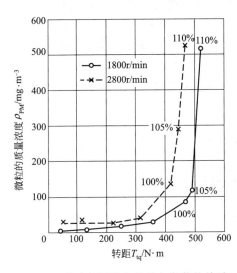

图 7-16 柴油机颗粒物排放与负荷的关系

7.2.2 柴油机排放控制技术

1. 机内净化措施

图 7-17 给出了降低柴油机 NO_x 和微粒排放的机内对策技术——机内净化技术。在燃烧

改善的各项对策技术中，已实用化的有：作为降低 NO_x 有效措施的推迟喷油时间（减小喷油提前角）、EGR 以及改善喷油规律，作为降低碳烟和微粒排放有效措施的增压技术和高压喷射。另外，随着改善燃烧所造成的微粒排放明显下降，降低硫含量是近年来燃料改善的最主要内容，降低芳烃尤其是多环芳烃含量也对排放有重要影响，以及严格控制润滑油消耗量以降低微粒中由未燃润滑油带来的成分已变得非常重要。

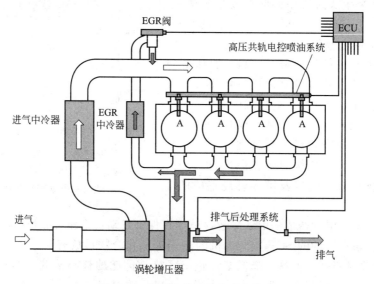

图 7-17　柴油机排放机内净化技术

由于 NO_x 与 PM 的生成机理不同，导致两者之间存在相悖关系（所谓 trade-off 关系），即降低 PM 的方法往往会引起 NO_x 的上升，同时 NO_x 与油耗之间也会存在这种 trade-off 关系，这是通过燃烧改善来降低柴油机排放的难点所在。为使 NO_x 和微粒同时降低并保证高的热效率，柴油机应采取如图 7-18 所示的燃烧过程控制思路，即由实线所示传统的燃烧过程变为虚线所示燃烧过程。其中关键问题有两点，即抑制预混合燃烧以降低 NO_x，促进扩散燃烧以降低微粒和改善热效率。这一指导思想将贯穿于以下各项排放措施中。

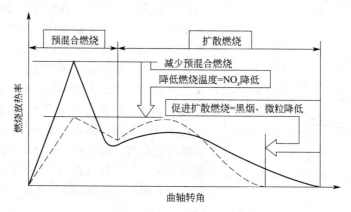

图 7-18　柴油机燃烧过程控制思路

（1）推迟喷油

与汽油机相似，在柴油机上通过推迟喷油可以有效地抑制 NO_x 的排放，且方法简便易行。图 7-19 给出了直喷式柴油机喷油正时对 NO_x 和碳烟的影响，随喷油提前角的推迟，

NO_x 显著降低（喷油时间过晚 NO_x 又有上升，是因为活塞下行后才喷油，缸内温度降低导致着火落后期又加长的缘故），但同时燃油耗率和微粒恶化，呈现出显著的相悖（trade-off）关系。

（2）废气再循环

与汽油机类似，柴油机也可以通过排气再循环（EGR）降低 NO_x 排放。对于轻型车或轿车用柴油机来说，常用的为中小负荷工况，这时 ϕ_a 很大，可以用较大的 EGR 率，所以用 EGR 降低 NO_x 排放的效果较显著（因为排放法规规定的测试工况也以中小负荷为主）。对于重型车用柴油机来说，平

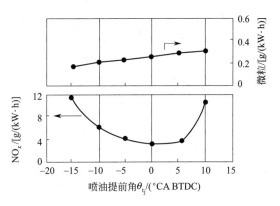

图 7-19　直喷式柴油机喷油正时对 NO_x 和碳烟的影响

均使用负荷较高，而大负荷工况 ϕ_a 较小，不可能用很大的 EGR 率，所以用 EGR 降低 NO_x 排放的效果较小（因为这时测试工况也以大中负荷为主）。

由于柴油机排气含氧量远高于汽油机，而 CO_2 含量较低，所以柴油机可以用较大的 EGR 率来降低 NO_x，最大 EGR 率 $\phi_{EGR}=0.4\sim0.5$。大负荷下用 EGR 会降低本已不大的 ϕ_a，使 PM 排放上升。在较高的转速下用 EGR 也会造成类似的问题。所以，最佳的 ϕ_{EGR} 脉谱，要全面考虑 NO_x 和 PM 排放并通过标定试验确定。

自然吸气柴油机所用的 EGR 系统与汽油机类似，由于进排气之间有足够的压力差，EGR 的控制比较容易。但在再循环排气中的 PM 可能加剧气缸活塞组等的磨损，PM 中的硫酸盐可能引起腐蚀。为了缓解这个问题，用 EGR 的柴油机首先要尽可能降低 PM 排放，同时选用优质润滑油和低硫柴油。

在增压柴油机中，再循环排气一般不引向增压器进口以免污染增压器叶轮，而是引入增压器后的有压力的进气管中（如果有中冷器则引入中冷器后，以免污染中冷器芯子）。现在，由于涡轮增压器效率的提高，增压器后的进气压力（即增压压力）在相当大的一段时间内会高于增压器前的排气压力，因而得不到足够高的 EGR 驱动力。

（3）增压和增压中冷

增压可以大幅度提高进气的密度，使燃料在足够大的 ϕ_a，条件下燃烧完全，因而可以显著抑制碳烟和微粒的产生，CO 和碳氢化合物也会进一步降低。增压还可使柴油机的功率提高 30%～100%；由于燃烧充分加之泵气过程做正功，因而燃油经济性也好。在 NO_x 不变的条件下，通过提高增压度使 ϕ_a 增大，可明显降低排气烟度和燃油消耗率。

但增压导致压缩终了温度升高和富氧氛围，由此会造成 NO_x 排放量升高。对此，可采用增压中冷的方法使进气温度降低，以抑制 NO 排放的恶化。

（4）改善喷油

理想的喷油规律如图 7-20 所示，总结为"先缓后急，断油迅速"，其形状近似于"靴形"。具体来说，初期喷油速率不要过高，以抑制着火落后期内预混合气生成量，降低初期燃烧速率，以达到降低燃烧温度，抑制 NO_x 生成及降低噪声的目的。中期应急速喷油，即采用高喷油压力和高喷油速率以提高扩散燃烧速度，防止微粒排放和热效率的恶化。后期要迅速结束喷射，以避免低的喷油压力和喷油速率使雾化质量变差，导致燃烧不完全和碳烟及微粒排放增加。

加速燃油与空气混合的主要方法之一是使燃油喷雾颗粒进一步细化，以增大燃油与空气

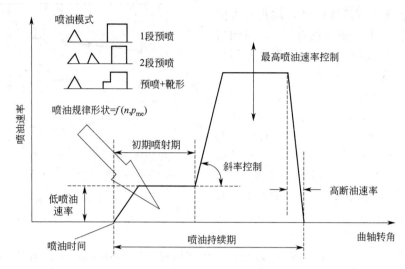

图 7-20　理想的喷油规律

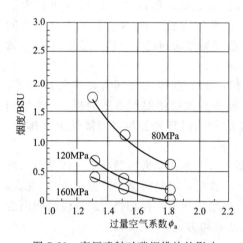

图 7-21　高压喷射对碳烟排放的影响

的接触面积。为此，近年来高压喷射技术在直喷式柴油机上得到了广泛的应用。喷射压力由传统直喷式柴油机的 $30\sim50$MPa，提高到 $60\sim80$MPa，近年来已达 $160\sim200$MPa。这样高的喷射压力加上喷孔直径的不断缩小，使喷雾的索特平均直径 SMD 由过去的 $30\sim40\mu m$ 减小到 $10\mu m$ 左右。油气混合界面的显著增大，再加上高速燃油射束对周围空气的卷吸作用，使混合气形成速度大大加快，混合气浓度分布更均匀。因此，提高喷油压力可有效降低微粒（碳烟）排放，如图 7-21 所示。

2. 机外净化措施

随着排放法规的不断加严，柴油机单靠燃烧改进等机内净化技术很难满足法规要求，后处理技术（机外净化）正式用于柴油机是从欧Ⅳ（国Ⅳ）排放阶段开始的，主要技术路线有选择性催化还原（Selective Catalyst Reduction，缩写 SCR）和颗粒捕集器（Diesel Particulate Filter，缩写 DPF）两种（见图 7-22），各国因法规、油品和关注的性能指标（如油耗、PM、NO_x）等具体情况不同，采取的技术路线也不同。由于 NO_x 和 PM 的相悖（trade-off）关系，如果机内净化降低 NO_x，那么后处理采用 DPF 技术降低 PM，反之，采用 SCR 降低 NO_x。

（1）DPF 技术

柴油机微粒捕集器是以壁流式蜂窝陶瓷块（图 7-23）为滤芯的微粒滤清器。这种滤芯外形与前述蜂窝陶瓷催化剂载体相似，但每相邻的两个孔道，一个在进口处被堵住，另一个在出口处被堵住，排气从一个孔道流入后，必须穿过陶瓷的多孔性壁面从相邻孔道流出，结果排气中的 PM 就被沉积在各流入孔道的壁面上。一般滤芯的孔密度为 100 孔/in^2（$1in=25.4mm$），孔道截面积为 $2mm\times2mm$，壁厚为 0.4mm 左右。DPF 的蜂窝陶瓷滤芯体积为柴油机排量的 $1\sim2$ 倍，其直径在 $150\sim200mm$ 之间，长度不超过 150mm。大排量柴油机可

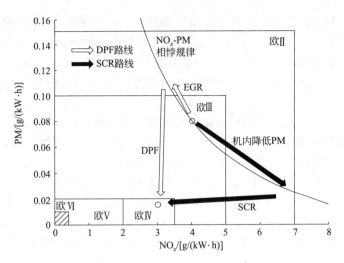

图 7-22 柴油机两种后处理技术路线

用数个滤芯并联工作。现代 DPF 的 PM 过滤效率平均可达 90% 左右。

在 DPF 工作中沉积在滤芯中的 PM 会逐渐增加排气阻力，恶化柴油机的性能。因此，必须及时清除以恢复到原先的低阻力状况，这个过程称为 DPF 的再生。由于柴油机排气 PM 绝大部分为可燃物，故定期将它烧掉是最简单可行的再生办法。实验表明，柴油机 PM 在含氧 5% 以上的气氛中，在 650℃ 温度下也要 2min 以上的时间才能完全氧化。车用柴油机大多在中小负荷运行，排温一般不超过 400℃。所以，要在柴油车实际行驶下自动实现 DPF 的再生是不可能的。实际上，简便可靠的再生是 DPF 技术开发的关键。

早期曾采用脱机再生方法。DPF 在柴油机上工作一定时间（称为再生周期）后，将 DPF 从排气管上拆下，放在通风的温控电炉里将沉积的 PM 烧掉。这种再生方法使用麻烦。只有开发成功 DPF 的自动在机再生技术，才能根本解决 DPF 的实用性问题。

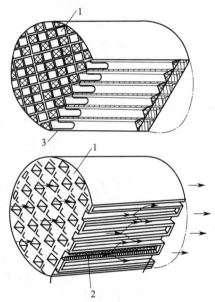

图 7-23 用作 DPF 滤芯的壁流式堇青石蜂窝陶瓷块

1—陶瓷滤芯；2—再生用螺线电热丝；
3—再生用回形针形电热丝

正在开发的再生技术可分为热再生和催化再生两类。热再生就是由外界提供热量，提高滤芯的温度，使沉积在滤芯中的 PM 燃烧，恢复滤芯的洁净状态。热量可由燃烧器、电阻加热器、微波发生器、红外发射器等产生。催化再生是利用催化作用降低 PM 的着火温度，提高其氧化速率，使 DPF 在柴油机实际使用条件下有足够的再生效率。

燃烧器是一种成熟的技术，但用它解决 DPF 的再生需解决一系列新问题。再生燃烧器必须点火可靠，不产生二次污染。它喷出的火焰温度应尽可能均匀，平均温度应略高于 PM 的着火温度（700℃），但 PM 着火后的最高温度不应超过堇青石陶瓷的耐久温度（1100℃）。因此，再生燃烧器必须进行细致的电控。

用电阻加热再生可避免采用复杂昂贵的燃烧器，同时消除对二次污染的担心。为了提高再生效率，要力求使电阻丝与沉积的 PM 直接接触。一种方案是把螺旋形电阻丝塞入进口一侧的蜂窝孔道中（图 7-23 中 2）；另一种较简单的方案是采用回形针状电阻丝，布置在各孔道的进口段（图 7-23 中 3）。电阻热再生的缺点是耗电量大。

用微波选择性地加热 PM 本身而不加热堇青石陶瓷可以节约能量，因为这种陶瓷对微波的损耗系数很小。

热再生是周期性的，再生周期的确定非常重要。再生周期过短不仅是一种浪费，而且还可能因为 PM 沉积量太少而不能再生彻底。再生周期过长可能把滤芯烧坏，因为沉积的 PM 量过多导致很高的燃烧温度。催化再生的特征是其连续性。

由 DPF 与其上游的特殊氧化催化反应器组成的所谓"连续再生捕集器"（continuous regeneration trap，缩写 CRT）借助特殊催化剂把柴油机排气中的 NO 氧化成 NO_2，即

$$2NO+O_2 \longrightarrow 2NO_2 \tag{7-8}$$

这种新生的 NO_2 具有很强的氧化活性，能使后面 DPF 中的 PM 在 200℃ 左右的温度下发生激烈的氧化反应，即

$$2NO_2+C \longrightarrow 2NO+CO_2 \tag{7-9}$$

这种方法要求采用无硫柴油，以免催化剂失活。而且当排温超过 400℃ 时，NO_2 的生成受阻，使系统失效。CRT 系统已在实际试用中有很好的效果和应用前景。

（2）尿素-SCR 技术

在尿素-SCR 系统中发生的复杂的物理和化学反应包括：尿素水溶液的喷射、雾化、蒸发、尿素的水解和热解气相化学反应以及 NO_x 在催化剂表面与 NH_3 发生的催化表面化学反应。其主要化学方程式如下：

$$NO+NO_2+2NH_3 \longrightarrow 2N_2+3H_2O \tag{7-10}$$
$$4NO+O_2+4NH_3 \longrightarrow 4N_2+6H_2O \tag{7-11}$$
$$2NO_2+O_2+4NH_3 \longrightarrow 3N_2+6H_2O \tag{7-12}$$

图 7-24 给出了一例重型柴油车尿素-SCR 后处理系统示意图。尿素喷射电控单元（也可以放在柴油机电控系统中）根据由 CAN 总线获得的发动机工况参数以及排温传感器测得的排气温度等条件，确定尿素水溶液喷射量。经过供给单元和喷射装置的精确计量，尿素水溶

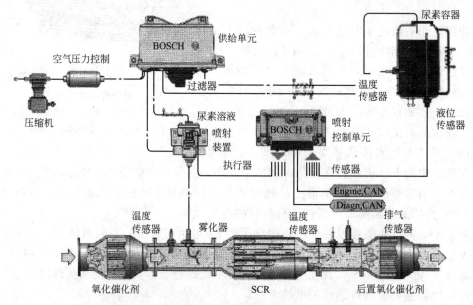

图 7-24　重型柴油车尿素-SCR 后处理系统示意图

液在压缩空气辅助下喷入排气管，受热分解出氨气（NH_3），与排气均匀混合后进入 SCR 催化剂进行 NO_x 还原反应。为保证高的转化效率，SCR 催化剂容积一般是发动机排量的 $1.5\sim2.5$ 倍，载体孔密度一般为 400 孔/in^2。前置的氧化催化剂是为了应用上述"快速 SCR 反应"原理，生成足够的 NO_2，提高 NO_x 转化效率。后置的氧化催化剂是为了氧化 SCR 反应剩余的 NH_3，一般要求排入大气的 NH_3 浓度小于 10×10^{-6}。

尿素-SCR 催化剂具有很多优点：NO_x 转化效率高（90％以上）；工作温度较低且宽广；催化剂不用贵金属，成本较低；催化剂耐久性好，欧洲的钒基催化剂系统被证明能持续工作 100 万公里以上；钒基催化剂原理上是耐硫的，甚至可用 $350\sim500\mu g/g$ 的含硫柴油正常工作。但为了满足更严格的排放法规（如欧 V 及其以上），加装前置氧化催化剂时，必须使用硫含量低于 $30\mu g/g$ 的柴油。尿素-SCR 催化剂最大的问题是系统庞大复杂，成本较高，使用中要消耗尿素。

7.3 发动机噪声污染与控制技术

7.3.1 发动机噪声评价与标准

1. 发动机噪声评价

（1）噪声的物理度量

噪声的物理度量包括声压、声压级、声强、声强级等物理参数，以下分别介绍。

声压（p）是指声波通过介质时，波峰处的压力升高量，单位为 Pa。

由于声压数值较大，通常使用声压级（L_p）来评价噪声强度，声压级的单位为 dB，如式(7-13)。

$$L_p = 20\lg\frac{p}{p_0}(\text{dB}) \tag{7-13}$$

式中 p_0——1000Hz 时的基准声压，即听阈声压，$p_0 = 2\times10^{-5}\text{Pa}$。

声强（I）是指单位时间、单位面积上通过的声能，单位为 W/m^2。

通常使用声强级（L_I）来评价噪声强度，声压级的单位为 dB，如式(7-14)。

$$L_I = 10\lg\frac{I}{I_0} \tag{7-14}$$

式中 I_0——基准声强，$I_0 = 10^{-12}\,\text{W/m}^2$。

声功率（W）是指声源在单位时间内所辐射的总能量，单位为 W。

通常使用声功率级（L_W）来评价噪声强度，声压级的单位为 dB，如式(7-15)。

$$L_W = 10\lg\frac{W}{W_0} \tag{7-15}$$

式中 W_0——基准声功率，$W_0 = 10^{-12}\text{W}$。

（2）噪声的主观评价

当某一频率的纯音与 1000Hz 的纯音听起来同样响时，这时 1000Hz 纯音的声压级就定义为该声音的响度级。响度级的符号为 L_N，单位为方（phon）。对各个频率的声音作试听比较，达到同样响度时频率与声压级的关系曲线，通常称为等响曲线。

如图 7-25 等响曲线所示。100Hz 以下的噪声，虽然声压级较高，但响度级却低，人耳不敏感。低频、低声压级的噪声，人耳听不到。同一声压级下，人耳对频率为 3000～4000Hz 的噪声（波谷）最为敏感，其响度级最高。声压级高于 100dB 时，等响曲线平缓，响度级仅与声压级有关，而与频率几乎无关。说明对于高分贝的噪声，人耳已分辨不出高、低频了。

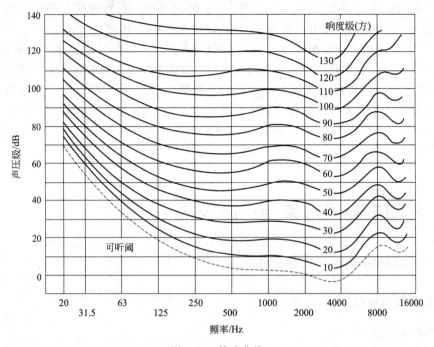

图 7-25　等响曲线

2. 发动机噪声标准

我国从 1980 年开始实施 GB 1859—1980《内燃机噪声测定方法》标准，此后国家相关部门相继修订出台了多部相关标准，推动噪声测量方法标准逐步与国际接轨。表 7-1 列出了我国内燃机噪声测量方法标准的演变历程。

从表 7-1 可见我国内燃机噪声测量标准对测量方法的规定越来越严格，对修正系数影响因素考虑的也越来越全面。

最新实行的标准 GB/T 1859—2000 等同采用了 ISO6789：1995《往复式内燃机辐射的空气噪声量》，是 GB 8194—1987 和 GB 1859—1989 两项标准的综合。此标准对声学环境和测量不确定度进行修正和规定，见表 7-2 和表 7-3。

表 7-1　中国内燃机噪声测量标准的演变历程

标准号	标准名称	内　　容	不　　足
GB 1859—1980	内燃机噪声测定方法	规定了测量仪器、试验条件、测点布置、数据整理、试验报告	该标准对大气环境的影响如何修正没有明确规定
GB 8194—1987	内燃机噪声声功率级的测定工程法及简易法	规定了需测定的量及其测量不确定度、声学环境、测点布置，工程法和简易法的使用条件，提出了声功率计算时环境温度和气压修正系数 K_3 的问题	工程法实验室内测量的声学环境要求是 $A/S>6$，声学环境修正值 $K_2<2.2$dB，当时很多企业的试验室达不到，而简易法要求 $A/S>1$，这时的声学环境修正值 $K_2<7$dB，则测量出的声功率级的标准偏差较大，只能作同类型内燃机噪声性能的比较

续表

标准号	标准名称	内 容	不 足
GB 1859—1989	内燃机噪声功率级的测定准工程法	对声学环境的要求是 $A/S \geqslant 4$，这时的声学环境修正值 $K_2 \leqslant 3dB$	
GB/T 1859—2000	往复式内燃机辐射的空气噪声测量工程法及简易法	此标准规定了在包络声源的测量表面上测量声压级以计算声源声功率级的方法；给出了对测试环境、测量仪器的要求，以及表面声压级、A 计权声功率级和倍频带或 1/3 倍频带声功率级的计算方法	

表 7-2 修正限值（dB）

准确度等级	背景噪声修正值	环境修正值
2 级	$\leqslant 1.3$	$\leqslant 2$
3 级	>1.3 但 $\leqslant 3$	>2 但 $\leqslant 7$
特殊情况①	>3	>7

① 背景噪声修正值和环境修正值较高时，升功率级测定结果不能满足确定的不确定度要求，但可以指示被测往复式内燃机辐射的噪声上限。

表 7-3 声功率计测定结果不确定度，以标准偏差的最大值表示

准确度等级	倍频带中心频率/Hz					A 计权
	$31.5 \sim 63$①	125	$250 \sim 500$	$1000 \sim 4000$	8000	
2	5	3	2	1.5	2.5	2
3	声源产生的声音具有明显的离散声					5
	声源产生的声音在有意义的频率范围内均匀分布					4

① 如在室外测量。

图 7-26 是 9 点法或者 5 点法传声器位置示意图。

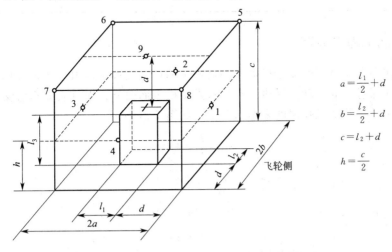

$$a = \frac{l_1}{2} + d$$

$$b = \frac{l_2}{2} + d$$

$$c = l_2 + d$$

$$h = \frac{c}{2}$$

图 7-26 9 (5) 测点布置及测量表面

1986 年，国家标准局发布了 GBn 259—1986《中小功率柴油机噪声限值》标准。1993 年，国家技术监督局批准发布了 GB 14097—1993《中小功率柴油机噪声限值》标准，代替了 GBn 259—1986。到了 1999 年国家相关部门对这个标准进行了再次修订，推动了标准的发展完善。

　　汽油机方面，我国于 1986 年 12 月发布了通用小型汽油机的噪声限值国家标准 GBn 264—1986，并于 1995 年修订为 GB 15739—1995《小型汽油机噪声限值》。表 7-4 列出了我国内燃机噪声限值标准的演变。

表 7-4　中国内燃机噪声限值标准演变

标准号	标准名称	内 容 说 明	引用测量标准
GBn 259—1986	中小功率柴油机噪声限值	适用于缸径 160mm 以下，功率不大于 1176kW 的中小功率往复式柴油机,而不适用于多缸风冷柴油机	GB 1859—1980
GB 14097—1993	中小功率柴油机噪声限值	与 GBn 259—1986 相比，将多缸柴油机的限值由原来按 3 个转速档次划分，细化为 4 个档次。同功率、同转速范围的水冷多缸机和单缸柴油机的噪声限值减低了 2dB，而风冷单缸柴油机则减低了 3dB	GB 1859—1989
GB 14097—1999	中小功率柴油机噪声限值	适用于气缸直径小于或等于 160mm 的往复活塞式柴油机。此标准与 1993 标准比，转速由 4 个档次增加到 6 个，功率档次也进一步细化，且功率档次的上下限也发生了变化，其中原单缸柴油机过去仅按功率分成两个档次，而现在按功率分成 10 个档次，再按转速分成 6 个档次，这样共有 60 个限值。另外对典型的一些柴油机来讲噪声限值指标要求变化不大，对单缸柴油机甚至还有所放宽	GB/T 1859
GB 15739—1995	小型汽油机噪声限值	本标准规定了功率为 30kW 以下汽油机产品的噪声类型、测量方法、噪声限值。按照风冷、水冷、低噪声型、一般型、高噪声型、二冲程、四冲程，以及不同的功率规定了不同的噪声限值	GB 1859—1989，GB 1105.1—1105.3《内燃机台架性能试验方法》

7.3.2　发动机噪声来源

　　发动机是存在多个噪声源的复杂机器，根据噪声的产生机理及辐射方式，可将发动机噪声分为直接向大气辐射（空气动力噪声）和通过发动机表面向外辐射（表面辐射噪声也称结构振动噪声）两大类。发动机噪声的来源（分类）如图 7-27 所示。

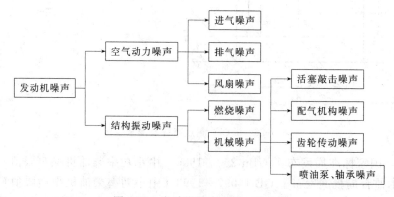

图 7-27　发动机噪声来源（分类）

空气动力噪声是由气流振动产生而直接向大气辐射的噪声；表面辐射噪声是由发动机内部的燃烧过程和结构振动所产生的噪声通过发动机壳体透射或由表面振动辐射声构成的。发动机噪声和许多因素有关，如发动机的结构形式、功率、排量、转速、缸径、缸数以及工业技术的发展水平等等。在没有安装排气消声器之前，排气噪声是内燃机上最大的噪声源，进气噪声次之。风扇噪声是风冷发动机上的主要噪声源之一。燃烧噪声和机械噪声很难严格区分。严格意义上讲，机械噪声是由于发动机气缸内燃烧间接激发的噪声。一般直喷式柴油机燃烧噪声高于机械噪声，而非直喷式则机械噪声高于燃烧噪声，但在低速运转时总是燃烧噪声高于机械噪声。对汽油机而言，由于其燃烧过程柔和，零件受力也较小，燃烧噪声和机械噪声均低于柴油机。

1. 空气动力噪声

发动机进气噪声是进气时管道内压力波动产生的基频噪声及各次谐波噪声，还有气流高速流经气阀通道截面时产生的涡流噪声，其中前者是主要的。

排气噪声产生的机理是：当发动机排气门打开出现缝隙时，废气以高压形式从缝隙冲出，形成频谱复杂能量又很高的噪声。其主要成分包括：因气门开、关而产生的周期性压力所激发的噪声；高速气流通过排气门和排气管道时形成的涡流噪声；由气缸和排气管产生的亥姆霍兹共振噪声（单缸发动机），排气噪声是发动机上最强噪声之一。

风扇噪声是由风扇旋转时引起周围空气产生涡流而激发的。空气动力性噪声是由噪声源通过气体振动直接向周围辐射的。

2. 结构振动噪声

结构振动噪声也称表面辐射噪声，是由燃烧力激发的燃烧噪声和燃烧力间接激发的机械噪声组成，它通过内部零件或机体向外辐射。柴油机中大部分机械噪声是由燃烧间接引起的，与燃烧噪声很难区分，习惯上把燃烧时气缸内压力的变化经机体和气缸盖等引起发动机整机表面振动而辐射出的噪声称为燃烧噪声，而把活塞对气缸敲击、配气机构、正时齿轮、喷油泵等非主传动链中所产生的噪声称为机械噪声。

燃烧噪声的产生是在燃料燃烧时气缸内因压力急剧变化而产生动载荷和冲击波，引起气缸强烈振动。其噪声传播途径有三：一是经气缸盖；二是经气缸套和发动机体；三是经活塞、连杆、曲轴最后传至机体。

机械噪声的产生是发动机运转时因各部件存在间隙而发生撞击及部件受内部力作用产生弹性变形导致发动机表面振动而发出噪声。在发动机的各部件中，活塞对缸壁的敲击，配气机构和正时齿轮是主要的机械噪声源，喷油泵、轴承噪声等较为次要。

活塞敲击噪声是柴油机中最主要的机械噪声源。大型发动机由于活塞直径大，活塞重量、受力、间隙大而造成敲击力也大，往往敲击噪声占有较大比重。活塞敲击缸壁的主要原因是因为它们之间存在着间隙，当活塞上的作用力发生周期性变化时，活塞在曲轴的旋转平面内会受到一个周期性变化的侧向力，这个侧向力在上、下止点附近要改变方向，从而形成活塞在高速运动中对缸壁的强烈冲击，其敲击的强度主要取决于气缸的最高爆发压力和活塞与缸套间的间隙，这种敲击在压缩结束和做功行程开始时最为严重，在大功率柴油机上，活塞对缸壁的敲击力甚至高达数吨，能激发出很强的噪声。在冷车启动后以及怠速工况下，由于活塞和缸壁间隙较大，这种敲击噪声也相当突出。它的向外传播有两条途径：其一是从缸套到机体；其二是经活塞、连杆、曲轴最后再传到机体。

配气机构的显著特点是零件多、刚度差，易于激发振动和噪声。它产生噪声主要包括：

凸轮和挺柱间的摩擦振动、气门的不规则运动以及气门开启和关闭时零部件间的剧烈冲击等。研究表明低速时配气机构噪声主要是气门开关时的撞击以及从动件和凸轮顶部的摩擦振动所产生的，而高速时的配气机构噪声主要是由于气门的不规则运动所引起的。

四冲程发动机中，对配气凸轮、柴油机上的喷油泵及动力输出装置等都采用齿轮驱动。正时齿轮噪声是因齿轮承受交变载荷时，啮合传动中齿间发生撞击和摩擦，加上齿轮存在各种误差，使轴发生变形、轴承的动负荷加重，这种动负荷又传给发动机壳体和齿轮室壳体，使壳体激发出噪声，此外曲轴和凸轮轴扭振也会破坏齿轮的正常啮合而激发出噪声。随着发动机转速和功率的不断增加，齿轮噪声将更加突出。齿轮噪声常常成为影响进一步降低整机噪声的重要因素。

其他的机械噪声有喷油系统的噪声和轴承噪声。喷油系统噪声主要是由于喷油泵和高压油管系统的振动而引起，可分为流体性噪声（包括油泵压力脉动激发噪声、空穴现象激发噪声和喷油管道的共振噪声）和机械性噪声（包括喷油泵凸轮和滚轮体之间的周期性冲击和摩擦，凸轮轴、轴承的振动，往复运动件的惯性力、调速机构等产生噪声）。

7.3.3 发动机噪声控制

从噪声控制工程来说，任何噪声问题都包含三个环节：声源、传播路径、接收者。声源和传播路径可能不止一个，接收者主要是人，也可能是仪器。针对声源，噪声控制可从三个环节分别进行。

（1）降低激励力幅值。如提高加工精度、改善润滑及轴承对中以减小摩擦；减小运动件质量及碰撞速度、对接触表面采用软材料以延长力的作用时间；减少运动部件间的撞击、用连续运动代替不连续运动；改善运动部件的平衡等等。

（2）降低响应。如通过改变机器结构的固有频率使之与主要激振力的频率分开以防止出现共振，加入结构阻尼等。

（3）降低声辐射。例如将大面积的板件改为开孔板或金属网络，使板壳构件与激励力源隔离。

噪声控制的第二个环节是对传播途径进行控制，在目前的噪声控制领域占有重要地位。控制传播途径就是在传播过程中对噪声进行隔离、吸收、阻挡或衰减，它的主要措施有：改变声源位置、吸声、隔声设备、阻性或抗性消声器、隔振器、阻尼减振降噪等。

对于接收者可采用的防护措施有：减少噪声暴露时间；佩戴耳塞、耳罩或头盔；隔声控制室。

对于发动机噪声而言，其影响因素及相应控制措施介绍如下。

1. 空气动力噪声控制技术

空气动力噪声主要包括排气噪声、进气噪声和风扇噪声。

（1）排气噪声随排气压力和转速的增加而增大，发动机排量、平均有效压力和扭矩等也对排气噪声有影响。在同等条件下，柴油机的排气噪声比汽油机的大，二冲程发动机的比四冲程发动机的大。发动机排气噪声呈明显的低频特性，噪声级的大小与发动机功率、排量、转速、平均有效压力以及排气口形状、尺寸等因素有直接关系。大量试验表明，排气噪声随排量、转速、功率、平均有效压力的增加而提高。

对同一台发动机来说，影响排气噪声最重要的因素是发动机转速及负荷。试验表明，发动机转速增加一倍，空负荷排气噪声增加 $10\sim14$dB，而全负荷的仅增加 $5\sim9$dB。

排气噪声的控制有两种手段：改进排气通道结构，如避免通道急剧转弯，保持内壁光滑通畅；最简单有效的方法是采用排气消声器。传统的无源消声器有三种类型：阻性消声器、抗性消声器和阻抗复合式消声器。

阻性消声器是将吸声材料安装在气流通道内制作而成的。当噪声沿消声器管里传播时，声波分散到多孔的吸声材料里，激发多孔材料中无数小孔内的空气介质振动；由于摩擦和黏性作用，将部分声能转变为热能耗散掉，从而达到消声的目的。由于吸声材料的作用类似电路中的电阻，故称为阻性消声器。吸声材料的吸声特性是低频消声效果差，中、高频好，故这类消声器的中、高频消声性能好。但应注意，尽管吸声材料本身没有使用频率上限，而阻性消声器却在消声的上限截至频率，其原因在于消声器内的吸声材料都是沿着气流通道管的布置，当声波频率足够高，使其波长比通道截面尺寸明显小时，声波呈束状通过消声器，很少与吸声材料接触，于是消声性能显著下降。

同时，阻性消声器内部的吸声材料耐高温、腐蚀性能比较差，且吸声材料的微孔易被废气中的炭灰堵塞，故阻性消声器通常不应用在汽车排气消声器上，而被应用于风机等进气噪声的控制。

阻性消声器种类繁多，图 7-28 所示为最基本且常用的阻性消声器。

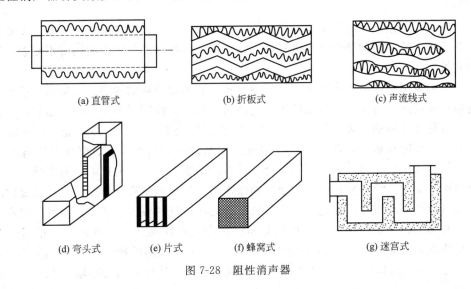

（a）直管式　　　　（b）折板式　　　　（c）声流线式

（d）弯头式　　（e）片式　　（f）蜂窝式　　　（g）迷宫式

图 7-28　阻性消声器

扩张式消声器是一种应用十分广泛的抗性消声器，如图 7-29 所示。它主要利用截面突变造成声传播通道的阻抗失配，从而达到消声的目的。这类消声器一般是全金属结构，其构造简单、耐高温、耐腐蚀、耐气流冲击，不会被废弃中的炭灰微粒堵塞、成本低而且寿命长，因此汽车发动机采用这种消声器十分合适。为了弥补其高频消声效果差的缺陷，常采用多级组合或加上穿孔板等高频消声效果好的结构，组成宽频带的消声器。

阻性消声器或抗性消声器的有效消声频率均有一定范围，因而使消声器对宽频带的气流噪声适用性受到局限。为了获得宽频带消声效果，可将两种类型的消声器结合起来，这就是所谓的阻抗复合式消声器。在噪声控制中，阻抗复合式消声器的应用很多。对一些高强度的宽频带噪声，几乎都采用这种类型的消声器来消除。常采用的阻抗复合式消声器有阻性-扩张式复合消声器、阻性-共振式消声器以及阻性-扩张式-共振腔复合式消声器。

阻抗复合式消声器的消声原理简单说就是阻性和抗性原理的结合，严格地讲，当声波的波长较长时，阻抗复合以后因耦合作用而相互干涉等因素的影响，使声波传播过程的衰减机理变得极为复杂。在实际应用中，阻抗复合式消声器的消声值通常由实验或实际测量来确定。

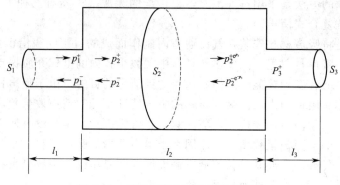

图 7-29　扩张式消声器声压传播示意

（2）进气噪声的大小与进气方式、进气门结构、缸径、凸轮型线等设计因素有关。对同一台发动机而言，进气噪声主要受转速影响，转速增加一倍，进气噪声增加 10～18dB。其原因在于：转速增加使进气管道中的气流速度增加，同时使上述的波动噪声、脉冲噪声和涡流噪声加剧。

控制进气噪声是采用进气消声器，它的设计原理和方法与排气消声器类似。需要注意的是设计安装进气消声器须结合考虑进气空气滤清器，在控制进气噪声的同时不能影响进气和滤清的效果。

（3）影响风扇噪声的因素有风量、风扇直径、转速和风扇的效率。风扇的风量和直径越大，转速越高则噪声越大，而风扇的效率越高噪声越小。控制风扇噪声的措施有：选择适当的风扇与散热器之间的距离，取 100～200mm 能更好地发挥风扇的冷却能力，又能使噪声最小；改进风扇叶片形状，使之有较好的流线型和合适的弯曲角度，降低其附近的涡流强度，达到控制噪声的目的；试验表明，叶片材料对其噪声有一定的影响，铸铝叶片比冲压钢板的噪声小，而有机合成材料叶片比金属的噪声小；设置风扇离合器，使之在必要的时候工作，不仅可减少发动机功率损耗和使发动机经常处在适宜的温度下工作，而且起到降噪的作用；令叶片非均匀分布，由于叶片均匀分布的风扇，往往会产生一些声压级很高的有调成分，采用非均匀分布，可避免这种情形。例如：四叶片风扇的叶片间周夹角布置为 70°和 110°，则可有效降低风扇噪声谱中那些突出的线状尖峰，使噪声谱变得较为平坦，从而起到降噪作用。

2. 结构振动噪声控制技术

（1）降低柴油机燃烧噪声的根本措施是降低压力升高率。而压力升高率取决于着火延迟期和在着火延迟期内形成的可燃混合气的数量和质量，因此可通过选用十六烷值高的燃料，合理组织喷油过程及选用良好的燃烧室来实现。具体措施如下：

延迟喷油定时：由于气缸内压缩温度和压力是随曲轴转角变化的，喷油时间的早晚对于着火延迟期长短的影响将通过压缩温度和压力而起作用。若喷油早，则燃料进入气缸时的空气温度和压力低，着火延迟期变长；若喷油过迟，同样燃料进入气缸时的空气温度和压力反而变低，着火延迟期变长，燃烧噪声增大；只有适当推迟喷油时间，即减小喷油提前角，可使着火延迟期变短，燃烧噪声减小。

改进燃烧室结构形状和参数：柴油机工作过程的好坏主要取决于燃油喷射、气流运动和燃烧室形状三方面的配合是否合理。因此，燃烧室的结构形状与混合气的形成和燃烧有密切关系，它不但直接影响柴油机的性能，而且影响着火延迟期、压力升高率，从而影响燃烧噪声。根据混合气的形成及燃烧室结构的特点，柴油机的燃烧室分为直喷式和分隔式两大类。直喷式又分开式、半分开式和球形燃烧室等；分隔式分涡流室和预燃室。

在其他条件相同的情况下，直喷式燃烧室中的球形和斜置圆桶形燃烧室的燃烧噪声最低，分隔式燃烧室的噪声一般较低。而 ω 形直喷式燃烧室（半分开式）和浅盆形直喷式燃烧室（开式）的燃烧噪声最大。

调节燃烧室结构参数也可降低燃烧噪声。例如：在涡流室式发动机中喷油嘴的喷油方向越偏离涡流室中心而指向涡流下游，附着于燃烧室壁面的燃料就越多，燃烧也越平静；另外增加涡流室喷孔面积比也可减少噪声。

调节喷油系：喷油率对燃烧噪声的影响非常大，试验表明，喷油率提高一倍，燃烧噪声就会增加 6dB，因此用减少喷油泵供油率的方法来减少燃烧噪声，但应注意高速性能的恶化和增加怠速噪声的问题。

提高废气再循环率和进气节流：提高废气再循环率可减小燃烧速率，使发动机运转平稳，因此对降低燃烧噪声起到明显作用。而进气节流可使气缸内的压力降低和着火时间推迟，因此进气节流不但能降低噪声，而且还能减少柴油机所特有的角速度波动和横向摆振。

采用增压技术：柴油机增压后进入气缸的空气充量密度增加，使压缩终了时气缸内的温度和压力增高，改善了混合气的着火条件，使着火延迟期缩短。增压压力越高，着火延迟期越短，使压力升高率越小，从而降低燃烧噪声越多。试验证明，增压可使直喷式柴油机燃烧噪声降低 2~3dB。

提高压缩比：提高压缩比可提高压缩终了的温度和压力，使燃料着火的物理、化学准备阶段得以改善，从而缩短着火延迟期，降低压力升高率，降低燃烧噪声；但压缩比增大使气缸内压力增加，会让活塞敲击声增大，因此，提高压缩比不会使发动机的总噪声有很大的降低。

改善燃油品质：燃油品质不同，喷入燃烧室后所进行着火前的物理、化学准备过程就不同，导致着火延迟时间不同。十六烷值高的燃料着火延迟较短，压力升高率低，燃烧过程柔和。故而，应采用十六烷值高的燃料。

除采取上述措施改进燃烧过程外，还应在燃烧激发力的辐射和传播途径上采取措施，增加发动机结构对燃烧噪声的衰减，尤其是对中、高频成分的衰减。具体的措施有：提高机体及缸套的刚性，采用隔振隔声措施，减少活塞、曲柄连杆机构各部分的间隙，增加油膜厚度，在保持功率的前提下采用较小的缸径，增加缸数或采用较大的 S/D 值，改变薄壁零件（如油底壳）的材料和附加阻尼。

（2）活塞敲击噪声的影响因素较多：柴油机的燃烧特性，活塞销孔中心的相对位置，活塞和缸套间的间隙大小，活塞—缸壁之间的传递因素如活塞环的数量和张力，活塞与缸壁间的润滑状况，活塞的大小、形状及重量，缸套的刚度、厚度、固有频率以及缸壁的冷却条件等，总之，激振力、活塞与缸套及各传递环节都会对活塞的敲击噪声产生影响。减小敲击噪声的方法有：减小活塞与缸套间的间隙（采用铸铁活塞或组合式铸铁活塞便于在温度变化中控制活塞的变形，采用在铝活塞上嵌入钢片或钢环来温度控制活塞裙部的直径）；采用椭圆形的活塞环或腰鼓型活塞来保持活塞始终与缸套侧壁接触；通过铰接活塞使活塞的导向部位与裙部分离；偏置曲轴、偏置重心或使活塞销孔中心偏向主推力面一侧（活塞销孔偏移对噪声的影响与发动机的转速和负荷有关；转速越低效果越明显，负荷越大效果越不明显）。还应注意的是活塞销孔偏移会增加活塞和缸套间的磨损，另外活塞和活塞环的热负荷也会增加。此外减轻活塞重量，增加缸套厚度或在缸套上设置加强筋等也有助于减小敲击噪声。

（3）发动机中，配气凸轮、喷油泵等都是通过齿轮传动的齿轮啮合产生噪声加上轴系振动引起齿轮间的碰撞产生的噪声。

控制配气机构噪声的主要措施有：减小气门间隙，减小间隙可减小因间隙存在而产生的撞击，从而减小噪声；提高凸轮加工精度和减小表面粗糙度值，提高配气机构传动链的各元件及其支承座的刚度，可使其固有频率增高，减小振动，缩小气门运动的畸变，达到降噪目的；减轻驱动元件重量，在相同发动机转速下，减轻驱动元件重量就减小了其惯性力，降低了配气机构所激发的振动和噪声；选用性能优良的凸轮型线，设计凸轮型线时，除保证气门最大升程、气门运动规律和最佳配气正时外，还要使挺杆在凸轮型线缓冲范围内的运动速度很小，从而减小气门在始升或落座时的速度，降低因撞击而产生的噪声。

喷油系统噪声是喷油泵和高压油管系统的振动引起的，主要是由周期性变化的柱塞上部的燃油压力、高压油管内的燃油压力以及发动机往复运动惯性力激发泵体自身振动而引起的，其大小与发动机转速、泵内燃油压力、供油量及泵的结构有关。试验表明：当凸轮轴转速增加一倍，喷油泵噪声约增 $8\sim15dB$，燃油压力由 0 增至 150MPa 时，噪声仅增 $3\sim4dB$，说明供油量对喷油泵噪声影响较小。提高喷油泵的刚性，采用单体泵及选用损耗系数较大的材料作泵体，可减小因泵体振动产生的噪声。

最经济有效的方法是在新型发动机的技术设计阶段就将噪声作为一项指标，根据设计图纸对结构进行噪声预测，做出噪声评价，然后不断修改，实现发动机零部件低噪声优化设计。而对于已出产的高噪声发动机，则需经测量分析，找出主要噪声源，然后针对性地采取措施进行降噪。

 复习思考题

1. 发动机排放污染控制技术分为几类？
2. 汽油机 CO、碳氢化合物和 NO_x 的生成机理分别是什么，和柴油机相比，有什么不同？
3. 分析汽油机和柴油机 CO、碳氢化合物、NO_x 和微粒受过量空气系数的影响？
4. 分析汽油机机内净化和机外净化的主要措施？
5. 分析柴油机机内净化和机外净化的主要措施？
6. 分析 EGR 降低发动机 NO_x 排放的机理？
7. 分析点火提前角或喷油提前角对 NO_x 的影响？
8. 发动机的噪声来源有哪些？
9. 发动机噪声控制的三个环节是什么？
10. 简述空气动力噪声控制技术。
11. 简述结构振动噪声控制技术。

第 **8** 章
电动汽车

8.1 电动汽车概述

电动汽车可分为纯电动汽车、燃料电池电动汽车和混合动力电动汽车等。电动汽车的一个共同特点是汽车完全或部分由电力通过电机驱动，能够实现低排放和零排放。

纯电动汽车是最早出现的电动汽车。使用铅酸电池的汽车整车动力性、续驶里程与传统内燃机汽车有较大的差距，而使用高性能镍氢电池或者锂电池又会使成本大大增加。而纯电动汽车都需有一定充电时间及相应的充电设备，使用场合受到了限制。燃料电池具有近65%的能量利用率，能够实现零排放、低噪声，国外最新开发的高性能燃料电池已经能够实现几乎与传统内燃机汽车相当的动力性能，发展前景很好，但成本却是制约其产业化的瓶颈。在加拿大进行的示范试验表明，使用燃料电池的公共汽车制造成本为 120 万加元，而使用柴油机的公共汽车仅为 27.5 万加元。混合动力汽车融合了传统内燃机汽车和电动汽车的优点，同时克服了两者的缺点，近年来获得了飞速发展，并已经实现了产业化和商业化，丰田的 PRIUS 和本田的 INSIGHT 两款混合动力汽车的成功向人们展现了混合动力技术的魅力和巨大的市场潜力。

8.2 纯电动汽车

8.2.1 纯电动汽车概述

纯电动汽车是电动汽车的技术基础，就定义来说是单纯用蓄电池作为驱动能源的汽车，它是涉及机械、动力学、电化学、电机学、微电子与计算机控制等多种学科的高科技产品，图 8-1 为法国标致 101 型电动汽车。

1. 纯电动汽车的特点

（1）节能，不消耗石油。

（2）环保，无污染；噪声和振动小。

（3）能量主要是通过柔性的电线而不是通过刚性联轴器和转轴传递，各部件的布置具有很大的灵活性。

（4）驱动系统布置不同会使系统结构区别很大。

（5）采用不同类型的电机（如直流电机和交流电机）会影响到纯电动汽车的质量、尺寸和形状。

（6）不同类型的储能装置也会影响电动汽车的质量、尺寸及形状。

（7）能源效率高，多样化。

（8）不同的补充能源装置具有不同的硬件和机构，例如蓄电池可通过充电器充电，或者采用替换蓄电池的方式。

（9）结构相对简单，生产工艺相对成熟，使用维修方便。

（10）动力电源使用成本高，续驶里程短。

表 8-1 为电动汽车与内燃机汽车性能和用途比较。

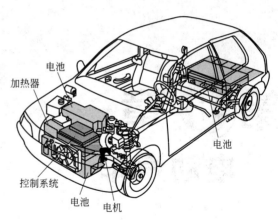

图 8-1　标致 101 型电动汽车

表 8-1　电动汽车与内燃机汽车性能和用途比较

项目	性能							用途						
	机动性	废气排放	噪声振动	操作难易	能源补给	购置费用	维修费用	大范围作业	连续作业	不通风场所	低噪声场所	狭窄场所	易燃爆场所	低温场所
电动汽车	○	○	○	○	★	☆	○	☆	★	○	○	○	○	○
汽油汽车	○	☆	★	★	○	○	☆	○	○	★	★	☆	☆	☆
柴油汽车	○	★	☆	★	○	★	★	○	○	★	☆	☆	☆	☆

注：○—好（适用）；★—一般；☆—差（不适用）。

2. 纯电动汽车的分类

纯电动汽车有多种分类方法，可按所选用的储能装置或驱动电动机的不同来分类，其间又可有许多不同组合；也可按驱动结构的布局或用途的不同来分类。

（1）按储能装置分类

纯电动汽车目前所采用的储能装置主要有铅酸蓄电池、锂电池、镍氢蓄电池、钠硫蓄电池等。其中铅酸蓄电池技术较成熟，价格也较便宜，但其性能和寿命都要差些。其余几类均属于正在研究改进的蓄电池，其性能都比铅酸蓄电池要好许多，但目前价格也较贵，随着工艺技术的成熟及批量的扩大，其性价比也必会有较大提高。由于纯电动汽车以蓄电池作为唯一能源，所以蓄电池的各项性能指标很大程度地决定了汽车的行驶性能，如纯电动汽车的续驶里程和加速（或爬坡）的动力性能分别与蓄电池的比能量和比功率有关。

（2）按驱动电动机分类

纯电动汽车按其驱动电动机类型来分，主要有直流电动机、交流电动机、永磁无刷电动机、开关磁阻电动机四类。考虑到蓄电池是以直流电源供电，直流电动机具有控制较简单、成本较低、技术成熟等优点，但直流电动机由于具有电刷，存在换向火花、电刷易磨损、需定期维护等缺点。交流感应电动机本身具有坚固耐用、效率高、体积小、免维护等优点，并且整个驱动系统具有调速范围宽、能较有效地实现再生制动，但其驱动控制器由于须通过逆变器，并采用矢量控制变频调速，其线路较复杂，价格也较高。永磁无刷电动机包括无刷直流电动机和三相永磁同步电动机，由于采用永久磁铁励磁具有能量转换效率高、过载能力强、免维护等优点，但目前尚存在着成本较高、功率受限等缺点，可靠性也尚需改进。开关磁阻电动机驱动系统是一种新型的典型机电一体化装置，具有结构简单、坚固可靠、制造成本低、调速性能好、效率高、能有效地实现发电回馈制动等优点，并具有高启动转矩、低启动电流，即特别适于汽车起步和蓄电池驱动的特性要求，其缺点主要是振动及噪声较大，需通过相应技术措施来改进，由于目前普及率还不高，有待进一步推广与改进提高。

（3）按驱动结构布局分类

这实际上是按驱动传递方式来分类，由于电动机驱动的灵活性可以有多种组合方式，归纳其典型的基本结构主要有四种：传统的驱动模式、电动机-驱动桥组合式驱动方式、电动机-驱动桥整体式驱动方式、轮毂电机分散驱动方式。具体见图 8-2 及后述相关内容。由于汽车转弯时，外侧车轮的转弯半径比内侧车轮大，所以需要通过差速器来配合两侧车轮转速不同的要求。前两种需采用具有行星齿轮结构的机械式差速器；第三种的差速器可用机械式或电控式；而第四种即可实现电子差速控制。

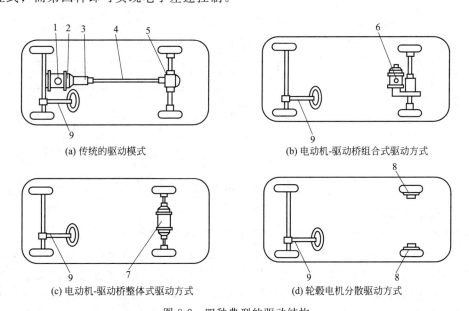

(a) 传统的驱动模式　　　　　　　　　　　(b) 电动机-驱动桥组合式驱动方式

(c) 电动机-驱动桥整体式驱动方式　　　　　(d) 轮毂电机分散驱动方式

图 8-2　四种典型的驱动结构

1—电动机；2—离合器；3—变速器；4—传动轴；5—驱动桥；6—电动机-驱动桥组合式驱动系统；
7—电动机-驱动桥整体式驱动系统；8—轮毂电机；9—转向器

（4）按用途分类

纯电动汽车按其用途来分，目前主要有电动公交车和电动轿车两类。由于纯电动汽车的能量不富裕特点，它也较适合于某些性能要求不高的特定车辆，如游览观光车、高尔夫球场车、电动自行车、电动三轮车和残疾人自驾车等，当然按定义来说该类特定车辆不应属于汽车。

8.2.2　纯电动汽车的结构与原理

纯电动汽车的结构主要由电力驱动控制系统、汽车底盘、车身以及各种辅助装置等部分组成。除了电力驱动控制系统，其他部分的功能及其结构组成基本与传统汽车类同，不过有些部件根据所选的驱动方式不同，已被简化或省去了。所以电力驱动控制系统既决定了整个纯电动汽车的结构组成及其性能特征，也是电动汽车的核心，它相当于传统汽车中的发动机与其他功能以机电一体化方式相结合，这也是区别于传统内燃机汽车的最大不同点，为此首先需对电力驱动控制系统重点阐述。

1. 电力驱动控制系统

电力驱动控制系统的组成与工作原理如图 8-3 所示，按工作原理可划分为车载电源模块、电力驱动主模块和辅助模块三大部分。下面分别进行描述：

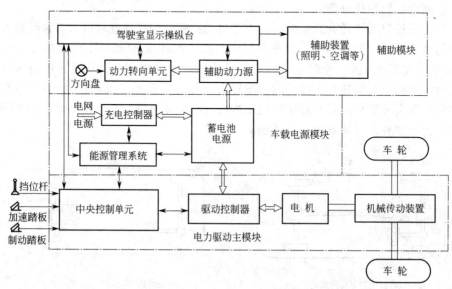

图 8-3　电力驱动控制系统组成与工作原理框图

（1）车载电源模块

车载电源模块主要由蓄电池电源、能源管理系统和充电控制器三部分组成。

① 蓄电池电源。蓄电池是纯电动汽车的唯一能源，它除了供给汽车驱动行驶所需的电能外，也是供应汽车上各种辅助装置的工作电源。蓄电池在车上安装前需要通过串并联的方式组合成所要求的电压等级，由于电动机驱动所需的等级电压往往与辅助装置的电压要求不一致，辅助装置所要求的一般为 12V 或 24V 的低压电源，而电动机驱动一般要求为高压电源，并且所采用的电动机类型不同，其要求的电压等级也不同。为满足该要求，可以用多个 12V 或 24V 的蓄电池串联成 96～384V 高压直流电池组，再通过 DC/DC 转换器供给所需的不同电压。也可按所需要求的电压等级，直接由蓄电池组合成不同电压等级的电池组，不过这样会给充电和能源管理带来相应的麻烦。另外，由于制造工艺等因素，即使同一批量的蓄电池其电解液浓度和性能也会有所差异，所以在安装电池组之前，要求对各个蓄电池进行认真的检测并记录，尽可能把性能接近的蓄电池组合成同一组，这样有利于动力电池组性能的稳定和延长使用寿命。

② 能源管理系统。能源管理系统的主要功能是在汽车行驶中进行能源分配，协调各功能部分工作的能量管理，使有限的能量源最大限度地得到利用。能源管理系统与电力驱动主模块的中央控制单元配合一起控制发电回馈，使在电动汽车降速制动和下坡滑行时进行能量回收，从而有效地利用能源，提高电动汽车的续程能力。能源管理系统还需与充电控制器一同控制充电。为提高蓄电池性能的稳定性和延长使用寿命，需要实时监控电源的使用情况，

对蓄电池的温度、电解液浓度、蓄电池内阻、电池端电压、当前电池剩余电量、放电时间、放电电流或放电深度等蓄电池状态参数进行检测，并按蓄电池对环境温度的要求进行调温控制，通过限流控制避免蓄电池过充、放电，对有关参数进行显示和报警，其信号流向辅助模块的驾驶室显示操纵台，以便驾驶员随时掌握并配合其操作，按需要及时对蓄电池充电并进行维护保养。

③ 充电控制器。充电控制器是把电网供电制式转换为对蓄电池充电要求的制式，即把交流电转换为相应电压的直流电，并按要求控制其充电电流。充电器开始时为恒流充电阶段。当电池电压上升到一定值时，充电器进入恒压充电阶段，输出电压维持在相应值，充电器进入恒压充电阶段后，电流逐渐减小。当充电电流减小到一定值时，充电器进入涓流充电阶段。还有采用脉冲式电流进行快速充电。

（2）电力驱动主模块

电力驱动主模块主要由中央控制单元、驱动控制器、电动机、机械传动装置等组成。由于加速踏板、制动踏板等操纵装置对于汽车驾驶员来说，是十分熟悉和习惯使用的操纵装置。为适应驾驶员的传统操纵习惯，电动汽车仍保留了加速踏板、制动踏板及有关操纵手柄或按钮等。不过在电动汽车上是将加速踏板、制动踏板的机械位移量转换为相应的电信号，输入到中央控制单元来对汽车的行驶实行控制。对于离合器除了采用前述驱动结构中第一种传统的驱动模式外就都省去了。而对于挡位变速杆为遵循驾驶员的传统习惯，一般仍需保留，同样除了传统的驱动模式外也就只有前进、空挡、倒退三个挡位，并且以开关信号传输到中央控制单元来对汽车进行前进、停车、倒车控制。

① 中央控制单元。中央控制单元不仅是电力驱动主模块的控制中心，也要对整辆电动汽车的控制起到协调作用。它根据加速踏板与制动踏板的输入信号，向驱动控制器发出相应的控制指令，对电动机进行启动、加速、降速、制动控制。在电动汽车降速和下坡滑行时，中央控制器配合车载电源模块的能源管理系统进行发电回馈，即使蓄电池反向充电。对于与汽车行驶状况有关的速度、功率、电压、电流及有关故障诊断等信息还需传输到辅助模块的驾驶室显示操纵台进行相应的数字或模拟显示，也可采用液晶屏幕显示来提高其信息量。另外，如驱动采用轮毂电机分散驱动方式，当汽车转弯时，中央控制器也需与辅助模块的动力转向单元配合，即控制左右轮毂电机来实行电子差速转向。为减少电动汽车各个控制部分间的硬件连线，提高可靠性，现代汽车控制系统已较多地采用了微机多 CPU 总线控制方式，特别是对于采用轮毂电机进行 4WD 前后四轮驱动控制的模式，更需要运用总线控制技术，来简化电动汽车内部线路的布局，提高其可靠性，也便于故障诊断和维修，并且采用该模块化结构，一旦技术成熟其成本也将随批量的增加而大幅下降。

② 驱动控制器。驱动控制器功能是按中央控制单元的指令和电动机的速度、电流反馈信号，对电动机的速度、驱动转矩和旋转方向进行控制。驱动控制器与电动机必须配套使用，目前对电动机的调速主要采用调压、调频等方式，这主要取决于所选用的驱动电动机类型。由于蓄电池以直流电方式供电，所以对直流电动机主要是通过 DC/DC 转换器进行调压调速控制的；而对于交流电动机需通过 DC/AC 转换器进行调频调压矢量控制；对于磁阻电动机是通过控制其脉冲频率来进行调速的。当汽车进行倒车行驶时，需通过驱动控制器使电动机反转来驱动车轮反向行驶。当电动汽车处于降速和下坡滑行时，驱动控制器使电机运行于发电状态，电机利用其惯性发电，将电能通过驱动控制器回馈给蓄电池，所以图 8-3 中驱动控制器与蓄电池电源的电能流向是双向的。

③ 电机。电机在电动汽车中被要求承担着电动和发电的双重功能，即在正常行驶时发挥其主要的电动机功能，将电能转化为机械旋转能；而在降速和下坡滑行时又被要求进行发

电,将车轮的惯性动能转换为电能。我们知道对电机的选型一定要根据其负载特性来选,通过对汽车行驶时的特性分析,可知汽车在起步和上坡时要求有较大的启动转矩和相当的短时过载能力,并有较宽的调速范围和理想的调速特性,即在启动低速时为恒转矩输出,在高速时为恒功率输出。电机与驱动控制器所组成的驱动系统是电动汽车中最为关键的部件,电动汽车的运行性能主要取决于驱动系统的类型和性能,它直接影响着车辆的各项性能指标,如车辆在各工况下的行驶速度、加速与爬坡性能以及能源转换效率。

④ 机械传动装置。电动汽车传动装置的作用是将电动机的驱动转矩传输给汽车的驱动轴,从而带动汽车车轮行驶。由于电动机本身就具有较好的调速特性,其变速机构可被大大简化,较多的是为放大电动机的输出转矩仅采用一种固定的减速装置。又因为电动机可带负载直接启动,即省去了传统内燃机汽车的离合器。并由于电动机可以容易地实现正反向旋转,所以也无需通过变速器中的倒挡齿轮组来实现倒车。对电动机在车架上合理布局,即可省去传动轴、万向节等传动链。当采用轮毂式电动机分散驱动方式时,又可以省去传统汽车的驱动桥、机械差速器、半轴等一切传动部件,所以该驱动方式也可被称为"零传动"方式。

(3)辅助模块

辅助模块包括辅助动力源、动力转向单元、驾驶室显示操纵台和各种辅助装置等。各个装置的功能与传统汽车上的基本类同,其结构原理按电动汽车的特点有所区别。

① 辅助动力源。辅助动力源是供给电动汽车其他各种辅助装置所需的动力电源,一般为12V或24V的直流低压电源,它主要给动力转向、制动力调节控制、照明、空调、电动窗门等各种辅助装置提供所需的能源。

② 动力转向单元。转向装置是为实现汽车的转弯而设置的,它由方向盘、转向器、转向机构和转向轮等组成。作用在方向盘上的控制力,通过转向器和转向机构使转向轮偏转一定的角度,实现汽车的转向。为提高驾驶员的操控性,现代汽车都采用了动力转向,较理想的是采用电子控制动力转向系EPS。电子控制动力转向系主要有电控液力转向系和电控电动转向系两类,对于纯电动汽车较适于选用电控电动转向系。多数汽车为前轮转向,而工业用电动叉车常采用后轮转向,为提高汽车转向时的操纵稳定性和机动性,较理想的是采用四轮转向系统,而对于采用轮毂式电动机分散驱动的电动汽车,由于电机控制响应速度的提高,可更容易地实现四轮电子差速转向控制。另外,为配合转弯时左右两侧车轮有相应的差速要求,还须同时控制电子差速器协调工作。

③ 驾驶室显示操纵台。它类同于传统汽车驾驶室的仪表盘,不过其功能根据电动汽车驱动的控制特点有所增减,其信息指示更多地选用数字或液晶屏幕显示。它与前述电力驱动主模块中的中央控制单元结合,用计算机进行控制。

④ 辅助装置。电动汽车的辅助装置主要有照明、各种声光信号装置、车载音响设备、空调、刮水器、风窗除霜清洗器、电动门窗、电控玻璃升降器、电控后视镜调节器、电动座椅调节器、车身安全防护装置控制器等。它们主要是为提高汽车的操控性、舒适性、安全性而设置的,有些是必要的,有些是可选用的。与传统汽车一样,大都有成熟的专用配件供应。不过选用时应考虑到纯电动汽车能源不富裕的特点,特别是空调所消耗的能量比较大,应尽可能从节能方面考虑。另外,对于有些装置可用液压或电动两种方式来控制的,一般选用电动控制的较为方便。

2. 汽车底盘

汽车底盘是整个汽车的基体,不仅起着支承蓄电池、电动机、驱动控制器、汽车车身、空调及各种辅助装置的作用，同时也将电动机的动力进行传递和分配，并按驾驶员的意志（加速、减速、转向、制动等）行驶。按传统汽车的归类或叙述习惯，汽车底盘应包括传动系、行驶系、转向系和制动系四大系统。

对于纯电动汽车其传动系根据所选驱动方式（见图 8-2）不同，不少被简化或干脆省掉。行驶系包括车桥、车架、悬架、车轮与轮胎，其中车桥如采用轮毂电机驱动也就省去了；车架是整个汽车的装配基体，其作用主要是支承连接汽车的各零部件，承受来自车内和车外的各种载荷；悬架是车架（或车身）与车轮（或车桥）之间的一切传力连接装置的总称，它主要由弹性元件、减振器和导向机构等组成，它与充气轮胎一起缓和不平路面对车辆的冲击振动；车轮主要由轮辋、轮辐等组成，其内部还需安装制动器，并还可能要安装轮毂电机，所以结构会很紧凑；为减小电动汽车行驶时的滚动阻力，轮胎采用子午线轮胎较好。

转向系包括转向操纵机构、转向器、转向传动机构等，它按能源不同被分为机械转向系和动力转向系两大类，机械转向系与传统汽车的完全一致，动力转向系前已简单说明。

制动系由供能装置、控制装置、传动装置、制动器四个基本部分组成，按其功用不同被分为行车制动系、驻车制动系、应急制动系和辅助制动系等，对于电动汽车由于可利用电机实现再生制动进行能量回收，并且还可利用电磁吸力实现电磁制动，因此随着技术的发展其制动系也将会有较大的变化。

由于汽车底盘所包含的上述四大系统与传统汽车上的基本大同小异，前面只针对电动汽车上所用的特点进行了简单说明。对于传统的其他部件结构原理在此不再赘述，需要时可参考相关书籍。

3. 车身与纯电动汽车总体布局的特点

汽车车身主要由车身本体、开启件（各种门、窗、行李箱和车顶盖等）、各种座椅、内外饰附件和安全保护装置（保险杠、安全带、安全气囊等）组成。针对纯电动汽车能源少的特点，对汽车车身的外形造型应尽可能缩小其迎风面积来降低空气阻力，并采用轻型高强度材料来减轻汽车自身的重量。对车内的各个部件的布局也相当重要，由于电动汽车动能的传递主要是通过柔性的电缆，即减少了大量用刚性的机械件连接部件的动能传递，因此电动汽车各部件的布置具有较大的灵活性，并且蓄电池组也可分散布置，作为配重物来布局。纯电动汽车各个部件的总体布局的原则是：符合车辆动力学对汽车重心位置的要求，并尽可能降低车辆质心高度。特别是对于采用轮毂电机驱动实现"零传动"方式的电动汽车，不仅去掉了发动机、冷却水系统、排气消声系统和油箱等相应的辅助装置，还省去了变速箱、驱动桥及所有传动链，既减轻了汽车自重，也留出了许多空间，其结构可以说发生了脱胎换骨的变化。车辆的整个结构布局需重新设计全面考虑各种因素。

另外，由于增加了许多蓄电池的重量，对于安装蓄电池部位的车架强度必须有所考虑，同时为了方便蓄电池的充电、维护、更换，对蓄电池安装方法和位置也要考虑其方便性，对环境温度有要求的蓄电池还需考虑散热空间及调温控制，并为确保安全还需采取密封等预防措施，以防车辆发生撞击事故时，电解液不会泄漏伤及人身，并有防火等措施。

8.3　混合动力汽车

8.3.1　混合动力汽车概述

混合动力汽车并不是一个新概念。自 1881 年首辆纯电动汽车问世、1896 年内燃机汽车诞生以来，伴随着人们对汽车综合性能提高的不断追求，早在 1894 年就出现了第一辆混合动力汽车。混合动力汽车出现的原因在于当初单一的纯电动汽车（续驶里程短和动力电池性能差）、单一的内燃机汽车（内燃机功率小、使用不方便）均存在技术弱点，不过，随着内燃机技术的进步和汽车的流水线批量生产，混合动力汽车遭遇了与纯电动汽车相同的命运，逐渐没落，直至 20 世纪 90 年代，立足解决环境和能源问题的需要，才重新引起重视，并取得了明显的技术进步。

混合动力汽车具有油电混合、气电混合、电电混合等多种不同的形式，即使对应其中的一种混合形式，由于动力传动系统的组成不同，仍存在多种不同的结构，在详细分析各种不同结构的定义、特点和工作原理之前，给出如下几个基本概念。

（1）动力传动系。这是汽车上用于存储、转化和传递能量并使汽车获得运动能力的所有部件的总称，具体包括车载能量源、动力装置、传动系和其他辅助系统四部分。

（2）车载能量源。用于能量存储或进行能量的初始转化以向动力装置直接供能的所有部件的总称，由能量直接存储装置或能量存储、调节和转化装置组成。例如，对传统内燃机汽车，车载能量源为油箱（能量直接存储）；对燃料电池电动汽车，车载能量源由氢气罐或储氢金属（能量存储）和燃料电池电堆（能量转化）两部分组成。

（3）动力装置。用于把其他形式的能量转化为机械动能（旋转动能）的装置，并直接作为传动系的输入，如常规汽车上的内燃机、纯电动汽车上的电机等。

（4）传动系。用于调节和传递动力装置输出的动力，使之与汽车行驶时驱动轮处要求的理想动力达到较好匹配的所有部件的总称，具有减速、变速、倒车、中断动力、轮间差速和轴间差速等功能。传动系与动力装置配合工作，能保证汽车在各种工况条件下的正常行驶，并具有良好的动力性和经济性。传动系一般由离合器、变速器、万向传动装置、主减速器、差速器和半轴等组成。

（5）辅助系统。用于从动力装置中获取动力，区别于直接驱动车辆，主要用于维持汽车良好的操控特性、舒适性等的所有部件的总称，如转向助力系统、制动助力系统、空调系统（动力装置直接拖动）、辅助电气系统（12/24V 发电机系统）等。

基于上述给出的基本概念，汽车动力传动系可抽象为图 8-4 所示的简化模型。具体到常规汽车和纯电动汽车，汽车动力传动系的基本组成见表 8-2。

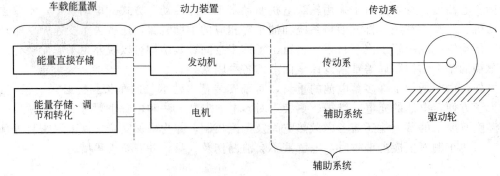

图 8-4　汽车动力传动系简化模型

表 8-2　汽车动力传动系的基本组成

组成要素	纯电动汽车	常规汽车
能量补给方式	从电网充电	从加油站加油
车载能量源	动力电池组	汽（柴）油箱
动力装置	电机	发动机

续表

组成要素	纯电动汽车	常规汽车
传动系	变速器等	离合器、变速器、传动轴、差速器等
辅助系统	车身电气、低压供电、整车控制、制动/空调/转向等	车身电气、低压供电、制动/空调/转向等

基于图 8-4 建立的汽车动力传动系的简化模型，对混合动力汽车的概念重新定义如下：混合动力汽车是指汽车动力传动系由两个或多个能同时运转的单个动力传动系联合组成的汽车，汽车的行驶功率依据实际的汽车行驶状态由单个动力传动系单独或多个动力传动系共同提供，如图 8-5 所示。若其中的一个动力传动系为纯电动汽车动力传动系，则该混合动力汽车为混合动力汽车，本章仅针对混合动力汽车展开分析。相比常规内燃机汽车和纯电动汽车，图 8-5 所示的混合动力汽车动力传动系增加了整车能量管理和综合控制系统，其主要作用在于以优化发动机的工作效率为目标，协调发动机和驱动电机之间的动力分配，同时进行动力电池组的电量管理。

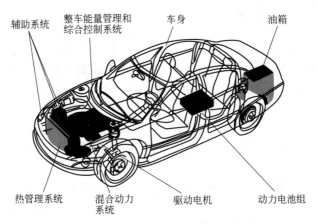

图 8-5 混合动力汽车动力传动系组成

依据组成混合动力汽车的两个或多个能同时运转的单个动力传动系之间动力联合位置的不同，混合动力汽车还具有串联、并联和混联三种基本的类型。

1. 串联混合动力汽车的概念

串联混合动力汽车是混合动力汽车的一种基本结构，其单个动力传动系间的联合是车载能量源环节的联合，即非直接用于驱动汽车的能量的联合，并同时向动力装置供能。典型的串联混合动力汽车动力传动系组成如图 8-6 所示。

串联混合动力汽车具有如下特点：

（1）车载能量源环节的混合。

（2）单一的动力装置。

（3）车载能量源由两个以上的能量联合组成。

对应图 8-6，油箱、发动机、发电机与动力电池组共同组成车载能量源，共同向驱动电机提供电能，驱动电机和传动系组成单一的电驱动系统。

串联混合动力汽车实现了车载能量源的多样化，可充分发挥各种能量源的优势，并通过适当的控制实现它们的最佳组合，满足汽车行驶的各种特殊要求，例如，采用发动机-发电机和动力电池组两种车载能量源的串联混合动力汽车即可满足汽车一定的零排放行驶里程，同时通过发动机-发电机的工作为动力电池组进行补充充电，延长了汽车的有效续驶里程，

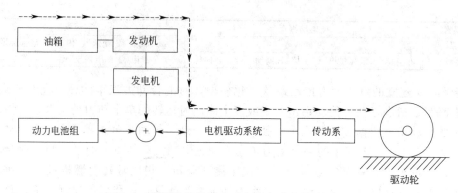

图 8-6　典型的串联混合动力汽车动力传动系组成

为实现纯电动汽车的实用化提供了解决方案。

2. 并联混合动力汽车的概念

并联混合动力汽车是混合动力汽车的一种基本结构，其单个动力传动系间的联合是汽车动力或传动系环节的联合，通过对不同动力装置输出的驱动动能的联合或耦合，并经过相应的传动系输出到驱动轮，满足汽车的行驶要求。典型的并联混合动力汽车动力传动系如图8-7 所示。

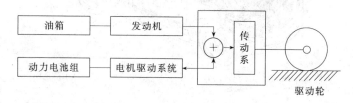

图 8-7　典型的并联混合动力汽车动力传动系

并联混合动力汽车具有如下特点：

（1）机械动能的混合。

（2）具有两个或多个动力装置。

（3）每一个动力装置都有自己单独的车载能量源。

对应图8-7，发动机和电机驱动系统输出的机械动能经过动力耦合后输出到传动系驱动汽车行驶，发动机具有自己独立的车载能量源——油箱，电机驱动系统具有自己独立的车载能量源——动力电池组。

依据动力耦合方式的不同，并联混合动力汽车具有单轴联合式、双轴联合式和驱动力联合式 3 种布置方案，具体如图8-8所示。单轴联合式机械动力的耦合是在动力装置输出轴处完成的，传动系的输入为单轴。其结构示意如图8-8(a) 所示，实际应用如图8-9所示。发动机的输出轴通过离合器与电机的转子轴直接相连，而动力电池组通过控制器的调节作用于电机定子，实现了发动机与电机输出转矩的叠加。单轴联合式实现了把不同动力装置的机械动力输出一体化，结构紧凑，但电机要经过特殊设计。

双轴联合式机械动力的耦合是在传动系的某个环节中完成的，通常称位于传动系中的这种耦合部件为动力耦合装置，它具有两个或多个输入轴，而输出轴仅有一根并直接与驱动轴相连，其结构示意如图 8-8(b) 所示。双轴联合式只是把不同动力装置的输出进行动力合成，因此系统元件可选用已有的现成产品，开发成本较低。

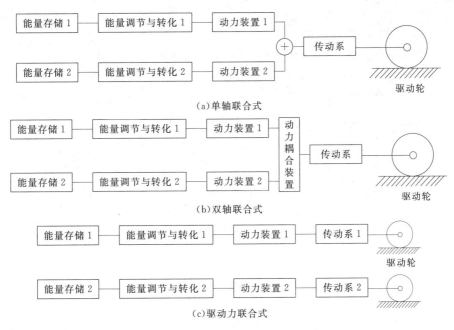

图 8-8 并联混合动力汽车动力传动系的三种基本类型

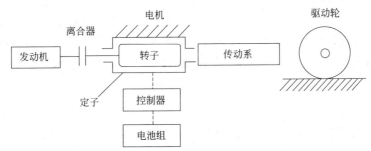

图 8-9 单轴联合式并联混合动力汽车

驱动力联合式机械动力的混合是在汽车驱动轮处通过路面实现的，其结构示意如图 8-8(c) 所示。由于具有两套独立的动力传动系直接驱动汽车，所以在充分利用地面附着力方面具有优势，通过合理的控制，可大大改善汽车的动力性能，但系统组成比较庞大，控制复杂。

3. 混联式混合动力汽车的概念

为优化动力传动系的综合效率，充分发挥汽车的节能、低排放潜力，在实际应用中，混合动力汽车动力传动系并非单纯是简单的串联式结构或并联式结构，而是由串联式结构和并联式结构复合组成的串并联综合式结构，即所谓的混联式结构。典型的混联式混合动力汽车动力传动系如图 8-10 所示。

在图 8-10 中，混联式混合动力汽车动力传动系中具有两个电机系统，即发电机和电机驱动系统，兼备了串联混合动力车载能量源的混合以及并联混合动力机械动能的混合，在实际应用中主要有两种方案，即开关式和功率分流式，分别如图 8-11 和图 8-12 所示。

在图 8-11 中，离合器起到了串联结构和并联结构的切换作用，若离合器打开，则该混合动力传动系即为简单的串联式结构，若离合器接合且发电机不工作，则该混合动力传动系即为简单的并联式结构；若离合器接合且发电机工作于发电模式，则该混合动力传动系即为复杂的混联式结构。

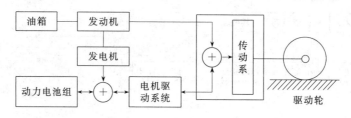

图 8-10　典型的混联式混合动力汽车动力传动系

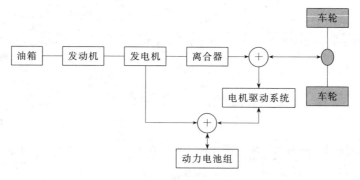

图 8-11　开关式混联式混合动力汽车

在图 8-12 中，巧妙地利用了行星轮系功率分流以及 3 个自由度的特点，发动机、发电机以及驱动轴分别与行星轮系的 3 个轴相连。在正常工作时，发动机的输出动力自动分流为两部分：一部分直接输出到驱动轴，与电机驱动系统输出的动力联合组成并联式结构；另一部分输出到发电机，发电机发出的电能与动力电池组组成串联式结构。

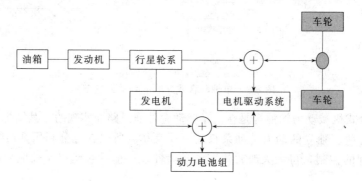

图 8-12　功率分流式混联式混合动力汽车

8.3.2　混合动力汽车结构与原理

1. 串联混合动力汽车结构与原理

串联混合动力汽车的结构简图如图 8-13 所示，汽车由电动机-发电机驱动行驶，电机控制器的供电来自于发动机-发电机-发电机控制器（以下简称发动机-发电机组）与动力电池组组成的串联式结构。整车综合控制器、电机控制器、发动机控制器、发电机控制器、电池管理系统等通过通信线缆连接组成整车控制系统，依据控制系统的状态信息以及驾驶人操控指令、车速等整车反馈信息，由整车控制器实施预订的控制策略，并输出指令到电机控制器，实施电动机-发电机的电动（驱动汽车行驶）、发电（再生制动能量回收）控制，输出指令到发动机控制器、发电机控制器，实施发动机-发电机组的开关控制以及输出功率控制，输出指令到电池管理系统，实施动力电池组的充电、放电能量管理。

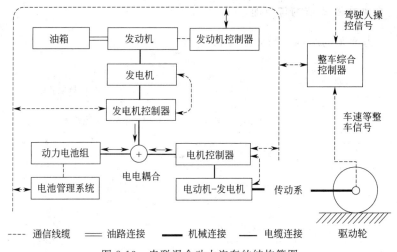

图 8-13 串联混合动力汽车的结构简图

依据发动机-发电机组的工作状态以及动力电池组的充、放电状态，串联混合动力汽车具有 7 种工作模式，具体见表 8-3。

表 8-3 串联混合动力汽车的工作模式列表

工作模式	发动机-发电机组	动力电池组	电动机-发电机	整车状态
纯电池组驱动	关机	放电	电动	驱动
再生制动充电	关机	充电	发电	制动
混合动力驱动	发电	放电	电动	驱动
强制补充充电	发电	充电	电动	驱动
混合补充充电	发电	充电	发电	制动
纯发动机驱动	发电	既不充电也不放电	电动	驱动
停车补充充电	发电	充电	停机	停车

各种工作模式的具体说明如下：

(1) 当动力电池组具有较高的电量且动力电池组输出功率满足整车行驶功率需求时，串联混合动力汽车以纯电池组驱动模式工作，此时发动机-发电机组处于关机状态。

(2) 当汽车以纯电池组驱动行驶时，若汽车减速制动，电动机-发电机工作于再生制动状态，汽车制动能量通过再生发电回收到动力电池组中，即工作于再生制动充电模式。

(3) 当汽车加速或爬坡需要更大的功率输出且超出了动力电池组的输出功率限制时，发动机-发电机组启动发电，并同动力电池组一起输出电功率，实施混合动力驱动工作模式。

(4) 当动力电池组的电量不足且发动机-发电机组输出功率在驱动车辆的同时有富裕时，实施动力电池组强制补充充电工作模式。

(5) 当动力电池组的电量不足且发动机-发电机组处于发电状态时，若汽车减速制动，电动机-发电机工作于再生制动状态，汽车制动能量通过再生发电与发动机-发电机组输出功率一起为动力电池组充电，实施动力电池组的混合补充充电。

(6) 当动力电池组的电量在目标范围内，且发动机-发电机组输出功率满足汽车行驶功率需求时，为提高串联混合动力系统的能量利用效率，采用纯发动机驱动工作模式，此时发动机-发电机组输出功率与汽车行驶功率需求相等。

(7) 若动力电池组的电量过低，为保证整车行驶的综合性能，需要对动力电池组进行停车补充充电，此时发动机-发电机组输出的功率全部用于为动力电池组进行补充充电。

2. 并联混合动力汽车结构与原理

并联混合动力汽车的结构简图如图 8-14 所示。

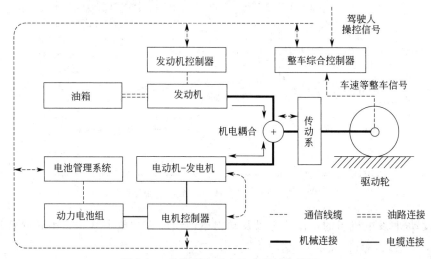

图 8-14　并联混合动力汽车的结构简图

　　汽车的行驶动力由发动机、电动机-发电机通过机电耦合装置单独或联合提供。整车综合控制器、电机控制器、发动机控制器、电池管理系统等通过通信线缆连接组成整车控制系统，依据控制系统的状态信息以及驾驶人操控信号、车速等整车反馈信息，由整车控制器实施既定的控制策略，并输出指令到电机控制器，实施电动机-发电机的电动（驱动汽车行驶）、发电（再生制动能量回收）控制，输出指令到发动机控制器，实施发动机的开关控制以及输出功率控制，输出指令到电池管理系统，实施动力电池组的充电、放电能量管理。

　　依据发动机、电动机-发电机的工作状态以及动力电池组的充放电状态，并联混合动力汽车具有 6 工作模式，具体见表 8-4。

表 8-4　并联混合动力汽车的列表

工作模式	发动机	动力电池组	电动机-发电机	整车状态
纯电动机驱动	关机	放电	电动	驱动
再生制动充电	关机	充电	发电	制动
混合动力驱动	机械动力输出	放电	电动	驱动
强制补充充电	机械动力输出	充电	发电	驱动
纯发动机驱动	机械动力输出	既不充电也不放电	不工作	驱动
停车补充充电	机械动力输出	充电	发电	停车

　　各种工作模式的具体说明如下：

　　（1）当动力电池组具有较高的电量且动力电池组输出功率满足整车行驶功率需求或整车需求功率较小时，为避免发动机工作于低负荷和低效率区，并联混合动力汽车以纯电动机驱动模式工作，此时发动机处于关机状态。

　　（2）当汽车以纯电动机驱动行驶时，若汽车减速制动，电动机-发电机工作于再生制动状态，汽车制动能量通过再生发电回收到动力电池组中，即工作于再生制动充电模式。

　　（3）当汽车加速或爬坡需要更大的功率输出时，发动机启动工作，并同电动机一起输出机械功力，经机电耦合装置后联合驱动汽车行驶，实施混合动力驱动工作模式。

（4）当动力电池组的电量不足且发动机输出功率在驱动汽车的同时有富裕时，电动机-发电机工作于发电模式，实施动力电池组强制补充充电工作模式。

（5）当动力电池组的电量在目标范围内，且发动机输出功率满足汽车行驶功率需求时，为提高并联混合动力系统的能量利用效率，采用纯发动机驱动工作模式，此时发动机输出功率与汽车行驶功率需求相等。

（6）若动力电池组的电量过低，为保证整车行驶的综合性能，需要对动力电池组进行停车补充充电，此时发动机输出的电功率全部用于为动力电池组进行补充充电，电动机-发电机工作于发电模式。

在并联混合动力汽车的工作过程中，发动机仅工作在一个适中的功率区间内且输出功率相对平稳，剩余的峰值功率通过电动机-发电机来补偿，以保证发动机具有一个相对稳定的高效工作区，提高了整车的燃料经济性。

3. 混联混合动力汽车结构与原理

以功率分流式混联混合动力汽车为例，其结构简图如图8-15所示。

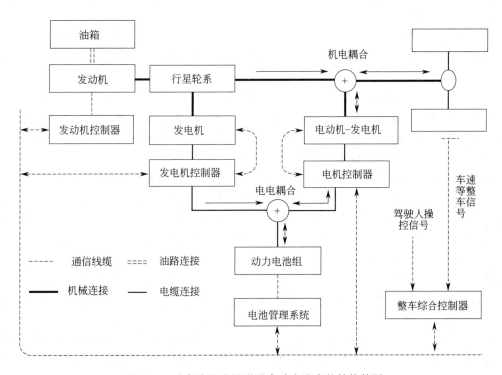

图8-15 功率分流式混联混合动力汽车的结构简图

混联混合动力汽车同时具备了并联混合动力汽车机电耦合以及串联混合动力汽车电电耦合的特点。汽车的行驶动力由发动机、电动机-发电机通过机电耦合装置单独或联合提供。电机控制器的供电来自于发动机、发电机组与动力电池组组成的串联式结构。整车综合控制器、电机控制器、发动机控制器、发电机控制器、电池管理系统等通过通信线缆连接组成整车控制系统，依据控制系统的状态信息以及驾驶人操控信号、车速等整车反馈信息，由整车控制器实施既定的控制策略，并输出指令到电机控制器，实施电动机-发电机的电动（驱动汽车行驶）、发电（再生制动能量回收）控制；输出指令到发动机控制器，实施发动机的开关控制以及输出功率控制；输出指令到发电机控制器，实施发电机的工作状态控制（工作转速或发电功率）；输出指令到电池管理系统，实施动力电池组的充电、放电能量管理。

依据发动机、发电机、电动机-发电机的工作状态以及动力电池组的充放电状态，混联混合动力汽车具有 5 种工作模式，具体见表 8-5。

表 8-5　混联混合动力汽车的工作模式列表

工作模式	发动机	发电机	动力电池组	电动机-发电机	整车状态
纯电动机驱动	关机	关机	放电	电动	驱动
再生制动充电	关机	关机	充电	发电	制动
纯发动机驱动	启动	发电	既不充电也不放电	电动	驱动
混合动力驱动	启动	发电	放电	电动	驱动
强制补充充电	启动	发电	充电	电动	驱动

各种工作模式的具体说明如下：

（1）当动力电池组具有较高的电量且动力电池组输出功率满足整车行驶功率需求或整车需求功率较小时，为避免发动机工作于低负荷和低效率区，混联混合动力汽车以纯电动机驱动模式工作，此时发动机处于关机状态。

（2）当汽车以纯电动机驱动行驶时，若汽车减速制动，电动机-发电机工作于再生制动状态，汽车制动能量通过再生发电回收到动力电池组中，即工作于再生制动充电模式。

（3）当汽车需求功率增加或动力电池组电量偏低时，发动机启动工作，若发动机输出功率满足汽车行驶功率且动力电池组不需要充电时，整车以纯发动机驱动模式工作，此时动力电池组既不充电也不放电，发动机输出的功率分两部分：一部分直接输出到驱动轮；另一部分经过发电机、电动机转化后输出到驱动轮。

（4）当汽车急加速需要更大的功率输出时，整车以混合动力驱动模式工作，此时发动机工作，动力电池组放电，发动机输出的功率分两部分：一部分直接输出到驱动轮；另一部分经过发电机、电动机转化后输出到驱动轮。另外，动力电池组放电输出额外的电功率到电机控制器，使得电动机输出更大的功率，满足汽车总功率需求。

（5）当动力电池组的电量不足且发动机输出功率在驱动汽车的同时有富裕时，实施动力电池组强制补充充电工作模式。此时，发动机工作，发动机输出的功率分三部分，一部分直接输出到驱动轮，一部分经过发电机、电动机转化后输出到驱动轮，一部分经过发电机后为动力电池组进行充电。

图 8-16 所示为丰田普锐斯混联混合动力汽车的几个典型的工作过程。对于丰田普锐斯混联混合动力汽车，汽车以纯电动机驱动模式起步，当汽车需求功率达到发动机启动门限时，发动机启动，汽车进入正常工作模式，如图 8-16（a）所示。发动机输出动力经过行星轮系分成两条路径，一条为驱动发电机发电，产生的电功率又直接输出到电动机-发电机，电动机-发电机电动运转并驱动车轮；另一条直接驱动车轮，整车综合控制器自动对两条路径的动力进行最佳分配，以最大可能地优化系统效率。当汽车高速行驶需要较高的动力输出时，动力电池组进行放电，额外增大了电动机-发电机的输出功率，整车获得的功率为发动机输出功率与动力电池组放电功率之和，如图 8-16（b）所示。当汽车减速制动时，混合动力系统自动实施再生制动能量回收，如图 8-16（c）所示。当汽车遇到红绿灯停车时，发动机自动熄火，避免了发动机怠速运转引起的不必要的油耗和污染物排放。

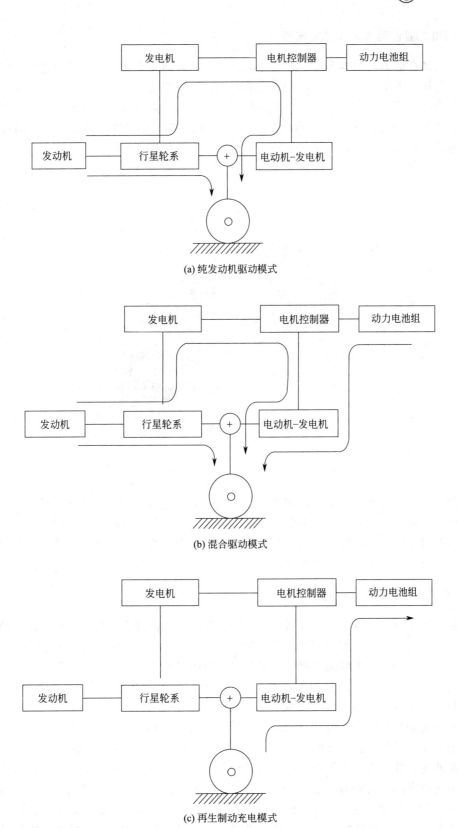

(a) 纯发动机驱动模式

(b) 混合驱动模式

(c) 再生制动充电模式

图 8-16　普锐斯混联混合动力汽车几种典型的工作模式

4. 插电式混合动力汽车结构与原理

插电式混合动力汽车本身是一种混合动力汽车，区别在于其车载的动力电池组可以利用电力网（包括家用电源插座）进行补充充电，具有较长的纯电动行驶里程，必要时仍然可以工作在混合动力模式。因此，一般与混合动力汽车相比，插电式混合动力汽车具有较大容量的动力电池组、较大功率的电机驱动系统以及较小排量的发动机。为满足纯电动行驶的需要，插电式混合动力汽车的辅助系统均为电动化的辅助系统，如电动助力转向、电动真空助力、电动空调等，而且还额外增加了车载充电器。图 8-17 所示为某插电式混合动力汽车的结构简图。

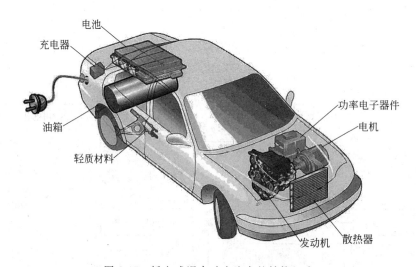

图 8-17　插电式混合动力汽车的结构组成

插电式混合动力汽车的工作原理如下：当动力电池组通过电力网充满电后，汽车优先以纯电池组驱动模式工作；直至动力电池组电量达到纯电池组驱动模式工作的下限时，发动机启动，整车自动切入常规混合动力汽车控制模式，动力电池组在满足混合动力行驶功率需求的前提下，维持在一个较低的电量状态，直至下一次通过电力网充满电。

5. 增程式电动汽车结构与原理

增程式电动汽车本身是一种串联式混合动力汽车，其设计理念是在纯电动汽车动力传动系的基础上，增加一个增程器（通常为小功率的发动机-发电机组或燃料电池发电系统等），延长动力电池组一次充电续驶里程，满足日常行驶的需要。相比纯电动汽车，增程式电动汽车可以采用较小容量的动力电池组，有利于降低动力电池组的成本。相比串联混合动力汽车，增程器功率偏小，动力电池组容量配置偏高。

增程式电动汽车完全靠电动机-发电机驱动，在起步或者短途行驶时，由车载大容量的动力电池组通过电机控制器为电动机-发电机提供动力，电动机-发电机带动汽车行驶。当动力电池组的电量低于设定工作下限时，车载增程器启动，整车工作于串联混合动力汽车工作模式，满足汽车的行驶动力需求。值得注意的是，增程式电动汽车和插电式混合动力汽车的区别在于，发动机功率更小，而且由于在串联混合动力汽车工作模式下，增程器的输出功率不足以补充动力电池组的电量消耗，从而难以像常规串联混合动力汽车那样无限制长距离行驶，必须及时对动力电池组进行补充充电。

8.4 燃料电池汽车

8.4.1 燃料电池概述

1. 燃料电池的基本概念及特点

（1）燃料电池的定义

燃料电池是直接将燃料的化学能转化为电能的发电装置。将燃料和空气分别送入燃料电池后，就可从其正极和负极输出电能。从表面上看，燃料电池与蓄电池一样，有正、负极和电解质等，但燃料电池不能通过充电的方法"储电"，只是一个通过消耗燃料来输出电能的发电装置。

（2）燃料电池与蓄电池的区别

燃料电池实际上就是一个电化学反应器，虽然也是通过活性物质（燃料及氧化剂）的电化学反应产生电能，但是它与普通化学蓄电池的不同之处在于：

① 燃料电池通过电化学反应转化为电能的活性物质不在其内部，而是从其外部输入。

② 燃料电池放电过程所消耗的活性物质无须通过充电来还原，只需要向电池内不断输入燃料及氧化剂，并将电化学反应产物及时排出即可持续提供电能。

③ 燃料电池本体只决定电池的输出功率，而燃料电池能量的大小则取决于外部可输入的燃料和氧化剂。因此，燃料电池的比能量可以很高，而续驶里程主要取决于燃料的储备容量。

④ 燃料电池的内部结构和系统的控制比较复杂，尤其是放电控制不如普通化学电池方便。

（3）燃料电池与原动机辅助动力单元的区别

原动机辅助动力单元由燃油发动机和发电机组成。燃料的化学能通过燃烧转化为热能，再由热机转化为机械能，最后通过发电机转化为电能。燃料电池则是将燃料和氧化剂直接转化为电能。相比于原动机辅助动力单元，其具有以下特点：

① 燃料电池的燃料通过电化学反应直接转化为电能，没有燃烧转化为热能的过程，因而无燃料燃烧排放物，对环境污染很小。

② 燃料电池的氧化还原反应不在同一地点，而是在负极进行氧化反应，在正极进行还原反应；而发动机燃料燃烧所进行的氧化还原反应在同一地点，反应后释放热能。由于燃料电池的能量转换过程不受卡诺循环的限制，也无须通过机械能转换为电能，所以能量转换效率高。

③ 燃料电池无热机的工作噪声，也无机械传动装置的工作噪声，因此，燃料电池本身的工作噪声很小。

④ 燃料电池不能直接使用汽油、柴油等燃料，需用氢作燃料，或以经过重整的富氢燃料气为间接燃料。其对燃料的要求较高，燃料的成本也较高。

2. 燃料电池的分类

目前，实用型的燃料电池有多种类型，现以不同的分类方法加以概括。

（1）按工作温度分

按燃料电池的工作温度不同，可将其分为低温、中温和高温三种类型。

① 低温燃料电池　这类燃料电池的工作温度低于200℃，可采用水溶液或其浓缩液为电解质，但需要采用铂催化剂才能达到实用的高电压及高电流密度，所用的燃料是氢或经纯化及重整的富氢燃料气。

② 中温燃料电池　中温燃料电池的工作温度为200～750℃。中温固态燃料电池兼有高温固态氧化物燃料电池和低温质子交换膜燃料电池的优点，同时摒弃了它们的某些缺点。工作温度在200～750℃的中温燃料电池可大幅提高贵金属催化剂的一氧化碳耐受能力，并且使金属和合成树脂等材料用作电池（堆）的连接和密封材料成为可能，从而降低了燃料电池的成本，并延长了燃料电池的使用寿命。

③ 高温燃料电池　高温燃料电池的工作温度高于750℃。燃料电池必须采用熔融盐或固体氧化物电解质，可以在不采用特殊催化剂的情况下获得实用的高电压及高电流密度。其燃料除氢外，还可采用煤制气、天然气、甲烷、沼气等。

（2）按燃料的来源分

按燃料电池的燃料来源不同，可将其分为直接式、间接式和再生式三种。

① 直接式燃料电池　直接式燃料电池的燃料是液态或气态纯氢，不需要复杂的汽化产生氢气的过程，但需要铂、金、银等贵重金属作催化剂。直接甲醇燃料电池也无须预先重整，可直接将甲醇在阳极转换成二氧化碳和氢，但需要比纯氢燃料消耗更多的铂催化剂。

② 间接式燃料电池　间接式燃料电池可将天然气、甲烷、汽油、LPG、二甲醚等作为燃料，经过重整和纯化后转变为氢或富氢燃料气再供给燃料电池。

③ 再生式燃料电池　再生式燃料电池可将燃料电池生成的水经适当的方法分解成氢及氧，再重新输送给燃料电池进行发电。

（3）按燃料电池采用的电解质分

按燃料电池所采用的电解质不同，可将燃料电池分为碱性燃料电池、质子交换膜燃料电池、磷酸燃料电池、熔融碳酸盐燃料电池、固态氧化物燃料电池等。

① 碱性燃料电池　碱性燃料电池（alkaline fuel cell，简称AFC）以石棉网作为电解质的载体，以氢氧化钾（KOH）水溶液为电解质，工作温度为70～200℃。高温（约200℃）时采用含量较高的氢化钾（质量分数为85%）作电解质，在较低温度（＜120%）时用含量较低的氢化钾（质量分数为35%～50%）作电解质。AFC必须以纯氢作为阳极燃料气体，以纯氧作为阴极氧化剂，以铂、金、银等贵重金属，或者镍、钴、锰等过渡金属为催化剂。AFC电解质的腐蚀性较强，因而其寿命较短。与其他燃料电池相比，AFC的优点是启动快，功率密度较高，性能较为可靠，是目前技术最成熟的燃料电池之一。AFC的应用涉及航天、军事、电动汽车、发电等领域。

② 磷酸燃料电池　磷酸燃料电池（phosphoric acid fuel cell，简称PAFC）以磷酸水溶液为电解质，工作温度范围为150～200℃，电极上也需加铂催化剂来加速反应。在低温时，PAFC离子电导度较差，而且阳极铂容易受到CO毒化，目前的发电效率仅能达到40%～45%，燃料必须进行外重整改质，而且气体燃料中CO的体积分数必须小于0.5%。由于酸性电解质的腐蚀作用，使PAFC的寿命难以超过40000h。PAFC技术已趋成熟，产品也进入商业化。PAFC的缺点之一是启动时间长，因此，不适用于轿车动力，但用作公共汽车的动力则已有成功的实例。PAFC较适合于用作特殊用户的分散式电源、现场可移动电源以及备用电源等。

③ 质子交换膜燃料电池　质子交换膜燃料电池（proton exchange membrane fuel cell，简称PEMFC）的电解质为质子交换膜，工作温度约为80℃。在这样的低温下，需要通过电极上一层薄的铂进行催化，以确保电化学反应能正常缓慢地进行。PEMFC内唯一的液

体为水，因此腐蚀程度较低，使用寿命较长。PEMFC 即使在低温状态下也具有启动时间短的特性，可以在几分钟内达到满载运行，电流密度和功率密度较高，发电效率为 45%～50%，且运行可靠，因而是电动汽车动力电源的首选。此外，PEMFC 也可用作移动电源、军用野外小型电力装置、便携式电器不间断电源等，但不适合用于大容量集中型电厂。

④ 熔融碳酸盐燃料电池 熔融碳酸盐燃料电池（Molten Carbonate Fuel Cell，简称 MCFC）的电解质为分布在多孔陶瓷材料中的碱性碳酸盐，工作温度为 600～800℃。碱性碳酸盐电解质在高温下呈现熔融状态，其离子传导度极佳，在高温下电极反应不需要贵重金属催化剂（如铂），可采用镍与氧化镍分别作为阳极与阴极的催化剂，且具有内重整改质能力，可以直接将天然气和石油的碳氢化合物等作为燃料，发电效率较高。如果余热可以回收或与燃气轮机结合组成联合发电系统，则可使发电容量和发电效率进一步提高。由于在高温下工作，需要较长的时间才能达到工作温度，因此，MCFC 不能用于电动汽车。由于其电解质的温度和腐蚀特性，MCFC 也不适用作移动电源和便携式电器的不间断电源。由于 MCFC 所具有的技术特点及较高的发电效率，所以将其用于分散型电站和集中型电厂的大规模发电是一种较为理想的选择。

⑤ 固态氧化物燃料电池 固态氧化物燃料电池（Solid Oxide Fuel Cell，简称 SOFC）的电解质是固态非多孔金属氧化物，工作温度为 650～1000℃。SOFC 电极也无须铂等贵重金属作催化剂，且无电解质蒸发和电池材料腐蚀的问题，电池的寿命较长。目前，SOFC 可以连续工作达 70000h。SOFC 也可以将天然气和石油等碳氢化合物作为燃料。燃料在其内部可以进行重整改质。由于 SOFC 工作温度很高，金属与陶瓷材料之间不易密封，启动时间较长，所以其不适合作紧急电源，但较适合替代石油和煤等火电厂发电，既可用作中小容量的分散型电源（500kW～50MW），也可以用于大容量的集中型电厂（>100MW）。

各种燃料电池的特点对比见表 8-6。

表 8-6　各种燃料电池的特点对比

种类	碱性燃料电池	磷酸燃料电池	质子交换膜燃料电池	碳酸盐燃料电池	固态氧化物燃料电池
电解质	KOH 水溶液	磷酸水溶液	质子交换膜	碱性碳酸盐	氧化锆陶瓷
工作稳定/℃	70～200	150～200	80	600～800	650～1000
燃料	H_2	H_2	H_2、甲醇、天然气等	CO、H_2	CO、H_2
氧化剂	O_2	空气	空气或 O_2	空气	空气
启动时间	几分钟	2～4h	几分钟	>10h	>10h
主要优点	启动快，效率高，可在室温下工作	对 CO 不敏感	启动快，比功率高，工作温度低，寿命长	效率高，无须贵重金属催化剂	效率高，无须贵重金属作催化剂
主要缺点	需用纯氧化剂，有腐蚀	效率较低，有腐蚀	对 CO 敏感，成本较高	工作温度较高，控制复杂，有腐蚀	工作温度高，控制复杂，有腐蚀
主要应用领域	航天、军事	大客车、中小电厂	航天、军事、电动汽车	大型电厂	大型电厂

质子交换膜燃料电池由于工作温度低，启动时间短，效率较高，因此是电动汽车用燃料电池的最佳选择。

3. 燃料电池的发电原理

（1）燃料电池的基本原理

燃料电池的核心部分是燃料（阳极）、电解质、氧化剂（阴极）。其发电原理如图 8-18 所示。燃料电池工作时，向阳极供给燃料（氢），向阴极供给氧化剂（空气），在其内部产生电化学反应。

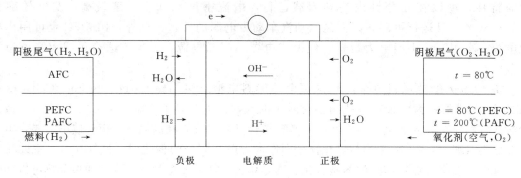

图 8-18 燃料电池的发电原理

① 阳极进行氧化反应进入阳极的氢（燃料）在催化剂的作用下分解成氢离子 H^+ 和电子 e，H^+ 进入电解质中。其电化学反应为

$$H_2 \longrightarrow 2H^+ + 2e$$

② 阴极进行还原反应在阴极，进入的空气（氧化剂）进行还原反应，空气中的氧与电解质中的氢离子吸收抵达阴极的电子而生成水。这正是水的电解反应的逆过程。其电化学反应为

$$\frac{1}{2}O_2 + 2H^+ + 2e \longrightarrow H_2O$$

③ 外电路电子运动形成电流。当在正、负极之间连接外电路后，电子就沿外电路移向正极，形成电流，向连接在外部电路中的负载提供电能。

燃料电池的总反应为

$$H_2 + \frac{1}{2}O_2 \longrightarrow H_2O$$

（2）燃料电池的电动势及工作电压

① 燃料电池的电动势 燃料电池内部阳极和阴极的电化学反应，使正极电位和负极电位发生改变，正、负电极之间产生电位差（电动势 E），即

$$E = \varphi_e^+ - \varphi_e^- \tag{8-1}$$

式中 φ_e^+ ——正极平衡电极电位；

φ_e^- ——负极平衡电极电位。

无论是哪种电解质，氢氧燃料电池的电动势都为 1.229V。如果反应产物水为气态，则电动势为 1.18V。

② 燃料电池的工作电压 工作时，燃料电池通过外电路形成放电电流，这时燃料电池正、负极之间的电位差（工作电压 U）为

$$U = E - \Delta\varphi^+ - \Delta\varphi^- - IR \tag{8-2}$$

式中 $\Delta\varphi^+$ ——正极极化电位差；

$\Delta\varphi^-$ ——负极极化电位差；

IR ——电池内电阻电压降。

电极产生的极化包括活化能极化和浓差极化。活化能极化是由于电极反应所必需的活化能所产生的极化；浓差极化是指因反应物的供应速度或生成物的排出速度缓慢而产生的极化。燃料电池工作时，随着放电电流 I 的增大，正、负电极的极化电位差会加剧，电池内阻上的电压降也随之增加。燃料电池的放电特性如图 8-19 所示。

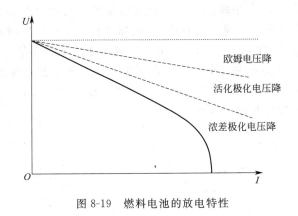

图 8-19　燃料电池的放电特性

8.4.2　燃料电池汽车概述

1. 燃料电池汽车的发展概况

燃料电池汽车（fuel cell electric vehicle，简称 FCEV）采用燃料电池作为动力源。相比于内燃机汽车，燃料电池汽车主要有以下优点：

① 因燃料直接通过电化学反应产生电能，无热能转换过程，故不受卡诺循环的限制，能量转换效率高，实际能量转换效率高达 $50\%\sim70\%$。

② 当燃料电池使用氢燃料时，其排放的是水，无污染；当使用甲醇、汽油等其他燃料时，排放的 CO_2 比汽油机少 $1/2$。

③ 燃料电池堆可由若干个单元电池串联或并联而成，可根据质量分配均衡和空间有效利用的原则，机动灵活地进行配置。

④ 燃料电池无运动部件，振动小，噪声低，零部件对机械加工精度要求不高。

2. 燃料电池汽车的类型

虽然燃料电池汽车的历史不长，但是与纯电动汽车相比，燃料电池汽车无须依赖蓄电池技术性能的完善，与内燃机汽车相比，则具有环保、节能的优势。因此，燃料电池汽车已成为世界范围内新能源汽车开发的热点，且不断地涌现出不同结构的燃料电池汽车。

（1）按有无蓄能装置分类

根据燃料电池汽车是否配备蓄能装置，可把燃料电池汽车分为纯燃料电池汽车和混合型燃料电池汽车两大类。

① 纯燃料电池汽车　纯燃料电池汽车的燃料电池是电动汽车上电能的唯一来源。这种类型的燃料电池汽车，要求燃料电池的功率大，并且无法回收汽车制动能量。因此，纯燃料电池汽车目前应用较少。

② 混合型燃料电池汽车　混合型燃料电池汽车上除燃料电池外，同时配备了蓄能装置（如蓄电池、超级电容和飞轮电池等）。由于蓄能装置可协助供电，因而可适当减小燃料电池的功率，且蓄能装置还可用于汽车制动时的能量回收，所以可提高燃料电池汽车的能量利用率。因此，燃料电池汽车多采用混合型结构。

（2）按燃料电池与蓄电池的结构关系分类

根据混合型燃料电池汽车中燃料电池和蓄电池的电路结构，可将混合型燃料电池汽车分为串联式和并联式两种，如图 8-20 所示。

① 串联式燃料电池汽车 串联式燃料电池汽车动力系统的构成如图 8-21(a) 所示。其燃料电池相当于车载发电装置，通过 DC/DC 转换器进行电压转换后对蓄电池充电，再由蓄电池向电动机提供驱动车辆的全部电力。串联式燃料电池汽车的特点与普通的串联式混合动力电动汽车相似。其优点是可采用小功率的燃料电池，但要求蓄电池的容量和功率要足够大，且燃料电池发出的电能需要经过蓄电池的电化学转换过程，从中有能量的转换损失。目前，串联形式的燃料电池汽车较为少见。

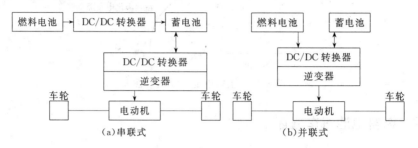

图 8-20　串联式和并联式燃料电池汽车动力系统示意图

② 并联式燃料电池汽车 并联式燃料电池汽车动力系统的构成如图 8-20(b) 所示。它由燃料电池和蓄电池共同向电动机提供电力。根据燃料电池与蓄电池能量大小的配置不同，又可将其分为大燃料电池型和小燃料电池型两种。大燃料电池型主要由燃料电池提供电力，蓄电池的容量较小，只是在电动汽车起步、加速、爬坡等行驶工况时协助供电，并在车辆减速与制动时进行能量回收；小燃料电池型则必须采用大容量的蓄电池，由蓄电池提供主要的电力，而燃料电池只是协助供电。并联式是目前燃料电池汽车采用较多的形式。

（3）按提供的燃料不同分类

根据燃料电池所提供的燃料不同，燃料电池汽车又可分为直接燃料电池汽车和重整燃料电池汽车两大类。

① 直接燃料电池汽车 直接燃料电池汽车的燃料主要是纯氢，也可以用甲醇等燃料。采用纯氢作燃料的燃料电池汽车，氢燃料的储存方式有压缩氢气、液态氢和合金（碳纳米管）吸附氢等几种。

② 重整燃料电池汽车 重整燃料电池汽车的燃料主要有汽油、天然气、甲醇、甲烷、液化石油气等。重整燃料电池汽车的结构要比氢燃料电池汽车复杂得多。比如，甲醇重整燃料电池汽车需要对甲醇进行 200℃ 左右的加热以分解出氢，汽油重整燃料电池汽车也需要对汽油进行 1000℃ 左右的加热以分解出氢。无论采用什么燃料，重整燃料电池汽车都需设置重整装置，将其他燃料转化为燃料电池所需的氢。

8.4.3　燃料电池汽车的结构与原理

燃料电池汽车与普通燃油汽车相比，其外形和内部空间几乎没有什么区别，不同之处在于动力系统。燃料电池汽车动力系统的基本组成部分有燃料电池系统、电子控制系统、辅助蓄能装置及驱动电动机。燃料电池汽车动力系统的布置如图 8-21 所示。

1. 直接燃料电池汽车

典型的直接燃料电池汽车动力系统的基本构成如图 8-22 所示。

（1）燃料电池系统

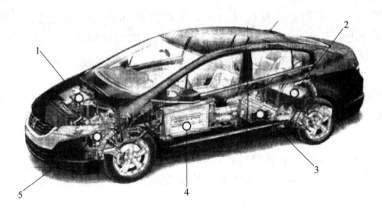

图 8-21　燃料电池汽车动力系统的布置
1—电子控制器；2—燃料储存装置；3—蓄能
装置；4—燃料电池电堆；5—驱动电动机

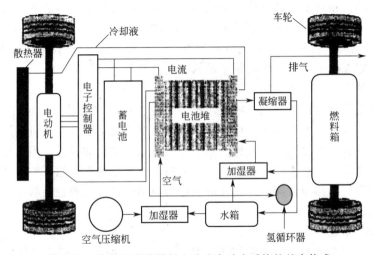

图 8-22　典型的直接燃料电池汽车动力系统的基本构成

　　燃料电池系统的核心是燃料电池电堆，此外，还配备了氢气供给系统、氧气供给系统、气体加湿系统、水循环及反应物生成处理系统等，用以确保燃料电池电堆正常工作。

　　① 氢气供给系统　氢气供给系统的功能包括氢的储存、管理和回收。由于气态氢需要采用高压的方式储存，因此，储氢气瓶必须有较高的品质。储氢气瓶的容量决定了一次充氢的行驶里程。轿车一般采用 2～4 个高压储氢气瓶，大客车上通常采用 5～10 个高压储氢气瓶来储存所需的氢气量。

　　液态氢比气态氢需要更高的压力进行储存，且要保持低温，因此，在使用液态氢时对储氢气瓶的要求更高，还需要有较复杂的低温保温装置。

　　不同的储氢压力，需要采用相应的减压阀、调压阀、安全阀、压力表、流量表、热量交换器、传感器及管路等组成氢气供给系统。在从燃料电池电堆排出的水中，含有少量的氢，可通过氢气循环器将其回收。

　　② 氧气供给系统　氧气有纯氧和空气两种供给方式。当以纯氧的方式供给时，需要用氧气罐；当从空气中获得氧气时，需要用压缩机来提高压力，以确保供氧量，增加燃料电池反应的速度。空气供给系统除了需要有体积小、效率高的空气压缩机外，还需配备相应的空气阀、压力表、流量表及管路，并对空气进行加湿处理，以确保空气具有一定的湿度。

③ 水循环系统　在燃料电池反应过程中，会产生水和热量，需要通过水循环系统中的凝缩器加以冷凝并进行气水分离处理，部分水可用于反应气体的加湿。水循环系统还用于燃料电池的冷却，以使燃料电池保持在正常的工作温度。

（2）辅助蓄能装置

混合式燃料电池汽车还配备辅助蓄能装置。辅助蓄能装置可采用蓄电池、超级电容和飞轮电池中的一种，组成双电源的混合动力系统，或采用蓄电池＋超级电容、蓄电池＋飞轮电池的三电源系统。

燃料电池汽车配备辅助蓄能装置的作用是：

① 在燃料电池汽车启动时，由辅助蓄能装置提供电能，带动燃料电池起动或带动车辆起步。

② 在燃料电池汽车运行过程中，当燃料电池输出的电能大于车辆驱动所需的能量时，辅助蓄能装置可用于储存燃料电池剩余的电能。

③ 在燃料电池汽车加速和爬坡时，辅助蓄能装置可协助供电，以弥补燃料电池输出功率的不足，使电动机获得足够的电能，产生满足车辆加速和爬坡所需的电磁转矩。

④ 向车辆的各种电子设备、电器提供工作所需的电能。

⑤ 在车辆制动时，将驱动电动机转换为发电机工作状态，将车辆的动能转换为电能，并向辅助蓄能装置充电，以实现车辆制动时的能量回收。

（3）驱动电动机

驱动电动机用于将电源所提供的电能转换为电磁转矩，并通过传动装置驱动车辆行驶。与纯电动汽车和混合动力电动汽车一样，燃料电池汽车用驱动电动机也可采用直流有刷电动机、交流异步电动机、交流同步电动机、永磁无刷直流电动机和开关磁阻电动机等。

不同类型的电动机具有不同的性能特点。燃料电池汽车通常是结合整车的开发目标，综合考虑各种电动机的结构与性能特点以及电动机的驱动控制方式及控制器结构特点等，选择适宜的驱动电动机。

（4）电子控制系统

直接燃料电池汽车的电子控制系统包括燃料电池系统控制、DC/DC 转换器控制、辅助储能装置能量管理、电动机驱动控制及整车协调控制等控制功能，各控制功能模块通过总线连接，如图 8-23 所示。

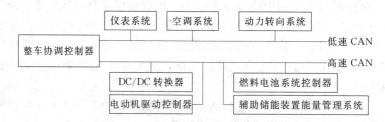

图 8-23　燃料电池汽车电子控制系统构成

① 燃料电池系统控制　燃料电池系统控制器用来控制燃料电池的燃料供给与循环系统、氧化剂供给系统、水/热管理系统，并协调各系统工作，以使燃料电池系统能持续向外供电。

② DC/DC 转换器控制　DC/DC 转换器用于改变燃料电池的直流电压，由电子控制器控制。电子控制器的作用是通过调节 DC/DC 转换器的输出电压，将燃料电池电堆较低的电压上升至电动机所需的电压。DC/DC 转换器的作用不仅仅是升压和稳压，在工作时，通过控制器的实时调节，可使其输出电压与蓄电池的电压相匹配，协调燃料电池和蓄电

池负荷，起限制燃料电池最大输出电流和最大功率的作用，以避免燃料电池因过载而损坏。

③ 辅助蓄能装置能量管理　辅助蓄能装置能量管理系统对蓄电池的充电、放电、存电状态等进行监控，使辅助蓄能装置能正常地起作用，实现车辆在启动、加速、爬坡等工况下的协助供电，并在车辆运行时储存燃料电池富余电能，实现汽车制动时的能量回馈。蓄电池能量管理系统通过对蓄电池电压、电流、温度等参数的监测，还可实现蓄电池的过充电、过放电控制，进行蓄电池荷电状态的估计与显示。

④ 电动机驱动控制　电动机的类型不同，其控制系统的电路结构和工作原理也有所不同。总体上，电动机驱动控制系统的主要控制功能有：电动机的转速与转矩调节、电动机工作模式控制（设有制动能量回馈的电动汽车）、电动机过载保护控制等。

⑤ 整车协调控制　整车协调控制系统基于设定的控制策略对各控制功能模块进行协调控制。一方面，控制器根据加速踏板传感器、制动踏板传感器、挡位开关送入的电信号判断驾驶人的驾车意图，并输出控制信号，通过相关的控制功能模块实现车辆的行驶工况控制；另一方面，控制器根据相关传感器和开关输入的电信号，获取车速、电动机转速、是否制动、蓄电池和燃料电池的电压和电流等信息，判断车辆的实际行驶工况和动力系统的状况，并按设定的多电源控制策略输出相应的控制信号，通过相应的功能模块实现能量分配调节控制。此外，整车协调控制还包括整车故障自诊断功能。

直接以纯氢为燃料电池的电动汽车对储氢装置的要求较高。但与重整燃料电池汽车相比，直接燃料电池汽车的结构简单，质量轻，能量效率高，成本低。因此，目前的燃料电池汽车大都以纯氢为车载氢源。

2. 重整燃料电池汽车

（1）动力系统的构成

重整燃料电池汽车与直接燃料电池汽车的主要区别在于使用汽油、天然气、甲醇、甲烷、液化石油气等燃料，在汽车上通过重整器产生氢，再将氢提供给燃料电池电堆。重整燃料电池汽车动力系统的基本组成如图 8-24 所示。

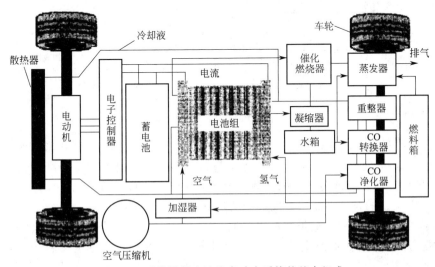

图 8-24　重整燃料电池汽车动力系统的基本组成

重整燃料电池系统中的氧气供给及管理系统、反应生成的水和热量处理系统及电力管理系统等与直接燃料电池系统基本相同，只是增加了重整器、加热器、CO 转换与净化器等装置，用以将汽油、天然气、甲醇、甲烷、液化石油气等燃料转换为纯氢。

（2）重整燃料电池氢气产生的过程

重整燃料电池汽车采用的燃料不同，其制氢过程（重整技术）也会有所不同。

① 车载醇类制氢过程　醇类燃料（甲醇、乙醇、二甲醚等）的车载制氢过程大体相同，均需经重整、变换、一氧化碳脱除等几个步骤。以甲醇为燃料的车载制氢过程如图 8-25 所示。

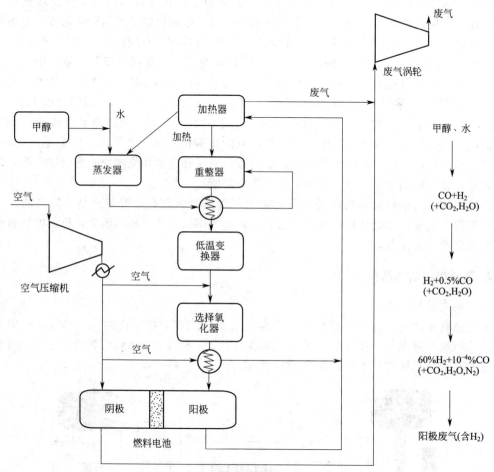

图 8-25　以甲醇为燃料的车载制氢过程

注：图中的百分数为体积分数

储存在普通容器中的甲醇在进入重整器以前，通过加热器加热，使甲醇和纯水的混合物在高温（621℃）下变成混合气，然后进入重整器分离出氢。由于重整器产生的氢气中含有少量 CO，因此，需要通过转换器中的催化剂将 CO 转换为 CO_2 后排出，使之最终进入燃料电池的 H_2 中。CO 的含量不能超过规定的低限值（0.001%）。

② 车载烃类制氢过程　烃类燃料（汽油、柴油、LPG 及天然气等）制氢通常包括氧化重整、高温变换、脱硫、低温变换、CO 净化及燃烧等过程。以汽油为燃料的车载制氢过程如图 8-26 所示。

烃类车载制氢需要高温和脱硫，因此，其重整过程比醇类难度大。由于天然气是气体燃料，车载储运较为困难，因而很少用作燃料电池汽车的燃料。

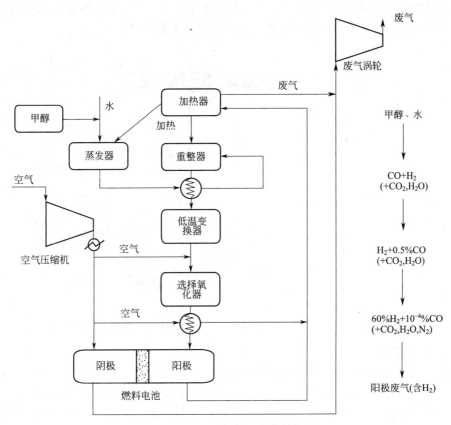

图 8-26　以汽油为燃料的车载制氢过程

（3）重整燃料电池汽车的优缺点

使用车载重整器制氢的燃料电池汽车，其主要优点是燃料存储方便，只需要普通的容器，不需要加压或冷藏。但是，车载重整器制氢也存在着一些问题，主要有：

① 燃料电池系统启动时间较长，动态响应较慢。当然，对于配备辅助蓄能装置的重整燃料电池汽车来说，辅助蓄能装置可很好地解决这一问题。

② 重整装置不仅需要复杂的控制过程，而且其体积和质量会减少车辆可利用的空间，增加更多的能量消耗。

③ 当制取的氢气纯度不高时，可能会使催化剂中毒并产生一些污染。

由于上述不足，在现已推出的燃料电池汽车中，采用重整技术的相对较少。

3. 燃料电池汽车的储氢方式

目前的燃料电池汽车大都以纯氢为燃料，为使燃料电池汽车能达到所需的续驶里程，在车上就需要有一定储量的氢。车载储氢主要有压缩氢气、液态氢和金属储氢三种形式。

（1）压缩氢气形式

氢气的密度小，需要通过压缩来增加其储存量。压缩氢气的压力一般在 20～30MPa 或更高，因而要求储氢气瓶能承受高压，且质量轻、使用寿命长。高压储氢气瓶的材料用铝或石墨材料，通常制成环形压力容器。这有助于提高容积效率，满足续驶里程的要求，而且便于在车上安装。

不同类型的燃料电池汽车，高压储氢气瓶的布置形式也有所不同。燃料电池轿车的高压储氢气瓶通常安装在后座椅下或行李箱下，而大客车的储氢气瓶通常安装在车辆的顶部或裙部。图 8-27 所示的是某种燃料电池大客车储氢气瓶的布置方式。

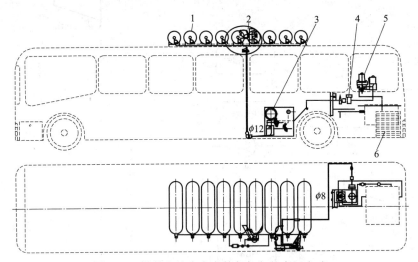

图 8-27　燃料电池大客车储氢气瓶的布置方式
1—储氢气瓶；2—车顶控制气路；3—压力表；4—滤清器；5—减压阀；6—燃料电池

（2）液态氢形式

相对于气态氢，液态氢具有较高的能量密度，可显著提高单位容积氢的质量，有利于降低运输成本，提高燃料电池汽车的续驶里程。但是，液态氢需要将气态氢冷却到 −253℃ 才能得到，氢气的液化过程时间较长，而且需要消耗大量的能量。另一个问题是，液态氢难于较长时间储存，只能储存在供应站，而在运输时也需要专用运输车辆。车载液态氢储存罐如图 8-28 所示。液态氢储存罐需要有良好的绝热性能，因此，其外壳通常用绝热材料包裹，其内部设有液位计和压力调节（控制）装置。

液态氢需要转换为氢气才能提供给燃料电池，而液态氢气化过程需要吸收热量，因此，在供氢系统中，还需要设置热交换器和压力调节系统。

（3）金属储氢形式

利用金属氢化物储氢，就是将氢气加压至 3～6MPa，使进入容器的氢在高压下附在金属小颗粒上，完成氢与金属的结合，同时放出热量。由于从金属小颗粒中释放出氢时，需要吸收外部的热量。因此，金属储氢容器不仅需要有一定的耐压强度，还要有足够的换热面积，以满足充氢和放氢时的热量传递。为了尽可能多地储存氢，需要储氢金属表面呈小颗粒状，并在适当的温度范围和压力范围内能够储存或释放氢气。

金属储氢通常被认为是最安全的储氢方式。相比于高压储氢罐储氢方式，金属储氢的特点如下：

① 单位体积的储氢容量有所提高，但单位质量的储氢量并不高。金属储氢罐包括容器和储氢材料，其单位质量的储氢量要低于高性能材料制成的高压储氢气瓶。

② 储氢的压力较低（1～2MPa），远低于压缩储氢气瓶的压力，因而其安全性较高，降低了充氢设备的要求，充氢的能耗也较小。

③ 金属氢化物对氢气中少量杂质（如 O_2、H_2O、CO 等）的敏感度高于燃料电池电极催化剂的敏感度，因此，对氢的纯度要求更高了。

④ 金属氢化物的机械强度较低，反复充放氢后会出现粉碎现象。目前的金属储氢装置的金属氢化物反复充放的次数不多，而且价格较高。

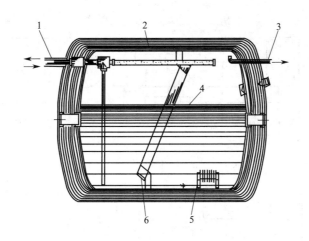

图 8-28 车载液态氢储存储罐

1—液氢进出口；2—绝热材料；3—安全排气口；4—液态氢；5—压力仪表；6—液位计

总体上看，燃料电池汽车采用金属储氢方式的运行成本很高，因此，目前采用这种车载储氢方式的燃料电池汽车较少。

4. 燃料电池汽车的工作方式

目前燃料电池汽车多采用燃料电池＋蓄电池的混合动力模式。在电动汽车起步、加速、匀速、滑行、减速、制动等不同的行驶工况时，燃料电池的工作模式是不同的，大体可分为燃料电池模式、混合动力模式、蓄电池模式、能量回馈模式等，如图 8-29 所示。

（1）燃料电池模式

当燃料电池汽车工作在燃料电池模式时，电动机的电力全由燃料电池提供。当蓄电池在非充足电状态（SOC<1），且燃料电池的电能供给电动机后尚有富余时，燃料电池还可向蓄电池充电，如图 8-29（a）所示。燃料电池汽车在低负荷、匀速、滑行等行驶工况时，通常工作在燃料电池模式。

（2）混合动力模式

混合动力模式是指燃料电池和蓄电池共同提供电动机所需电力的工作方式，如图 8-29（b）所示。在燃料电池汽车加速行驶、高速行驶、上坡、超车或重载的情况下，当燃料电池输出的电功率已不能满足驱动车辆所需的功率时，由蓄电池提供瞬时能量来补充燃料电池汽车加速、上坡的动力需要，或由蓄电池持续地协助燃料电池供电，以满足燃料电池汽车在持续高速或重载下对电源持续电功率输出的需求。

（3）蓄电池模式

蓄电池模式是指燃料电池停止输出电能，车辆单独由蓄电池提供电力，如图 8-29（c）所示。当燃料电池还未启动，而蓄电池的 SOC 值大于最小临界值时，由蓄电池提供电动汽车起步时所需的电能。此外，当燃料耗尽或燃料电池电堆发生故障时，若蓄电池的 SOC 值大于最小临界值，则也可由蓄电池短时间内独立供电。工作在蓄电池模式的燃料电池汽车，对蓄电池容量和输出功率的要求相对较高。

（4）能量回馈模式

能量回馈模式是指电动机工作在发电机状态，将车辆的动能转换为电能，并向蓄电池充电的工作方式，如图 8-29（d）所示。在燃料电池汽车下坡、遇红灯减速及非紧急制动等情

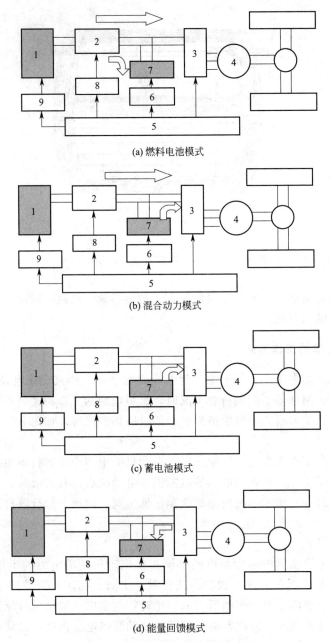

(a) 燃料电池模式

(b) 混合动力模式

(c) 蓄电池模式

(d) 能量回馈模式

图 8-29   燃料电池汽车的工作模式

1—燃料电池；2—DC/DC 转换器；3—电动机控制器；4—电动机；
5—整车控制器；6—蓄电池能量管理；7—蓄电池；8—DC/DC 电
子控制器；9—燃料电池控制器

况下，当蓄电池又处于非充足电状态（SOC 值在最大临界值以下）时，控制器就将电动机转换为发电机工作方式，将车辆的动能转换为电能，通过向蓄电池充电来实现能量回馈。

5. 燃料电池汽车的安全系统

由于目前的燃料电池汽车大都采用氢气作燃料，而氢气的泄漏将会造成危险，因此，燃料电池汽车必须考虑针对氢气的安全措施。通常采用两种措施：一是储氢装置和输送管路宜选用不易造成泄漏的材料和结构；二是实时监测燃料电池系统中氢的泄漏情况。

（1）燃料电池系统的安全保护措施

① 氢气源切断保护装置　当汽车发生碰撞时，氢气的泄漏将会引发严重的安全事故。为此，一些燃料电池汽车设置了相应的保护装置。当汽车发生碰撞事故时，保护装置会根据碰撞传感器所发出的信号及时切断电源和气源，以避免因氢气泄漏而造成更为严重的事故。

② 用吸能车架保护燃料电池系统　一些燃料电池汽车的车身、车架采取了特殊的结构措施，以保护燃料电池系统在汽车发生碰撞时不易受损。本田燃料电池汽车 FCX 的纵梁结构如图 8-30 所示。

该车架的结构特点是：当从前面碰撞时，前纵梁可吸收冲击能量，可减少驾驶室的变形；如果侧面发生了碰撞，则地板梁可吸收能量，也可减少驾驶室的变形和对燃料电池系统的影响。

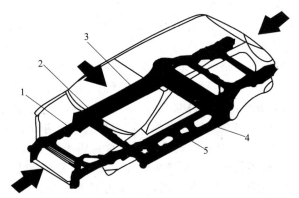

图 8-30　本田燃料电池汽车 FCX 的纵梁结构

1—前纵梁；2—横梁；3—地板梁；4—侧门框；5—横悬梁

③ 储氢气瓶的安全措施　储氢气瓶压力高达 25～35MPa。当汽车发生碰撞时，如果高压储氢气瓶受损破裂，则后果将不堪设想。为此，除了选用高强度的储氢气瓶外，在汽车的结构上还要考虑尽可能减小汽车碰撞时对储氢气瓶的冲击。

（2）燃料电池汽车氢气监测系统

燃料电池汽车氢气监测系统通常由氢传感器、控制器、报警及安全处理装置等组成，如图 8-31 所示。氢传感器将周围氢气含量参数转换为电信号，并输送给控制器，然后控制器根据氢传感器的信号判断是否有氢气泄漏及泄漏的严重程度，并输出相应的控制信号，使危险报警装置发出危险警报，或使安全保险电路工作（切断高压电路或关闭氢气源），及时排除安全隐患。

图 8-31　燃料电池汽车氢气监测系统

① 车上氢安全控制系统　一些燃料电池汽车的氢安全控制系统配备有多个氢传感器。例如，某燃料电池电动客车在车顶部的储氢气瓶舱、乘客舱、燃料电池舱和水箱附近各安装了一个氢传感器，以监测周围空气中氢气的含量。当任何一个传感器检测到氢气含量达到爆炸下限（体积分数为 4%）的 10%、30% 和 50% 时，控制器就会发出 Ⅰ 级、Ⅱ 级或 Ⅲ 级报警控制信号，使危险报警装置工作（声光报警继电器线圈通电，触点吸合），发出相应的声

光报警信号。驾驶人可通过手动开关立即使燃料电池停止工作，并关闭储氢气瓶出口电磁阀，以避免造成安全事故。

对于装有自动安全保险装置的车载氢安全控制系统，其控制器在启动危险报警装置的同时，也使安全保险控制电路通电工作，自动关闭燃料电池及氢源出口，以确保安全。

② 车库氢安全控制系统　存放燃料电池汽车的车库也存在氢泄漏的安全隐患，因而安装车库氢安全控制系统也十分必要。

车库氢安全控制系统通常由氢传感器、控制器、报警装置及排/送风装置等组成。氢传感器安装在车库的顶部。当任何一个氢传感器监测到周围空气中氢的体积分数超过了爆炸下限的 10%、30% 或 50% 时，氢监测系统就会发出 Ⅰ 级、Ⅱ 级或 Ⅲ 级报警信号，启动车库外报警装置，同时，自动开启排风扇或打开换气窗，以避免因车库内氢气的含量过高而引发安全事故。

（3）燃料电池汽车其他安全措施

燃料电池汽车通常还采取防静电和防爆措施，并制定严格的氢操作规程，以确保安全。

① 燃料电池汽车的防静电措施　在燃料电池汽车加氢时或在行车过程中，不可避免地会产生静电，这极易引发氢气燃烧或爆炸。为此，一些燃料电池汽车的车体底部通常设有接地导线，可及时将静电释放回大地，以确保燃料电池汽车的安全。

② 燃料电池汽车的防爆措施　燃料电池汽车的防爆措施主要是防止电路中产生电火花，以避免电火花点燃氢气而产生燃烧或爆炸事故。防爆措施主要有以下几种。

a. 采用防爆型氢传感器，不用触点式传感器。这是因为触点式传感器在氢气含量达到设定值时通过触点的动作输出信号，容易产生触点火花而引发事故。

b. 在氢安全系统中采用防爆固态继电器，也是为了防止继电器触点动作时产生电弧放电而点燃氢气。

c. 当氢安全控制系统发出报警时，禁止进行开关电气设备的操作，以避免相关的电源插座、接触器、继电器及开关触点产生电火花而点燃氢气。

d. 当燃料电池汽车储氢气瓶内存有氢气时，严禁在车上进行电焊等会产生电弧的相关操作。

③ 燃料电池汽车氢安全操作规程　为确保安全，燃料电池汽车在调试、启动、进库、出库过程中均应严格执行氢安全操作规程。燃料电池汽车氢安全操作规程主要有以下几方面。

a. 严禁在车库内进行大规模的加氢操作。

b. 在燃料电池汽车启动前，应检查燃料电池系统管路的气密性，确保无泄漏。

c. 在调试及燃料电池汽车启动前，应用氮气吹扫管路，并且在调试时必须由专人配备便携式氢含量探测仪来检查氢泄漏情况。

d. 雷雨天气禁止做系统的调试及其他相关的操作。

e. 当发现安全问题时，必须立即停止调试。

8.5　太阳能电池汽车

8.5.1　太阳能电池汽车概述

太阳能是一个有利于生态、清洁的能源，太阳能汽车可以说是真正的"零排放"交通工具。但是，汽车能够从太阳能电池组中获得的功率，取决于太阳照射的比功率和太阳能电池组面积的大小。

当阳光垂直照射到太阳能电池组表面上时，照射的比功率是 $1kW/m^2$ ，而在一般情况下，平均比功率只有它的 1/3。考虑到太阳能汽车必须沿城市公路行驶，车上太阳能电池组的面积不可能太大，一般都限制在 $6m^2$ 以下。再考虑到现代化光电转换装置的效率大约为 14％，即使在最为有利的气候条件下，太阳能电池组的瞬间功率也不会超过 1kW。

将太阳光变成电能，是利用太阳能的一个重要途径。人们早在 20 世纪 50 年代就制成了第一个光电池。将光电池装在汽车上，用它将太阳光不断地变成电能，再用电能将汽车开动起来，即太阳能汽车是以太阳能为动力源的汽车。它利用太阳能电池，将太阳能转换为电能，由电能带动电动机运转，再由电动机驱动汽车行驶。

1. 太阳能电池发电原理

太阳能电池的发电原理是基于半导体的光生伏特效应将太阳辐射能直接转换为电能。在晶体中电子的数目总是与核电荷数一致，所以 P 型硅和 N 型硅是电中性的。如果将 P 型硅或 N 型硅放在阳光下照射，光的能量通过电子从化学键中被释放，由此产生电子空穴对，但在很短的时间内（在微秒范围内）电子又被捕获，即电子和空穴"复合"。

P 型材料和 N 型材料相接时，将在晶体中 P 型和 N 型材料之间形成界面，即 PN 结。此时在界面层 N 型材料中的自由电子和 P 型材料中的空穴相对应。由于正负电荷之间的吸引力，在界面层附近 N 型材料中的电子扩散到 P 型材料中，而空穴扩散到 N 型材料中与自由电子复合。这样在界面层周围形成一个无电荷区域。通过界面层周围的电荷交换形成两个带电区，即通过电子到 P 型材料的迁移在 N 型形成一个正的空间电荷区和在 P 型区形成一个负的空间电荷区。

对不同材料的太阳能电池，尽管光谱响应的范围是不同的，但光电转换的原理是一致的。如图 8-32 所示，在 P-N 结的内静电场作用下，N 区的空穴向 P 区运动，而 P 区的电子向 N 区运动，最后造成在太阳能电池受光面（上表面）有大量负电荷（电子）积累，而在电池背光面（下表面）有大量正电荷（空穴）积累。如在电池上、下表面引出金属电极，并用导线连接负载，在负载上就有电流通过。只要太阳光照不断，负载上就一直有电流通过。

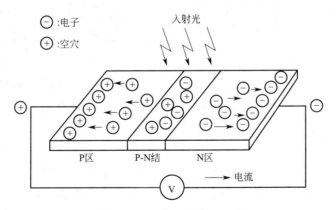

图 8-32　硅太阳能电池的发电原理

2. 太阳能电池的特点

单晶硅太阳能电池转换效率最高，技术也最为成熟，转换效率为 15％～17％。它在大规模应用和工业生产中仍占据主导地位，但由于单晶硅成本价格高，大幅度降低其成本很困难，为了节省硅材料，发展了多晶硅薄膜和非晶硅薄膜作为单晶硅太阳能电池的替代产品。

多晶硅薄膜太阳能电池与单晶硅比较，成本低廉，而效率高于非晶硅薄膜电池，其转换率为 $12\%\sim14\%$。因此，多晶硅薄膜电池将会在太阳能电池市场上占据主导地位。非晶硅薄膜太阳能电池成本低，重量轻，转换效率为 $6\%\sim10\%$，便于大规模生产，有极大的潜力。但受制于其材料引发的光电效率衰退效应，稳定性不高，直接影响了其实际应用。如果能进一步解决稳定性问题及提高转换率问题，那么，非晶硅太阳能电池无疑是太阳能电池的主要发展产品之一。

硫化镉、碲化镉多晶薄膜电池的效率较非晶硅薄膜太阳能电池效率高；成本较单晶硅电池低，并且也易于大规模生产，但由于镉有剧毒，会对环境造成严重的污染，因此，并不是晶体硅太阳能电池最理想的替代产品。砷化镓化合物电池的转换效率可达 28%。

砷化镓化合物材料具有十分理想的光学带隙以及较高的吸收效率，抗辐照能力强，对热不敏感，适合于制造高效单体电池。但是砷化镓材料的价格不菲，因而在很大程度上限制了砷化镓电池的普及。

铜铟硒薄膜电池适合光电转换，不存在光衰退问题，转换效率和多晶硅一样，具有价格低廉、性能良好和工艺简单等优点，将成为今后发展太阳能电池的一个重要方向。但是由于铟和硒都是比较稀有的元素，资源较少，因此这类电池的发展又必然受到限制。

3. 太阳能电池的结构

图 8-33 所示为太阳能电池的结构和太阳能电池板，在 N 型半导体的表面形成 P 型半导体，构成 P-N 结，即形成太阳能电池，形成的 P 区仅仅有 $1\sim3\mu m$，太阳光照射到它的表面，透过 P 区达到 P-N 结处就能够产生电动势，产生的电压约为 0.5V。太阳能电池电流的大小与太阳光照射强度的大小和太阳能电池面积的大小成正比。

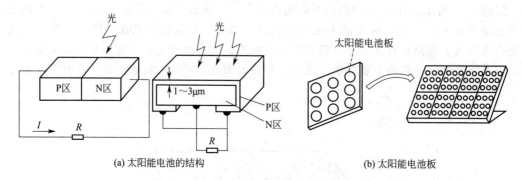

(a) 太阳能电池的结构　　　　　　　　　　(b) 太阳能电池板

图 8-33　太阳能电池的结构和太阳能电池板

太阳能电池的形状有圆形和方形，将很多个太阳能电池排列组合成太阳能电池板，就能产生所需要的高电压和大电流。太阳能电池的转换效率约为 10%。太阳能电池对能量的转换效率较低，需要进一步采用新材料和新技术来提高。例如，在美国加利福尼亚阳光充足的海滩，就设有太阳能充电站，能够同时为 7 辆电动汽车同时充电，太阳能充电站已经得到广泛的推广。太阳能电动汽车除太阳能电池外，还需要配置电池组、电机、控制器和自动阳光跟踪系统等。

太阳能电池有非晶硅、单晶硅和多晶硅，一般在太阳能电动汽车的顶棚上装置转换能力较强的单晶硅电池板组，电池板组光电转换率可达到 $14.99\%\sim15.2\%$，可产生 $166\sim175V$ 的电压、$2.3\sim2.5A$ 的电流和 $360\sim380W$ 的功率。每天按 8h 的日照，太阳能电动汽车可获得 2.5~3kW·h 的电能。可供太阳能电动汽车行驶 40~60km，最高车速可达到 60~80km/h。

太阳能汽车至今为止在世界上还没有被普遍实际应用，现有的太阳能汽车只是一些显示科研成果的概念车和比赛车。然而尽管如此，这种"绿色"汽车对人类的吸引力实在是太大了，以至世界上所有的汽车生产国都在致力于太阳能汽车的研究和开发，为的就是有朝一日让太阳能汽车真正服务于人类。

8.5.2 太阳能电池汽车的结构与原理

太阳能汽车主要由车身和底盘、驾驶控制系统、电力系统、驱动器系统以及机械系统五个部分构成。

1. 车身和底盘

（1）车身

太阳能汽车最具魅力的部分就是车身，光滑而又具有异域风情的外观是吸引人们眼球的重要部分。太阳能汽车是由若干主体部件组成的，由于没有统一的标准，每一辆太阳能汽车都各具特色。除了车子长度强制性要求的限制外，当我们设计太阳能汽车的主体时要让阻力达到最小值，而使太阳能与阳光的接触比达到最大值，且质量要尽量小，但安全系数尽量达到最高。一个好的太阳能汽车外形能够节省几百瓦的能量，这也是制造一辆好太阳能汽车所必需的。

（2）底盘

每千克的质量都需要足够大的能量使其在路面上移动，这就意味着要力求使车子的质量减到最小，而这个关键部位就是汽车的底盘。然而，安全是一项基本的要求，底盘必须具有严格的强度和安全系数要求。

太阳能汽车的底盘通常有 3 种类型：空间框架结构、半单体横造或碳纤维和单体横造。

① 空间框架太阳能汽车的底盘，使用一个焊接或保护管结构用于支撑装载或车体。这种车体质量小，但不能装载，合成的外壳可以将分离的底盘组装起来。

② 半单体横造或碳纤维太阳能汽车的底盘，使用合成横梁和空间隔开达到支撑装载的能力，而整合就不能支撑装载并承受一个整体的腹部底盘。在太阳能汽车的顶部每段经常是分割成片状，从而能够附加到腹部底盘的上面。

③ 单体横造太阳能汽车的底盘，使用躯体结构并用来支撑装载。

这 3 种类型的太阳能汽车底盘都能制造出强劲而又轻量型的太阳能汽车，许多太阳能汽车使用上述 3 种底盘结构的组合方法。

（3）所用材料

太阳能汽车中的复合材料得到广泛的应用。这种复合材料是由像三明治夹层一样的结构材料构成。碳纤维、凯夫拉（KEVLAR）纤维和玻璃是普通的合成建筑材料，蜂窝状和泡沫塑料是常用的合成填充材料，这些材料用环氧基树脂保护起来，组合在具有 KEVLAR 和碳纤维的材料里，能够获得人们需要的强度材料（相当于钢的强度），且是非常轻质的材料。

2. 驾驶控制系统

（1）发动机控制器

发动机控制器控制发动机的启动，而发动机启动信号来自驾驶员的加速装置。对发动机控制器的电力管理是通过程序来完成的。发动机的启动需要配备不同型号的发动机控制器，当然也能够根据发动机工作原理设计图纸来买一台控制器，这里都使用多种型号的发动机控制器，并且使用的工作效率超过90%。很多太阳能汽车使用精确数据检测系统来管理整个太阳能汽车的电力系统，其中包括太阳能光伏阵列、蓄电池组、发动机控制器和发动机。

（2）其他控制

大多数太阳能汽车是单座，这对驾驶员来说没有多少乐趣可言，但有的太阳能汽车也可搭乘一位乘客。驾驶员和乘客必须有安全装备，主要有护腕和头盔。另外，驾驶汽车时，驾驶员更为重要的职责是注意汽车的系统安全和观察仪表是否出现异常问题。在极少数太阳能汽车里，乘客会帮助处理太阳能汽车系统的问题，太阳能汽车跟普通的汽车具有相似的测量方法，而这些信息主要来源于太阳能汽车驾驶控制系统。

3. 电力、驱动及机械系统

（1）电力系统

太阳能汽车的心脏部位是电力系统，它由蓄电池和太阳电能组成。电力系统控制器管理全部电力的供应和收集工作。

在太阳能汽车里最高级的组件部分就是电力系统，它们包括峰值电力监控仪、发动机控制器和数据采集系统。电力系统最基本的功能是控制和管理整个系统中的电力。

峰值电力监控仪的工作条件中电力来源于太阳能光伏阵列，光伏阵列把能量传递给另外的蓄电池，用于储存或直接传递给发动机控制器来推动发动机。当太阳能光伏阵列正在给蓄电池充电的时候，电池组电力监控仪会保护蓄电池组不因过充而被损坏。电池组电力监控仪的号码数值随设计而被使用在太阳能汽车里。峰值电力监控仪是由非常轻质的材料构成的，并且一般效率能达到95%以上。

有些时候需要掌控电池的电压和电流，从监控系统获得的数据常常用来指定相关的应对策略，来解决制造太阳能汽车时出现的问题。这些都由驾驶员所收集到的数据在实际太阳能汽车中被运用（如无线数据通信）。

① 蓄电池　蓄电池是一种最轻便的电力资源，蓄电池组就相当于普通汽车的油箱。一个太阳能汽车使用蓄电池组来储存电能，以便在必要时使用。太阳能汽车启动装置控制着蓄电池组，但是当太阳能汽车开动后，是通过太阳能阵列提供能量，再充到蓄电池组内的。由于各种原因，大量的蓄电池作为能量被使用是有限的。

太阳能汽车所使用的蓄电池主要有如下几种：铅酸蓄电池、镍镉蓄电池、锂电池、锂聚合物电池。镍镉、镍氢和锂电池比普通的铅酸蓄电池可远远提高蓄电能力，质量也比普通电池要小得多。但是它们很少在太阳能汽车中被广泛使用，主要是因为维护起来很麻烦，并且很昂贵。电池组是由几个独立的模块连接起来的，并形成系统所需的电压。可以使用的系统电压在84～108V，依靠它的电力系统，有时在太阳能汽车运动时降低系统电压。

② 太阳电能　人们生活中对电力的需求是有限的，但电力却是生活的必需品。太阳能汽车通过太阳能光伏组件给蓄电池充电。高效的电力经太阳能汽车阵列，通过蓄电池的储存，可获得最大的能量。由一个及多个太阳能光伏电板串联起来，即可将电能转变成化学能储存电力，按照同样的方式可将所有光伏电池板连起来。电极通常采用不同的材料，电极中含有电磁的材料，这种物质引导离子运动。当两个电极通过一个长的导线连接起来后，一个环形的电路就形成了。

太阳能汽车的电池组电压必须达到电动发动机的电压，组合起来的电池组就形成了一个"电池包"，通过额外的能量使其达到最高峰值。当太阳被云层遮盖时电池包就为太阳能车子提供电力，电池组则通过光伏阵列补充能量。

a. 太阳能光电板。一个太阳能光电板能将太阳能转变为电能。光子在日光下产生能量带动电子从一个半运动金属粒子的一层转移到另一个层面，电子的运动产生了通用的电力。目前，主要有两种类型的光电板：硅和砷化物。在这里有几个不同的等级，并且有不同的效能。环绕地球卫星是典型使用砷化合物的，而硅则更普遍地为地球（陆地）上的基础设备所使用。

一般等级的太阳能汽车通常使用陆地级硅电池板。许多独立的硅片（接近 1000 个）被组合，形成太阳能阵列，依靠电动发动机驱动太阳能汽车。阵列的这些硅片通常工作电压在 50~200V，并能提供 1000W 的电力。其能量的大小受到太阳、云层的覆盖度和温度的影响。

超级太阳能汽车通常类型的太阳能光电板也能使用，但更多的是使用太空级光电板。这种板很小，但是比普通的硅片电池板要贵得多，然而它们的使用效率非常高。光电池板具有很强的技术性，它们的发展和使用是随着技术的发展而进行的，且有一部分用于太空旅行和卫星输送系统中。

b. 太阳能阵列。太阳能阵列是太阳能汽车的一种资源，阵列由许多 PV 光电池板（通常有好几百个）组成。太阳能光电池板通过电线连接，由若干个电线串、并联在一起，连接光电池片，从而达到蓄电池规定的电压。这里有几种方法使得太阳能光电池组合在一起，但是一个最基本的目标就是在有限的空间内能够尽可能地装上多的太阳能光电池板。太阳能光电板很脆弱，并且很容易被损坏。这些光电池板损坏的主要表现形式为因天气和空气压缩而出现裂口。有几种方法可以压缩光电池板，目的是增加最小质量来保护太阳能光电池板。

在白天，电力是通过太阳能光电池阵列依靠天气和太阳的位置变化而得到能量，并通过太阳能阵列的转换变成动力。在阳光普照的正午，一个好的太阳能汽车太阳能阵列能产生超过 1000W 的能量。这些能量经过太阳能阵列通过发电机被使用或者被蓄电池储存以备日后使用。

太阳能汽车上太阳能电池板的有效面积为 $8m^2$，太阳光照射到电池板每平方米电池上的辐射功率为 1kW。在晴天，电池产生的电压为 120V，并可对车上的电动机提供 10A 的电流。

太阳能电池将太阳能转化为电能的效率为：

$$120×10/(8×1000)＝15\% \tag{8-3}$$

如果这辆汽车的电动机将电能最终转化为机械能的效率为 75%，当汽车受到的牵引力为 150N 并在水平面上匀速行驶时，汽车的行驶速度为：

$$120×10×15\%＝900(W) \tag{8-4}$$

$$900/150＝6(m/s) \tag{8-5}$$

在太阳能汽车上装有密密麻麻像蜂窝一样的装置，就是太阳能电池板。平常我们看到人造卫星上的铁翅膀，也是一种供卫星用电的太阳能电池板。

太阳能电池依据所用半导体材料不同，通常分为硅电池、硫化镉电池、砷化钾电池等，其中最常用的是硅太阳能电池。

硅太阳能电池有圆形、半圆形和长方形等多种。在电池上有像纸一样薄的小硅片。在硅片的一面均匀地掺进一些硼，另一面掺入一些磷，并在硅片的两面装上电极，就能将光能变成电能了。

通常，硅太阳能电池能把 10%~15% 的太阳能转变成电能，既使用方便、经久耐用，又很干净、不污染环境，是比较理想的一种电源，只是光电转换的比率小了一些。近年来，美国已研制成光电转换率达 35% 的高性能太阳能电池。澳大利亚用激光技术制成的太阳能电池，其光电转换率达 24.2％，而且成本与柴油机发电相当。这些都为光电池在汽车上的应用开辟了广阔的前景。

（2）驱动系统

在太阳能汽车里使用什么类型的发动机没有限制，一般额定的是 2～5HP（1HP＝0.75kW）。大多数太阳能汽车使用的发动机是双线圈交流无刷机，这种交流无刷机是相当轻质材料的机器，在额定转速（r/min）下达到 98％的使用效率，但是它们的价格比普通有刷型交流发动机要贵得多。由于在太阳能汽车里多齿轮传送装置使用很少，双线圈发动机是常用的传送动力装置，在双线圈之间转换改变了发动机的速度、频率。低速线圈为太阳能汽车的启动和减速提供高的"转力矩"，而高速线圈则为太阳能汽车运行提供高效率和最佳的运行效果。类似于我们所说的电力系统。大多数人不愿意购买现有的发动机，有些是按照客户或自己按太阳能汽车的要求制造。

太阳能汽车有 3 种基本驱动类型：单减引导式驱动、变频履带式驱动、轴式驱动。以前，一般大多数使用直接引导式驱动传送动力。发动机是通过一个链条或一个履带同一个单一的齿轮传送装置与车轮连接。如果组件定位准，并且小心安装的话，维护传送装置是很可靠而且容易实现的。当整个设计全部完成，使用效率应超过 75％。很少有人使用变频履带式驱动传送动力给车轮。齿轮比的改变引起发动机速度的增加，在低速度下引起发动机启动速率的增大，但仍能保持太阳能汽车高速度、高效率的行驶效果。变频履带式发动机需要精确的安装和有效、精细的配置。

自 1995 年以来，当有些人使用轴式驱动设计太阳能汽车时，高速度和舒适的驾驶受到人们的欢迎。一个轴式发动机去除了许多外加的传送设备，这大大提高了驾驶车辆的效率，缩减了用于驱动车轮所需的能量。轴式驱动使用低转速的原因是齿轮传动装置的减少会轻微地降低其效率，但是仍能够达到 95％的高效率运行。

（3）机械系统

机械系统在太阳能汽车概念里是很简单的，但是在设计中，应尽量减少摩擦力和质量，根据不同的路况来设计需要的强度。轻质金属如铝合金和合成金属是最常用的，可使质量和强度达到最优。一般针对质量和强度的比例制造高效率的组件。机械系统包括制动、转向盘和轮胎等。美国太阳能挑战赛规则设定最低标准中，机械组件必须是可见的，但是也有些太阳能汽车在设计中没有任何的标准。

典型的太阳能汽车一般有 3 个或 4 个车轮，一般 3 个车轮的配置是 2 个前轮和 1 个后轮（通常是驱动轮）。4 个轮子的太阳能汽车一般跟普通的机动车是一样（其中后面 1 个轮子是驱动轮）的。另外，四轮太阳能汽车的 2 个后轮并排靠近中央位置（类似于普通三轮机动车的配置）。

在整个行驶中，太阳能汽车的安全是重中之重。太阳能汽车必须有高效的制动性能并符合标准，这是每一辆太阳能汽车所必须具备的，一般有两个独立的制动系统。在太阳能汽车中，圆盘制动是普遍采用的一种方式。因为其很适合，并且有很好的制动力。有些爱好者使用机械型制动，利用水力学的原理。机械制动比水力制动的制动力要小，而且轻，但是不需提供多的制动阻力，而是需要相互协调。为了达到最好的效果，制动被设计成通过制动操作杆自由移动，从而使制动垫摩擦制动表面进行制动。

8.5.3　太阳能电池汽车的关键技术

1. 太阳能采集格板

多选用热塑料制成的太阳能采集格板，形状如图 8-34 所示，太阳能电池就布置在格子中。目前在太阳能汽车上使用的太阳能电池一般有非晶态电池、地面硅电池、太空级硅电池和砷化锡电池等。由于太阳能汽车对能量的采集是有限的，必须严格控制能量的损失，所以在选择太阳能电池时应该考虑的是效率最大的那种。然而，太阳能电池的效率是与它的造价成正比的，上述 4 种电池的效率由 10%、12%、16% 到 19% 递增，它们的价格也从 100 美元、1000 美元、10 万美元到 100 万美元（覆盖 $8m^2$ 面积的价格）递涨。因此，在太阳能电池的选择上不仅要考虑效率，也要考虑成本，才能使太阳能汽车具有实用性。

太阳能采集格板只有让其倾斜一定的角度，经常保持有一部分表面能与太阳光线的垂直，才能采集到更多的能量。不过这样一种车身造型，它的空气气动力学性能很差，而流线型的车身造型又会使得格板的布置非常复杂。设计时只能是协调这一矛盾，二者兼顾。图 8-35 所示为 Sun runner 汽车所采用的倒 U 形布置，应该说它是最为合理的。电池被布置在 5 个狭长的平面内，平面可以防止坚硬的电池断裂，而且倒 U 形有利于全天候的采集太阳能。

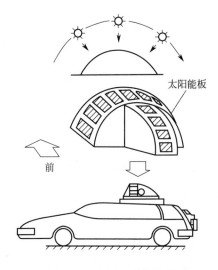

图 8-34　太阳能采集格板

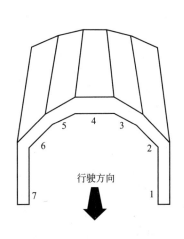

图 8-35　倒 U 形布置的太阳能格板

2. 蓄电池

由俄罗斯里姆施塔特高等技术学校研制的太阳能汽车，蓄电池组采用 10 个串联的 12V 铅酸蓄电池，容量为 40A·h，能量储备为 4.8kW·h，质量为 125kg。由于比能量大的电池即便是隔热措施再好，也会释放出较多的热量，所以一般在太阳能汽车上不予采用。

3. 电动机

为了实现所需的牵引功率和保证太阳能汽车能够在 25% 的坡道上行驶，要求电动机的最大功率不低于 2kW。电动机的效率取决于所采用异步牵引电动机的功率和转速。当转速低于 3000r/min 时，相应的功率低于 2kW。在功率范围为 2～6kW、转速大于 3000r/min 的情况下，电动机的效率高于 80%。在回收制动能量的再生工况下，异步电动机是作为发电机使用的。

4. 车身轻量化

减小质量对于太阳能汽车动力性的提高是至关重要的，太阳能汽车车身材料的选择原则是轻量并能吸收碰撞能量。如 Sun runner 汽车的车架用铝合金制成，车身外覆盖件使用碳纤维玻璃钢，它的密度为 $0.93kg/m^2$，表面覆盖层是光滑的精细织物；采用结实的织物用作内饰；在外覆盖件和内饰之间是厚度为 $9.5 \sim 12.7mm$ 的蜂窝状夹层，其密度为 $28.9kg/m^2$。

里姆施塔特高等技术学校研制的太阳能汽车的车身蒙皮也是用碳素纤维制成的，厚度为 8mm，带有驾驶员座椅和增加结构强度的横向隔板，车身质量只有 30kg。

若按年平均太阳照射能量密度为 $1kW/m^2$ 计算，太阳能汽车在一年中可累计获得 $540kW \cdot h$ 的能量。如果按每 100km 平均消耗 $4kW \cdot h$ 的能量计算，太阳能汽车仅依靠太阳能一年就能够行驶 1350km。所以说，太阳能汽车的动力性是可以达到实用的。

参 考 文 献

［1］ 王建昕，帅金石．汽车发动机原理［M］．北京：清华大学出版社，2011．

［2］ 周龙保．内燃机学［M］．北京：机械工业出版社，2011．

［3］ 赵丹平，吴双群主编．现代汽车发动机原理．北京：北京大学出版社，2010．

［4］ 韩同群主编．汽车发动机原理．第2版．北京：北京大学出版社，2012．

［5］ 张志沛主编．汽车发动机原理．第3版．北京：人民交通出版社，2011．

［6］ 李伟．新型直喷、混合动力发动机构造原理与故障排除．北京：机械工业出版社，2011．

［7］ 吴建华主编．汽车发动机原理．第2版．北京：机械工业出版社，2013．

［8］ 林学东编著．发动机原理．北京：机械工业出版社，2011．

［9］ 姚春德编著．内燃机先进技术与原理．天津：天津大学出版社，2010．

［10］ 韩同群主编．发动机原理．广州：华南理工大学出版社，2010．

［11］ 张金柱．新能源汽车技术［M］．北京：机械工业出版社，2014．

［12］ 朱帆．混合动力汽车使用与维修［M］．北京：金盾出版社，2012．

［13］ 王震坡，贾永轩．电动汽车蓝图［M］．北京：机械工业出版社，2010．

［14］ 臧杰．新能源汽车［M］．北京：机械工业出版社，2013．